# Kommunale Arbeitslosenversicherung.

Denkschrift und Materialsammlung
vorgelegt dem Magistrat Charlottenburg

von

Dr. J. Jastrow, und Dr. W. Badtke,
Professor
Direktor des Städtischen Statistischen Amts.

Vermehrte Buchausgabe.

Berlin 1910.
Verlag von Georg Reimer.

# Vorwort.

Unter den Problemen der Sozialpolitik, die unsere Zeit bestrebt ist der Lösung näher zu führen, gibt es kaum eines, das gegenwärtig an so vielen Orten gleichzeitig in Angriff genommen wäre, wie das Problem der Versicherung gegen Arbeitslosigkeit. In einer Reihe von Großstädten schweben Verhandlungen über die Frage, inwieweit eine Beteiligung der Stadtverwaltungen an der Einführung einer Arbeitslosenversicherung möglich und angezeigt ist. Der Deutsche Städtetag ist im Begriff, zur Erörterung dieser Frage eine allgemeine Versammlung seiner Mitglieder einzuberufen. Die Reichsregierung und mehrere deutsche Staatsregierungen haben ihrerseits, sei es durch Materialsammlungen, sei es durch Beschlüsse über die weitere Behandlung der Angelegenheit, amtliche Beiträge geliefert. In den Arbeitgeberkreisen hat die Abneigung gegen die Erörterung dieses Problems längst aufgehört allgemein zu sein. Und daß unter den Arbeitern sowohl die sogenannten freien Gewerkschaften wie die Gewerkvereine Hirsch-Dunckerscher und christlich-sozialer Richtung, die Organisationen der Handlungsgehilfen u. a. m. fortgesetzt die praktische Pflege der Arbeitslosenversicherung als eine ihrer Hauptaufgaben betrachten, ist allgemein bekannt.

Unter diesen Umständen ist es begreiflich, daß, wenn an einem Orte das Problem der Arbeitslosenversicherung zum Gegenstande eingehender Beratung gemacht wird, an allen anderen interessierten Stellen, schon zur Vermeidung doppelter Arbeit, ein Bedürfnis besteht, die in der Verwaltung erwachsenden Druckschriften kennen zu lernen. In dem Magistrat Charlottenburg haben in den Jahren 1908 und 1909 die Arbeiten über die Arbeitslosenversicherung einen weiten Umfang angenommen. Der Erstunterzeichnete, der damals noch Mitglied des Magistrats war, wurde mit der Ausführung einer Denkschrift beauftragt. In die Ausführung dieses Auftrags hat er sich mit dem Zweitunterzeichneten in der Art geteilt, daß dem einen die Bearbeitung der grundsätzlichen Fragen, dem andern die Abfassung eines Überblicks über die bestehenden Einrichtungen, ihrer Satzungen, Statistiken usw. zufiel; so jedoch, daß beide Verfasser sich gegenseitig helfend und raterteilend zur Seite standen. Als die daraus hervorgegangene amtliche Drucksache auf Wunsch zunächst der unter den Gemeinden Groß-Berlins veranstalteten Konferenz veröffentlicht wurde, ergab sich aus verschiedenen Gegenden Deutschlands eine so große Nachfrage, daß die verfügbaren amtlichen Exemplare sehr bald verbraucht waren.

Die Buchausgabe, die infolgedessen von den Unterzeichneten veranstaltet wurde, unterscheidet sich von der ursprünglichen nicht nur durch die übersichtlichere Ausgestaltung (Inhaltsverzeichnis, Inhaltsangaben am Rande), sondern auch durch die Ergänzung der statistischen Tabellen bis auf die neuesten zugänglichen Daten, wo diese ohne Zeitverlust erreichbar waren, und durch die Hinzufügung ausführlicher Materialien im „Nachtrag". Diese betreffen die neuerdings bekannt gewordenen Denkschriften der bayrischen und der badischen Regierung. Soweit die badische Denkschrift lediglich dasselbe Material behandelt, das in der unsrigen ausführlich besprochen ist, durfte die Wiederholung unterbleiben; die übrigen Teile sind ungekürzt wiedergegeben. Die Denkschrift der bayrischen Regierung mit ihrer auf unmittelbare Förderung der Gemeindetätigkeit gerichteten Tendenz, dem Normalstatut usw. schien von so großer praktischer Bedeutung, daß von einer Unterscheidung der verschiedenen Teile abgesehen und das ganze Schriftstück mit seinen Anlagen aufgenommen wurde. Da sowohl die badische wie die bayrische Denkschrift vergriffen sind, so glauben wir mit ihrer Aufnahme in die vorliegende Veröffentlichung allen denen, die sich gegenwärtig mit dem Problem beschäftigen, einen Dienst erwiesen zu haben.

Charlottenburg, den 15. Februar 1910.

Dr. Jastrow. Dr. Badtke.

# Inhaltsverzeichnis.

# Denkschrift

betreffend die

Verwendung städtischer Mittel für Zwecke der Arbeitslosen-Versicherung.

Dem Magistrat Charlottenburg

vorgelegt von

Professor Dr. Jastrow
(damaligem Stadtrat).

Durch Beschluß vom 12. Februar 1908 hat die Stadtverordneten-Versammlung den Magistrat ersucht: I. Allgemeines.

> in Erwägung zu ziehen, ob sich die Verwendung städtischer Mittel für die Zwecke der Arbeitslosenversicherung empfiehlt.

Die vorangegangenen Verhandlungen, sowie die Art, wie späterhin in den Debatten der Stadtverordneten-Versammlung im Unterschiede von augenblicklich schwebenden Fragen auf die grundsätzliche Bedeutung der hier berührten Angelegenheit hingewiesen wurde, ließen keinen Zweifel darüber, daß es der Stadtverordneten-Versammlung nicht um eine bloße Meinungsäußerung des Magistrats, sondern um eine auf breiter Grundlage ruhende, möglichst vielseitige Darlegung der in Betracht kommenden Verhältnisse zu tun war.

Bei der großen Schwierigkeit des zur Erörterung gestellten Problems würde die Ausführung vor kurzem noch an den Hindernissen gescheitert sein, die der Sammlung des Materials sich entgegenstellten. Diese Schwierigkeiten sind in den letzten Jahren, hauptsächlich durch amtliche Publikationen, aus dem Wege geräumt worden. Am 31. Januar 1902 nahm der Amtliche Veröffentlichungen u. Literatur.

Reichstag eine von Abgeordneten verschiedener Parteien (Dr Pachnicke, Roesicke, Bassermann, Dr Hitze) eingebrachte Resolution an, die den Reichstag ersuchte:

> eine aus Vertretern der verbündeten Regierungen, aus Mitgliedern des Reichstags und sonstigen auf diesem Gebiete erfahrenen Männern bestehende Kommission zu bilden, welche die bisher seitens der Berufsvereine, einzelner Unternehmer und Gemeinden gegen die Folgen der Arbeitslosigkeit getroffenen Versicherungseinrichtungen zu prüfen und Vorschläge über eine zweckmäßigere Ausgestaltung dieses Zweiges der Versicherung zu machen hat.

Die Reichsregierung trat dieser Resolution zwar nicht in ihrem vollen Umfange bei, beauftragte aber das Kaiserliche Statistische Amt mit Feststellungen, die nicht nur der Reichstags-Resolution entsprachen, sondern (durch Einbeziehung des Arbeitsnachweises) noch darüber hinausgingen. Im Jahre 1906 legte die Reichsregierung dem Reichstage eine im Kaiserlichen Statistischen Amt bearbeitete (und nachher auch in den Buchhandel gegebene) umfangreiche Denkschrift vor, deren erster Band „die Versicherung gegen die Folgen der Arbeitslosigkeit" auf Grund internationaler Ermittlungen behandelte*. Allerdings machen ge-

* Die bestehendeu Einrichtungen zur Versicherung gegen die Folgen der Arbeitslosigkeit im Auslande und im Deutschen Reich. Band I. Die Versicherung gegen die Folgen der Arbeitslosigkeit, bearbeitet im Kaiserlichen Statistischen Amt, Abteilung für Arbe terstatistik (Referent Regierungsrat Dr. Leo). Berlin, C. Heymann 1906 (VII 691 Seiten).

genwärtig auf allen Gebieten der Arbeiterpolitik die bestehenden Einrichtungen so mannigfache und so schnelle Fortschritte, daß umfangreiche Werke in der Regel schon nicht mehr zur Zeit ihres Erscheinens, noch viel weniger einige Jahre darauf den genauen Stand der Angelegenheit darstellen. Wenn daher auch diese in ihrer Bedeutung allgemein anerkannte Veröffentlichung zurzeit schon in einigen wesentlichen Punkten durch die Ereignisse überholt ist, so liegen einige neuere Veröffentlichungen vor, die diesen Mangel zu ergänzen geeignet sind. Namentlich bringt die im Jahre 1908 im Auftrage des Magistrats Magdeburg veranstaltete Publikation neben einem kurz gefaßten Auszug aus der amtlichen Veröffentlichung auch mehrfach neues Material*. Hierzu kommt die Berücksichtigung der Arbeitslosenversicherung in der neueren wissenschaftlichen Literatur**. Eine kurze Zusammenfassung genau

* Mitteilungen des Statistischen Amtes der Stadt Magdeburg Nr. 19. Die bisherigen Erfahrungen auf dem Gebiete der Arbeitslosenversicherung. Im Auftrag des Magistrats der Stadt Magdeburg, bearbeitet von Prof. Dr. O. Landsberg. Direktor des Statistischen Amts der Stadt Magdeburg (1908).

** Aus dieser führen wir an: Herkner, Die Arbeiterfrage. Eine Einführung. 5. erweiterte und umgearbeitete Auflage. Berlin 1908 (S 318ff.). — Jastrow, Sozialpolitik und Verwaltungswissenschaft Band I. Arbeitsmarkt und Arbeitsnachweis usw. Berlin 1902 (namentlich S. 247 ff.). — Fanny Imle: Die Arbeitslosen-Unterstützung in den deutschen Gewerkschaften. Jena 1903 und von derselben: Kritisches und Positives zur Frage der Arbeitslosenfürsorge. Jena 1907. — [Sonnemann], Die Arbeitslosenversicherung auf dem Ulmer Parteitage der deutschen Volkspartei. Frankfurt a. M. 1897. — Congrès International des Assurances Sociales 8 me Session Rapports. Rome 1908. Wegen des Ersatzes oder der Ergänzung von Versicherungs- durch Spareinrichtungen nach dem gegenwärtigen literarischen Stande sowie nach den neuesten Erfahrungen an verschiedenen Orten des In- und Auslandes bot der gerade im Erscheinen begriffene I. Band der 3. Auflage des „Handwörterbuchs der Staatswissenschaften"* in dem Artikel von Professor Gg. Adler, den der Verfasser — eine der wenigen Personen, die auf diesem Gebiet sowohl theoretisch wie praktisch tätig gewesen waren — unmittelbar vor seinem plötzlich erfolgten Tode genau auf den Stand der Gegenwart gebracht hatte. Durch das Entgegenkommen der Verlagsbuchhandlung waren wir in den Stand gesetzt, das hier gebotene Material schon vor dem Erscheinen der betreffenden Lieferung benutzen zu können.

Während es noch vor wenigen Jahren für unmöglich hätte erklärt werden müssen, eine Entschließung wie die hier gewünschte mit zuverläsigem Material an Erfahrungstatsachen zu begründen, konnte in der gegenwärtigen Lage das Städtische Statistische Amt es übernehmen, das einschlägige Tatsachenmaterial des In- und Auslandes, soweit es als Grundlage für eine Entschließung in Betracht kommt, zu sammeln und durch einen Aufschluß über die innerhalb

sind zu vergleichen die 3 „Beiträge" von Schanz zur Frage der Arbeitslosenversicherung (Bamberg 1895; Berlin 1897 und 1901), sowie dessen Aufsatz im Archiv für soziale Gesetzgebung und Statistik, Band 16 (1900). Die umfangreiche fernere Einzel-Literatur ist verzeichnet in dem im Text erwähnten Artikel des „Handwörterbuchs der Staatswissenschaften". — Fernere Einzelbeiträge in den Zeitschriften: Reichs-Arbeitsblatt, Soziale Praxis, Zeitschrift für die gesamte Versicherungswissenschaft u. a. m.

* Jena, G. Fischer 1909.

des Gemeindebezirks Charlottenburg gegenwärtig bestehenden Einrichtungen zur Unterstützung von Arbeitslosen zu ergänzen. Hieraus ist die systematische Darstellung der Anlage I hervorgegangen. Die ferner beigefügte Anlage II bietet den Wortlaut einiger gewerkschaftlicher Statuten betr. Arbeitslosenversicherung, sowie Gemeindebeschlüsse usw. in anderen Gemeinden.

Vorfragen.

Bevor wir auf Grund des bisher vorliegenden theoretischen und Erfahrungs-Materials an eine Entscheidung der Frage herantreten, ob sich die Verwendung städtischer Mittel für die Zwecke der Arbeitslosenversicherung empfiehlt, sind zwei Vorfragen zu entscheiden. Zunächst: ob für den genannten Zweck Verwendung öffentlicher Mittel überhaupt (von denen die kommunalen Mittel nur einen Spezialfall darstellen) angezeigt erscheint, oder ob sie grundsätzlich lediglich als private Angelegenheit zu betrachten ist; ferner: die technische Möglichkeit einer Arbeitslosenversicherung. Hierbei werden allgemeine Erwägungen theoretischer Natur nicht ganz zu vermeiden sein. Denn die Entscheidung der vorliegenden Frage hängt in gewissem Umfange mit allgemeinen Anschauungen über unsere Gewerbe- und Wirtschaftsverfassung überhaupt zusammen. Hierbei die Anhänger althergebrachter Anschauungen mit dem Schlagworte „rückständig“, oder die Verteidiger entgegengesetzter Anschauungen mit dem Schlagworte „radikal“ abzutun, erscheint uns in gleicher Weise unzulässig. Eine Klärung der Meinungen wird nur dann möglich sein, wenn man auf die zugrunde liegenden gegensätzlichen Anschauungen eingeht und sich Rechenschaft davon ablegt, inwieweit diese Gegensätze noch heute fortbestehen, inwieweit zwischen ihnen freier Raum für Wege geworden ist, die gemeinsam betreten werden können.

II. Die Arbeitslosenversicherung öffentliche oder private Angelegenheit?

Was zunächst den ersten Punkt betrifft, ob die Versicherung gegen die Gefahr der Arbeitslosigkeit als öffentliche Angelegenheit anzuerkennen oder lediglich als private Angelegenheit des Arbeiters zu betrachten ist, so haben in dieser Beziehung in letzter Zeit gewisse Meinungsverschiebungen stattgefunden. Die Anschauung, daß im Falle der Arbeitslosigkeit die Allgemeinheit für ihre Folgen irgendwie einzutreten habe, hatte in dem Gedankenkreise, aus dem die heutige deutsche Gewerbeverfassung Ende der 60 er Jahre hervorging, keinen Platz. Der Fortschritt, den die Gewerbeordnung von 1869 für die Arbeiterbevölkerung in dem größten Teile Deutschlands brachte, lag gerade darin, daß sie die völlige Freiheit des Arbeitsvertrages aussprach; das Korrelat dazu war auch die völlige Selbstverantwortlichkeit des Arbeiters, namentlich da gleichzeitig die gewerblichen Arbeiter von dem Verbot des Zusammenschlusses für Verbesserung ihrer Lohn- und Arbeitsbedingungen befreit wurden. Indem die Gesetzgebung (im Gegensatz zu älteren Zunftordnungen) den einzelnen Arbeiter für den Abschluß seines Arbeitsvertrages so frei wie nur irgend möglich stellte, indem sie den Arbeitern im ganzen die Möglichkeit gab, sich zur Durchsetzung von Lohn- und sonstigen Arbeitsbedingungen als Machtfaktor zusammenzuschließen, schuf sie ein auf dem Gedanken der Freiheit und Selbstverantwortlichkeit beruhendes System, in dem für die Frage, was geschehen solle, wenn ein Arbeitsvertrag überhaupt nicht zustande käme, kein Raum vorhanden zu sein schien. Es fehlte zwar der freiheitlichen wirtschaftlichen Gesetzgebung im Zeitalter der Reichsgründung zu Ende der 60 er und zu Anfang der 70 er Jahre keineswegs an radikalem Widerspruch. Von vereinzelten rechtsstehenden Politikern abgesehen, ging der Widerspruch namentlich von der damals im Entstehen und in erster Ausbreitung begriffenen sozialdemokratischen Partei aus. Aber dieser Widerspruch richtete sich nicht auf den hier zur Erörterung stehenden Punkt, ob in dem Falle der Arbeitslosigkeit öffentliche Mittel aufzuwenden seien, sondern verwarf das System des freien Arbeitsvertrages und der ihr zugrunde liegenden Gewerbeverfassung im ganzen, forderte grundsätzlich die „Verstaatlichung aller Produktionsmittel" und war von der Unverbesserlichkeit der bestehenden Wirtschaftsverfassung so durchdrungen, daß die Arbeitslosigkeit und die daran sich knüpfenden Mißstände als unvermeidliche, durch keine Reform zu beseitigende Folgen jener Wirtschaftsverfassung bezeichnet wurden. Daher war in jener Zeit keine Möglichkeit vorhanden, die Frage nach der Verwendung öffentlicher Mittel für die Zwecke der Arbeitslosenversicherung in den Vordergrund zu stellen; denn diese hätte gerade einen Angriff auf die Anschauung zur Folge gehabt, in der die größten Gegensätze der damaligen Zeit übereinstimmten, indem die einen die Arbeitslosigkeit der Selbstverantwortlichkeit des Individuums unterstellten, die anderen die Arbeitslosigkeit mit allen ihren Folgen als unvermeidlichen Bestand der bestehenden Wirtschaftsverfassung betrachteten.

Heute besteht weder diese Schroffheit der Gegensätze, noch die Übereinstimmung, die gerade aus jener Schroffheit herrührte. Die Anschauung von der Selbstverantwortlichkeit des Individuums, die darauf hinausläuft, daß der Einzelne für seine Arbeitslosigkeit verantwortlich sei, sie also gewissermaßen verschuldet habe, ist nicht nur angesichts der umfangreichen Krisen und Depressionen (die zahlreiche Fälle von Arbeitslosigkeit verursachen, ohne daß dem Individuum eine Einwirkung darauf zusteht) als allgemein unrichtig erkannt worden, sondern es sind inzwischen auch in der wirtschaftlichen Entwicklung neue Momente hinzugekommen, die für unsere Zeit jene Anschauung unhaltbar gemacht hätten, selbst wenn sie früher richtig gewesen wäre. Die weitere Verbreitung des Großbetriebes und das Aufkommen von früher unbekannten Riesenbetrieben in der Industrie haben Veränderungen hervorgerufen, an denen der einzelne Arbeiter, auch wenn sie für ihn eine Arbeitslosigkeit herbeiführen, als Mitwirkender nicht beteiligt ist. Dasselbe findet bei dem immer häufiger werdenden Übergang von einer Betriebsform zur andern statt, sei es, daß damit eine Ersparnis an Arbeitskräften oder auch nur eine starke örtliche Verschiebung verbunden ist. Die in den letzten Jahrzehnten aufgekommenen und in den meisten Industrien schnell zur Herrschaft gelangenden Kartelle beschließen Betriebseinschränkungen ohne Befragung (und daher auch ohne Mitverantwortlichkeit) der Arbeiter. Wenn diese und zahlreiche andere Umstände klarlegen, daß heutzutage in vielen Fällen die Arbeitslosigkeit die Folge von Entschließungen ist (und teilweise sein muß), an denen die Arbeiter weder einzeln noch insgesamt einen Anteil haben, so ist es unmöglich, den Satz aufrecht zu erhalten, daß es lediglich Sache des Arbeiters sei, für die Folgen der Arbeitslosigkeit einzustehen, und daß die Allgemeinheit keinen Anlaß habe, sich an den Lasten dieser Folgen zu beteiligen. Vollends seitdem der Staat Ende der 70 er und dann in größerem Umfange im Laufe der 80 er und 90 er Jahre den ursprünglichen Standpunkt der Reichs-Gewerbeordnung vielfach verlassen und in zahlreichen Abänderungen der Gewerbeordnung an die Stelle der Freiheit des Individuums staatliche Vorschriften setzte, indem er ferner den ganzen auswärtigen Handel durch eine Schutzzollpolitik größten Umfangs aus den bisherigen Bahnen in andere Bahnen zu lenken unternahm, kann die Allgemeinheit sich nicht mehr auf den Standpunkt stellen, daß sie für den größeren oder geringeren Beschäftigungsgrad in keiner Weise verantwortlich sei. Hierbei ist es unerheblich, ob man diese neuere staatliche Wirtschafts-, insbesondere die Schutzzollpolitik billigt oder nicht; auch wer eine einmal eingeschlagene staatliche Politik nicht billigt, kann sich den notwendigen logischen Folgen einer solchen Politik nicht gänzlich entziehen. — Eine ähnliche Entwicklung aber machte auch die radikale Opposition gegen die bestehende Wirtschaftsverfassung durch. Denn wenngleich die sozialdemokratische Partei als ihr unterscheidendes Merkmal gegenüber anderen Parteien die Forderung nach Verstaatlichung der gesamten Produktion aufrecht erhielt, so konnte sie sich doch einer Beantwortung der Frage, ob im Interesse der Generationen, die die Verwirklichung dieses Zieles nicht erleben, die eine oder andere Maßregel zu fordern sei, desto weniger entziehen, einen je größeren Teil des Parlamentes ihre Vertreter darstellten. Es ist bekannt, wie hieraus ein sogenanntes „Minimal-Programm" hervorging (2. Teil des Erfurter Programms von 1891), das gerade Verbesserungen auf Grundlage der gegenwärtig bestehenden Wirtschaftsverfassung forderte und damit den weitesten Erörterungen, auch über Verbesserung der Lage der Arbeitslosen, den Boden ebnete. — So wurde also im Kampfe der schroffsten Gegensätze der Anschauungskreis beseitigt, in dem früher jene Gegensätze miteinander übereingestimmt hatten. Ohne daß ihre Gegensätzlichkeit etwa aufgegeben wäre, besteht heute doch zwischen ihnen für die Frage, ob an der Verhütung der Arbeitslosigkeit oder an der Linderung ihrer Folgen sich die Allgemeinheit beteiligen solle, freie Bahn der Erörterung.

Wir kommen also in dieser Vorfrage zu dem Ergebnis: Die Frage der Aufwendung öffentlicher Mittel für die Zwecke der Arbeitslosenversicherung trägt heute keinen politischen Charakter mehr. Oder anders ausgedrückt: Gegen eine derartige Verwendung von Mitteln bestehen grundsätzliche Bedenken nicht.

III. Ob technisch möglich?

Die zweite Vorfrage, ob eine Arbeitslosenversicherung technisch möglich ist, ist hauptsächlich unter drei Gesichtspunkten verneint worden. Jede Versicherung beruhe auf einer Statistik, die ein Urteil über die mutmaßliche Häufigkeit des Versicherungsfalles gestatte; eine zuverlässige Arbeitslosen-Statistik aber gebe es nicht. Ferner liege hier ein Fall vor, wo der Eintritt des Versicherungsfalles vom Versicherten selbst abhänge, indem dieser jederzeit Arbeitslosigkeit herbeiführen könne. Endlich handele es sich bei andern Versicherungen um den Ersatz des eingetretenen Schadens, während hier dem Versicherten in erster Linie statt des Schadensersatzes Arbeit angeboten werden müsse, und mit der Frage, inwieweit er verpflichtet sei, eine solche Arbeit anzunehmen, ein Problem hineingebracht werde, wie es kein anderer Versicherungszweig aufweise.

Alle diese drei Einwendungen können heute als widerlegt gelten. Ohne Zweifel ist die heutige Statistik der Arbeitslosigkeit sehr unvollkommen. Wenn man aber die Geschichte der Lebens-, der Feuer-, der Transport-Versicherung usw. verfolgt, so wird man sehen, daß alle diese Versicherungszweige im wesentlichen ohne Statistik begonnen und erst im Laufe der Zeit sich eine solche geschaffen haben; und jedenfalls steht die sehr unvollkommene heutige Arbeitslosen-Statistik haushoch über den statistischen Grundlagen, mit denen die meisten heutigen Versicherungszweige bei ihrer Entstehung sich haben begnügen müssen*. Der fernere Ein-

* Hierbei kommt übrigens die Frage, ob es möglich sei, eine den Anforderungen genauer Versicherungstechnik entsprechende Organisation herbeizuführen, nicht in Betracht. Denn eine Versicherung im technischen Sinne, welche auf einer mathematischen Berechnung des Risikos und der Risikoprämie beruht und dem Versicherten einen klagbaren Anspruch auf die Versicherungsleistung gewährt, wird zurzeit als allgemeine Einrichtung von keiner Seite verlangt. Das Wort Arbeitslosenversicherung wird in diesem Sinne zur Bezeichnung von Einrichtungen verwendet, die sich technisch als Arbeitslosen-Unterstützungen darstellen, aber doch darauf angelegt sind, sich im Laufe der Zeit zu Versicherungsorganisationen auszuwachsen oder sich ihnen anzunähern.

wand, daß der Eintritt des Versicherungsfalles hier von dem Willen des Versicherten selbst abhängt, ist mit vollem Rechte durch den Hinweis darauf widerlegt worden, daß es einen sehr großen und stets noch wachsenden Versicherungszweig gibt, auf den dies ebenfalls zutrifft: die Haftpflicht-Versicherung. Wenn es hier gelungen ist, der Frage, wie weit die Haftpflicht auf Böswilligkeit des Versicherten usw. zurückgehe, soweit Herr zu werden, daß eine Versicherung möglich wurde, so kann dies bei andern Versicherungszweigen nicht von vornherein ausgeschlossen werden. Allerdings spielt ein soziales Moment von besonderer Bedeutung hier hinein: nämlich die verschiedene Anschauung der beiden gesellschaftlichen Kreise — Arbeitgeber und Arbeiter — über die Frage, ob die Arbeitslosigkeit mit Recht geschaffen worden ist, im Falle eines Streiks. Allein dieser Fall erledigt sich dadurch, daß die Streik-Versicherung von der Arbeitslosenversicherung grundsätzlich auszuscheiden ist. Die Fragen, die trotz dieser grundsätzlichen Ausscheidung noch übrig bleiben und einen gewissen Zusammenhang zwischen den beiden Arten der Arbeitslosigkeit (Arbeitslosigkeit durch Streik und sonstige Arbeitslosigkeit) darstellen, sind, nach den bisherigen Erfahrungen zu urteilen, nicht so zahlreich, wie man früher — rein theoretisch — vielfach annahm. Und die paritätische Entscheidung durch Vertreter beider Teile unter einem unparteiischen Vorsitzenden, die in Deutschland für eine Reihe anderer Gebiete sich bewährt hat (Schiedsgerichte der Arbeiter-Versicherung, Gewerbegerichte, Kaufmannsgerichte, Arbeitsnachweis), ist gegenwärtig bei uns in genügend hohem Maße in das Volksbewußtsein übergegangen, um auch hierfür mit Aussicht auf Erfolg als geeignete und ausreichende Entscheidungsinstanz zugrunde gelegt zu werden. — Der Zusammenhang von Arbeitsnachweis mit Arbeitslosenversicherung endlich liegt auf einem ganz andern Gebiete, als auf dem jene Schwierigkeiten vermutet werden. Richtig aufgefaßt, bedeutet dieser Zusammenhang nicht eine Erschwerung, sondern eine bedeutende Erleichterung in der Abwicklung des Versicherungsgeschäfts. Der Schaden, der bei jeder Arbeitslosenversicherung zu ersetzen ist, besteht nicht in den Wirkungen eines einmaligen Ereignisses, sondern eines dauernden Zustandes; der Schaden wird gewissermaßen täglich aufs neue geschaffen. Wie nun bei jeder Versicherung wirtschaftlich rationeller als der nachträgliche Ersatz die vorherige Verhütung des Schadens ist; wie daher z. B. die Feuerversicherungs-Gesellschaften das Entstehen von Feuerwehren an Orten, an denen sie nicht vorhanden sind, mit ihren Geldmitteln unterstützen; wie die gesetzliche Invalidenversicherung bedeutende Beträge aufwendet, um durch Tuberkulosen-Fürsorge u. a. m. das Eintreten der Invalidität zu verhindern: so wird auch in der Arbeitslosenversicherung die Verhütung der Arbeitslosigkeit dem Schadensersatz nach ihrem Eintreten vorzuziehen sein. Und der Unterschied der Arbeitslosenversicherung vor andern Versicherungszweigen besteht nur darin, daß ihr die Verhütungspolitik in besonders hohem Maße offen steht. Gewiß erheben sich hierbei neue Streitfragen, wie z. B. die, welche Arbeit dem Arbeitslosen billigerweise zugemutet werden kann. Allein die in dieser Beziehung bisher gemachten Erfahrungen berechtigen durchaus zu der Annahme, daß es möglich ist, bei einer richtigen Zusammensetzung der Entscheidungs-Kommission Entscheidungen herbeizuführen, die von allen Beteiligten als billig anerkannt werden.

IV. Interessenkreise: Arbeiter, Arbeitgeber, Gemeinde, Staat.

Wenn also grundsätzliche Bedenken gegen eine Verwendung öffentlicher Mittel für Zwecke der Arbeitslosenversicherung heute nicht mehr geltend zu machen sind, wenn ferner die Anschauung, daß eine Arbeitslosenversicherung an sich unmöglich sei, als ausreichend widerlegt anzusehen ist, so ist davon verschieden noch die Frage, ob gerade die Gemeinde die richtige Stelle sei, von der aus die Angelegenheit in Angriff zu nehmen ist. Interessiert an der Arbeitslosenversicherung sind privatwirtschaftlich Arbeiter und Arbeitgeber, unter öffentlichen Gesichtspunkten Gemeinde und Staat (wobei es keinen Unterschied begründet, ob diese staatliche Funktion von dem Reich wahrgenommen wird, oder von den einzelnen Staaten, oder ob ein größerer Einzelstaat diese Funktion auf seine Provinzialverbände delegieren will in ähnlicher Art, wie etwa die Aufgaben der Landarmenpflege in Preußen auf die Provinzialverbände übertragen worden sind). An sich ist jeder dieser vier Faktoren als Träger der Arbeitslosenversicherung möglich (sei es allein, sei es, indem er die andern zu Beiträgen heranzieht). Auch ist in den zahlreichen Versuchen und Vorschlägen zur Lösung des Problems jeder dieser vier Faktoren als Versicherungsträger vertreten: die Arbeiter in den vorhandenen gewerkschaftlichen Arbeitslosenversicherungen aller Art, die Arbeitgeber (unter Heranziehung von Arbeiter- und öffentlichen Beiträgen) in dem Herknerschen Vorschlage einer Übertragung der Arbeitslosenversicherung auf die Berufsgenossenschaften; die Gemeinde in dem St. Galler Experiment, in dem Baseler Entwurf, sowie in dem entsprechenden Programmpunkt der (süd-) deutschen Volkspartei*; endlich führt der Zusammenhang der Arbeitslosigkeit mit allgemeinen wirtschaftlichen Erscheinungen schon an sich zu Plänen, die eine Lösung des Problems davon erhoffen, daß die größte vorhandene Organisation, nämlich der Staat, sich zum Träger der Versicherung macht.

Öffentliche Körperschaften als Versicherungsträger werden hauptsächlich damit empfohlen, daß nur sie imstande sind, die Versicherung obligatorisch zu machen; was aus versicherungstechnischen Gründen wünschenswert sei, da sonst ein zu großer Andrang der schlechten Risiken zu befürchten wäre. Der Erörterung des Vorschlages, auf Grund dessen die Gemeinde zum Träger einer obligatorischen Arbeitslosenversicherung zu machen, wollen wir uns nicht mit dem Einwande entziehen, daß der Gemeinde hierzu die gesetzlichen Handhaben fehlen. Denn wenn unsere Erwägungen uns zu der Überzeugung gebracht hätten, daß die Gemeinde der geeignete Träger einer Arbeitslosenversicherung sei, so würden wir aus dem Mangel vorhandener gesetzlicher Handhaben nur gefolgert haben, daß die Gemeinden danach streben müßten, im Wege einer Änderung der Gesetzgebung diese Zuständigkeit zu erhalten. Wir sind aber, so gern wir auch in dem obigen grundsätzlichen Teile die Beteiligung der Gemeinden an der Arbeitslosenversicherung

* s. o. S. 4 Anm.**

als mit ihren Aufgaben vereinbar anerkannt haben, doch zu dem Ergebnisse gekommen, daß andere Gründe überwiegend und entscheidend dafür sprechen, als Träger der Arbeitslosenversicherung die Arbeiterorganisationen zu belassen, die ja auch bisher die Einzigen sind, die auf diesem Gebiete praktisch etwas Erhebliches geleistet haben. Unsere Gründe hierfür sind die folgenden.

Die Gemeinden als Förderer, die Arbeiter als Träger der Versicherung.

Wir haben uns zwar oben dahin ausgesprochen, daß der Zusammenhang der Arbeitslosenversicherung mit den Fragen der Streik-Unterstützung und der Beurteilung der Verpflichtung zur Annahme von „passender" Arbeit nicht so eng sei, daß man an diesem Punkte eine Beteiligung der Gemeinde an der Arbeitslosenversicherung scheitern lassen müßte. Immerhin ist dieser Zusammenhang vorhanden. Er ist um so wichtiger, da die Frage der „passenden" Arbeit zuweilen mit einer Beurteilung der Lage des Arbeitsmarktes zusammenhängt. Eine Arbeit, die bei beginnender und leichter Arbeitslosigkeit in einem Gewerbszweige für einen gelernten Arbeiter als nicht passend bezeichnet wird, kann sehr wohl für ihn „passend" werden, wenn man glaubt, daß der Beschäftigungsgrad in diesem Erwerbszweige als so andauernd schlecht anzusehen sei, daß ein Berufswechsel gerechtfertigt ist. Derartige Urteile fallen subjektiv verschieden aus, und zwar macht die subjektive Verschiedenheit sich sehr häufig nicht sowohl nach Individuen, wie nach Verschiedenheit der Gesellschaftsklassen (Arbeitgeber und Arbeiter) bemerkbar. Auch wenn die Fälle, in denen beispielsweise die Nichtauszahlung des Arbeitslosen-Geldes als Unrecht empfunden wird, weil die entscheidende

Kommission die Arbeitslosigkeit als durch Streik verursacht ansieht, oder weil sie die angebotene Arbeit als „passend" betrachtet, während der Arbeitslose — gestützt auf die Anschauungen seiner Kreise — auf der Ablehnung beharrt, nicht sehr häufig sein werden, so ist es gleichwohl nicht wünschenswert, in solchen Fällen die Entscheidung mit ihrer vollen Wucht auf den Arbeitslosen wirken zu lassen. Bestehen in dieser Beziehung in den Kreisen, zu denen der Arbeiter gehört, gewisse den Einzelnen herkömmlich bindende Anschauungen, und bestehen diese Anschauungen nicht in der Bevölkerung im allgemeinen: so erscheint es naturgemäß, daß die Organisationen der Arbeiter Träger der Arbeitslosenversicherung bleiben, daß sie ihre Unterstützungsgelder nach den bei ihnen maßgebenden Anschauungen auszahlen oder nicht auszahlen, und daß die Sprüche der paritätischen Kommission lediglich soweit gelten, wie öffentliche Gelder in Betracht kommen. Der Arbeitslose, der infolgedessen zu seiner gewerkschaftlichen Unterstützung den Zuschuß aus öffentlichen Mitteln nicht erhält, der andern gewährt wird, kann diese Entscheidung, selbst wenn sie seinen Anschauungen einmal nicht entspricht, viel leichter ertragen, wenn doch wenigstens der aus den eigenen Prämienzahlungen herrührende Betrag von dieser Entscheidung unabhängig bleibt. — Hierzu kommt, daß in Deutschland durch die neuere Versicherungs-Gesetzgebung den Arbeiterorganisationen Aufgaben, denen sie sich in früheren Zeiten widmeten, abgenommen worden sind. Die „Gesellen-Lade" der alten Zunftzeit hatte einen viel weiteren Fürsorgekreis, als die modernen Arbeiterorganisationen. Dies gilt nicht bloß von der Fürsorge für kranke Mitglieder, sondern in gewissem Umfange sogar auch von Unfallverletzten und Invaliden. Ebenso ist das Gebiet der Stellenvermittlung den Arbeiterorganisationen heute so gut wie grundsätzlich entzogen, seitdem der Grundsatz des paritätischen Arbeitsnachweises sich in nahezu allen größeren Städten Deutschlands Bahn gebrochen hat. Hiernach erscheint die Frage berechtigt, was den Arbeiterorganisationen an wichtigen Aufgaben überhaupt noch bleibt, wenn ihnen die Arbeitslosenversicherung ebenfalls genommen würde. Beinahe die einzige ihnen übrig bleibende Aufgabe würde die einer Kampfstruppe für Streiks werden. Die Anschauungen darüber aber, ob es wünschenswert ist, daß Arbeiterorganisationen von ihrem Streikrecht häufig oder selten Gebrauch machen, haben im Laufe der letzten beiden Jahrzehnte eine nicht ganz unwesentliche Veränderung erfahren. Auf je längere Zeiträume die historische Entwicklung der einzelnen Gewerkschaften zurückblickte, je größer die Bestände der zentralisierten Gewerkschaftskassen wurden, denen im Falle eines Streiks die Ausschüttung drohte, je weniger das Recht gewerkschaftlichen Zusammenschlusses angegriffen wurde, desto weniger lag Anlaß vor, bloß zum Zwecke der Rechtsausübung Streiks zu inszenieren, und in desto höherem Maße wurden die Führer der Gewerkschaften sich der Verantwortlichkeit bewußt, die mit jedem Streik verbunden ist. Die heute in zahlreichen zentralisierten Gewerkschaften geltenden „Streikreglements" sind ersichtlich bemüht, den Einfluß der Zentrale dahin geltend zu machen, daß leichtfertige örtliche Streiks tunlichst verhütet werden. Anderseits ist jene

Anschauung, daß die Unterdrückung von Streiks mit polizeilichen Mitteln als Erfolg einer Anti-Gewerkschaftspolitik zu betrachten sei, schon deswegen im Erlöschen begriffen, weil die Erfahrung gelehrt hat, daß leichtfertige Streiks vermöge der Kassen-Erschöpfung ihren Urheber weit erfolgreicher treffen, als polizeiliche Maßregeln es tun könnten; mit diesen Vereitelungsversuchen zugleich ist aber auch die Verlockung für die Arbeiterführer, ihnen agitatorisch entgegenzutreten, hinfällig geworden. Es ist gar nicht zu verkennen, daß in die deutsche Streikbewegung in letzter Zeit ein ruhigeres Tempo gekommen ist. Eine wirtschaftliche Depression, wie sie gegenwärtig über Deutschland lagert, mit mannigfachen gar nicht zu verhindernden Lohnherabsetzungen hatte in früheren Zeiten zahlreiche — mehr oder weniger erfolglose — „Abwehrstreiks" zur Folge. Es ist in hohem Maße beachtenswert, daß bei der diesmaligen Depression diese Erscheinung ausgeblieben ist. Die Ältesten der Kaufmannschaft von Berlin sprechen sich über ihren Korporationsbezirk (zu dem auch Charlottenburg gehört) dahin aus, daß während des Jahres 1908 kein Streik stattgefunden habe, der durch seine Größe oder durch seine typische Gestaltung eine eingehendere Darstellung erfordere, und fügen der auf umfangreichen Ermittlungen gegründeten Darstellung das Gesamturteil hinzu: „Im letzten Vierteljahre war, soweit unsere Informationen reichen, in Berlin und im Korporationsbezirk die Streikbewegung fast vollständig zum Stillstand gebracht"*. Es bildet sich gegenwärtig in Deutsch-

* Berliner Jahrbuch für Handel und Industrie. Bericht der Ältesten der Kaufmannschaft von Berlin, Jahrg. 1908 I (Berlin, Georg Reimer 1909), S. 161.

land die Anschauung aus, daß der Streik als äußerstes Mittel der Arbeiter zwar unentbehrlich, daß aber seine häufige Anwendung in keiner Weise wünschenswert sei. Es werden daher heute in sehr viel höherem Maße als früher andere Mittel versucht (persönliche Verhandlungen, sogenannte Lohnbewegungen usw.), und es wird von den durch die Reichsgesetzgebung zur Verfügung gestellten gewerbegerichtlichen Einigungsämtern und den auf Grund derselben eingesetzten „Schlichtungskommissionen" für die einzelnen Gewerbe in einem viel zeitigeren Stadium Gebrauch gemacht, als früher. Die erfreuliche Zurückhaltung aber, die in der letzten Zeit die deutschen Gewerkschaften in der Inszenierung von Streiks gezeigt haben, hat zur Voraussetzung, daß ihnen noch gewisse andere Betätigungsfelder bleiben. Zu diesen zählen wir in erster Linie die Arbeitslosen-Unterstützung. Den Gewerkschaften durch Einrichtung einer allgemeinen öffentlichen obligatorischen Arbeitslosenversicherung diese Aufgabe zu nehmen, würde heißen: aus ihnen Organisationen zu machen, die nur noch durch die Inszenierung von Streiks ihre Wirkung deutlich jedermann erkennbar vor Augen führen können. Wer eine Entwicklung nach dieser Seite hin nicht wünscht, wird alle Maßregeln in Sachen der Arbeitslosenversicherung in erster Linie unter dem Gesichtspunkte betrachten, daß den Arbeiterorganisationen selbst diese Aufgabe nicht entzogen werden darf.

V. „Genter System".

Wenn wir demnach einerseits die Verwendung städtischer Mittel zu Zwecken der Arbeitslosenversicherung für angemessen erachten und anderseits diese Aufgabe den Arbeiterorganisationen nicht entzogen wissen wollen, so führt dies auf ein System, in welchem die Arbeiterorganisationen als Träger dieser Versicherung bestehen bleiben, in ihren Bestrebungen aber durch gemeindliche Mittel unterstützt werden. Es ist das sogenannte gemischte oder Zuschuß-System, wie es im Jahre 1901 nach Vorschlägen von L. Varlez in Gent eingeführt („Genter System"), in einer Reihe belgischer Städte nachgeahmt, in Deutschland in den Jahren 1906 und 1909 den Versuchen in Straßburg und in Erlangen zugrunde gelegt worden ist und gegenwärtig sich unter den Vorschlägen befindet, die — neben anderen — in Berlin, München, Colmar i. E. zur Beratung stehen. Als Grundgedanken dieses Systems lassen sich bezeichnen:

1. Die Arbeitslosenversicherung bleibt in erster Linie Aufgabe der Arbeiterorganisationen,

2. Zu den von den Arbeiterorganisationen gezahlten Beträgen zahlt, wenn und solange die Arbeitslosigkeit nicht durch den Arbeitslosen selbst verursacht ist (Streik, Arbeitsverweigerung) die Gemeinde einen bestimmten täglichen Zuschuß (z. B.: die Hälfte des Gewerkschaftsbetrages, im Höchstbetrage 1 M täglich),

3. Streitigkeiten, insbesondere über die Frage, ob die Arbeitslosigkeit durch den Arbeitslosen selbst verursacht ist (Streik, Verweigerung der Annahme „passender" Arbeit) werden durch eine Kommission entschieden, die aus je einem Arbeitgeber und Arbeiter unter einem unparteiischen Vorsitzenden besteht. Die Kommission stellt gleichzeitig die Verbindung mit dem städtischen Arbeitsnachweise her und hat namentlich auch bei Zuweisung auswärtiger, sei es städtischer, sei es länd-

licher Arbeit, nötigenfalls ihren Spruch darüber abzugeben, ob im Einzelfalle das Angebot als „passende" Arbeitsgelegenheit zu erachten ist.

Andere Punkte können in dem einen oder anderen Sinne entschieden werden, ohne daß darum das System wesentlich geändert würde. Als solche Punkte wären hinzuzufügen:

4. die Frage, ob und wie die Gesamtsumme der Aufwendung aus städtischen Mitteln nach oben zu begrenzen ist. (In Straßburg bis jetzt Höchstbetrag von 5000 ℳ jährlich),

5. ob die Zuschüsse während des ganzen Jahres oder nur während des Winters gezahlt werden sollen,

6. wann die Zuschüsse beginnen („Karenzzeit" im doppelten Sinne: einmal Aufenthaltsdauer, z. B. von einem Jahre, ferner Dauer der Arbeitslosigkeit von 3, 8, 14 Tagen o. ä.), und wann sie enden sollen (z. B. Höchstzeit 3 Monate oder 6 Monate); oder aber Absehen von einer solchen Bestimmung in Rücksicht darauf, daß die Begrenzungen der Arbeiterorganisationen selbst bereits ausreichend sind.

7. Die Frage, ob der Zuschuß auch zur Reise-Unterstützung zu zahlen ist (wenngleich wir der Meinung sind, daß diese Frage schon im Interesse der Entlastung des städtischen Arbeitsmarktes bejaht werden sollte).

Zu den Punkten, die das Wesen des Systems nicht berühren, zählen wir endlich auch

8. die Frage, ob neben den Arbeiterorganisationen auch diejenigen Arbeiter mit Zuschüssen zu bedenken sind, die auf rein individuelle Art (durch Sparbücher) für den Fall der Arbeits-

losigkeit Fürsorge treffen. Die grundsätzliche Einbeziehung der Sparer hat theoretisch eine sehr große Bedeutung. Denn sie bringt die völlige Unparteilichkeit der Gemeindeverwaltung gegenüber den Formen, wie der einzelne Arbeiter Fürsorge für den Fall der Arbeitslosigkeit trifft, ganz besonders deutlich zum Ausdruck. Praktisch scheint sie nach den bisher gemachten Erfahrungen keine irgendwie umfangreiche Bedeutung zu erlangen und manche Schwierigkeiten zu verursachen.

VI. Bedenken gegen das System

Die Bedenken, die gegen die Aufwendung kommunaler Mittel für Zwecke der Arbeitslosenversicherung geltend gemacht werden, sind hauptsächlich folgende:

a) Die einzelne Gemeinde, die diese Aufgabe in die Hand nähme, werde zu einem Anziehungspunkt für solche Arbeiter, die besonders häufig einer Arbeitslosigkeit ausgesetzt sind;

b) wenn auch der Streikfall ausgeschieden ist, so bekämen doch dadurch die Gewerkschaften Mittel für eine Kampfpolitik frei;

c) solange die Arbeiterorganisationen in Verbindung mit politischen Parteien stehen, bedeute jeder derartige Zuschuß gleichzeitig eine Stärkung dieser Parteien, und zwar namentlich der Partei, die den größten Teil dieser Beziehungen unterhalte: der sozialdemokratischen;

d) nach dem gegenwärtigen Stande der gewerkschaftlichen Arbeitslosenversicherung sei der städtische Zuschuß eine Einrichtung nicht für die ärmsten, sondern gerade für die bestsituierten Arbeiter.

Hierzu kommt speziell für Charlottenburg der Einwand

e) daß unser Gemeindebezirk kein in sich abgeschlossenes Wirtschaftsgebiet darstelle.

und Widerlegung.

Wir gehen auf diese Bedenken im einzelnen ein.

a) Daß eine Gemeinde, die sich mit ihren Mitteln an den Aufgaben der Arbeitslosenversicherung beteiligt, dadurch einen Anziehungspunkt für Arbeitslose oder solche werde, die der Gefahr der Arbeitslosigkeit besonders häufig ausgesetzt sind, ist eine Behauptung, die durch Erfahrungstatsachen bisher nicht erhärtet worden ist. Die Errichtung der ersten kommunalen Arbeitsnachweise in Deutschland ist mit derselben Befürchtung bekämpft worden, ohne daß — auch nur an einem einzigen Orte — diese Befürchtung sich verwirklicht hätte. Um wie viel weniger ist es bei einer Einrichtung anzunehmen, die wie die geplante Unterstützung der Arbeitslosen-Versicherung einem Neu-Zugezogenen erst nach längerer — etwa einjähriger — Aufenthaltsdauer zugänglich wird.

b) Daß die Arbeiterorganisationen durch städtische Zuschüsse zur Arbeitslosenversicherung entlastet werden und dadurch Mittel für Kampfzwecke frei bekommen, die sie sonst auf einen weiteren Ausbau der Arbeitslosenversicherung verwenden müßten, ist zwar nicht ganz zu bestreiten. Jedoch besteht gegenüber der gänzlichen Entlastung der Gewerkschaften von den Aufgaben der

Arbeitslosenversicherung (gegen welche wir dieses Argument in vollem Umfange anerkannten) nicht etwa bloß ein quantitativer Unterschied. Denn es bleibt den Gewerkschaften die volle Denkarbeit und die volle aktive Betätigung auf dem Gebiete der Arbeitslosenversicherung, und das Argument ist lediglich auf die Geldaufwendungen beschränkt. In dieser Beziehung aber trifft dieses Bedenken auf eine große Reihe anderer Veranstaltungen zugunsten der Arbeiterbevölkerung ebenfalls zu. Auch die Einrichtung der Krankenkassen, ja in gewissem Umfange der Unfall- und Invaliden-Versicherung hat die Gewerkschaften entlastet. Die Aufwendungen der Gemeinde für den Arbeitsnachweis tun dasselbe. Alle Verbesserungen auf dem Gebiete des Volksbildungswesens haben zur Folge, daß die Gewerkschaften für Arbeiterbildungsschulen u. ä. weniger Ausgaben zu machen haben. Die Rücksicht darauf, daß man eine Entwicklung der Gewerkschaft zu bloßen Streikvereinen nicht befördern soll, billigen wir insoweit, als den Gewerkschaften die Aufgabe der Arbeitslosenversicherung gelassen werden muß. Wenn man aber diesen Bedenken eine solche Bedeutung beilegen wollte, daß man in jeder kommunalen Aufwendung für Arbeiterzwecke denen sich auch die Gewerkschaften widmen, eine Entlastung zugunsten ihrer Kampfzwecke erblicken wollte, so wäre eine städtische Arbeiterpolitik beinahe unmöglich gemacht. Eine gewisse Bedeutung erhält jener Einwand allerdings dadurch, daß

c) in Deutschland die Arbeiterorganisationen einen Zusammenhang mit dem politischen Parteileben haben. Wir bedauern diesen Zusammenhang, wir bedauern ihn namentlich im Interesse der Arbeiter. Denn so wenig irgendwelche andere geschäftliche Interessen in ihrer Wahrnehmung eine Absonderung nach politischen Parteien vertragen würden, ebensowenig auch die wirtschaftlichen, d. h. geschäftlichen Interessen der Arbeiter. Für die Wahrnehmung dieser sollten die Arbeiter sich ohne Unterschied der politischen Richtung lediglich unter wirtschaftlichen Gesichtspunkten zusammenschließen. Allein wenn auf Grund dieser nun einmal vorhandenen Verquickung vielfach schlechthin behauptet worden ist, jede Gewährung städtischer Zuschüsse zu gewerkschaftlichen Leistungen bedeute eine „Unterstützung der Sozialdemokratie", so glauben wir doch, derartige Einwände auf das Maß des Berechtigten zurückführen zu müssen. Zunächst besteht jene Verquickung mit politischen Parteien heute nicht mehr in demselben Umfange wie früher. Wenngleich man nicht die Augen davor schließen kann, daß in den maßgebenden Arbeiterorganisationen sämtliche oder fast sämtliche Vorsteherstellen mit Personen besetzt werden, an deren politischer Zuverlässigkeit nicht gezweifelt wird, so liegt in der jetzt vollzogenen formellen Auseinanderhaltung doch immerhin ein gewisser Fortschritt. Ferner handelt es sich bei den hier in Betracht kommenden Organisationen keineswegs bloß um eine politische Partei. Denn wenn auch die sogenannten „freien“ Gewerkschaften, in denen jene Beziehungen zur sozialdemokratischen Partei traditionell sind, der Zahl nach die stärksten Vertreter aufweisen, so bestehen daneben die Gewerkvereine Hirsch-Duncker in ähnlichen traditonellen Beziehungen zu liberalen, ebenso wie die christlich-sozialen Arbeiter-Vereine, die Deutschnationalen Handlungsgehilfen-Vereine u. ä. zu konservativen Parteien. Daß diese Richtungen auch in unserem Gemeindebezirk vertreten sind, geht aus der unten gegebenen Tabelle hervor. Wenn die Gemeindevertretung jeder die Bedingungen erfüllenden Arbeiterorganisation ohne Rücksicht auf die politische Stellung der Mitglieder Zuschüsse zur Arbeitslosenversicherung gewährt, so läßt sich wohl annehmen, daß diese auch einen Zusammenschluß solcher Arbeiterelemente befördern werde, welche sich gegenwärtig von den Organisationen fernhalten, weil sie sich von den darin überwiegend vertretenen politischen Anschauungen abgestoßen oder doch wenigstens nicht angezogen fühlen. Die Beförderung der gewerkschaftlichen Arbeitslosenversicherung muß gerade das unpolitische Moment in den Gewerkschaften fördern. In keinem Falle kann der Umstand, daß der Mitgliederbestand der einzelnen Arbeiterorganisation heute in der Regel eine politisch gleichmäßige Färbung zeigt, und daß e i n e r politischen Partei bis jetzt das Hauptkontingent zugefallen ist, ein Grund dafür sein, die Angliederung kommunaler Einrichtungen an vorhandene Organisationen abzulehnen, wenn diese sonst sachgemäß ist. Auch die Reichs- und Staatsbehörden haben, wo es erforderlich war, ihren früheren Standpunkt des Ignorierens aller dieser Organisationen aufgegeben, wie denn z. B. die amtliche Arbeiterstatistik des Kaiserlichen Statistischen Amtes, die allmonatlich im Reichsarbeitsblatt veröffentlicht wird, in großem Umfange auf einem beständigen Zusammenarbeiten mit den Arbeiter-Organisationen beruht, ohne Rücksicht darauf, ob und mit welcher politischen Partei sie in Fühlung stehen.

d) Der Einwand, daß die Aufwendung kommunaler Mittel für die Zwecke einer (immer doch fakultativ bleibenden) Arbeitslosenversicherung nicht den ärmsten, sondern gerade den bestsituierten Arbeitern zugute komme, muß als berechtigt anerkannt werden. Allein daraus folgt nicht, daß die Maßregel unterbleiben muß, sondern nur daß man ihre Bewertung darauf beschränken soll. Was bisher an den verschiedensten Orten des In- und Auslandes an kommunaler Arbeitslosenversicherung geleistet oder vorgeschlagen ist, bedeutet in keiner Weise eine Lösung des Arbeitslosen-Problems. Es erfaßt an sich nur einen sehr kleinen Teil dieses Problems, und selbst dieser kleine Teil wird noch verringert, wenn, wie im vorliegenden Falle, es sich gerade um die Klasse von Arbeitern handelt, die ohnedies besser gestellt sind, als die große Mehrzahl der Arbeiterbevölkerung. Allein wenn für den begrenzten Zweck auch nur entsprechende Mittel aufgewendet werden sollen, so können jene Argumente nicht durchschlagen. Denn es wäre unrichtig, sich auf den Standpunkt zu stellen, daß eine kommunale Arbeiterpolitik nur die untersten Schichten der Arbeiterbevölkerung im Auge haben dürfe. Auch läßt sich annehmen, daß der Grundsatz, die Selbsthilfe der Arbeiter aus Gemeindemitteln zu unterstützen, den Arbeiterkreisen, die sich bisher der Selbsthilfe auf diesem Gebiete noch nicht bedient haben, diese im Laufe der Zeit ermöglichen wird. Endlich

e) der speziell auf Charlottenburg zutreffende Einwand, daß unser Gemeindebezirk kein in sich abgeschlossenes Wirtschaftsgebiet darstelle. In dieser Beziehung glauben wir, daß die Entwicklung ähnlich verlaufen wird, wie auf anderen Gebieten, auf die dieser Einwand zutraf. Wenn eine Einrichtung, mit der eine einzelne Gemeinde in Groß-Berlin vorangeht, sich bewährt, so haben etwaige wegen der Gemeindegrenzen hervortretende Mißstände in der Regel nicht dazu geführt, die Einrichtung zu beseitigen, sondern sie zu verallgemeinern. In anderen Fällen hat die Praxis die Gestaltungen ergeben, die auch innerhalb der Gemeindegrenzen durchführbar sind. Der Arbeitsnachweis stellt ein Verwaltungsgebiet dar, das in viel höherem Maße als die Arbeitslosenversicherung ein abgeschlossenes Wirtschaftsgebiet voraussetzt. Wenn aus diesem Grunde dem städtischen Arbeitsnachweis Charlottenburg bei seiner Entstehung von vielen Seiten die Prognose gestellt wurde, daß er sich als wirtschaftlich unmöglich erweisen werde, und wenn er in einer mehr als 10jährigen Tätigkeit — ohne eine Zentralisierung des Arbeitsnachweises in Groß-Berlin, wo sie sich als erforderlich erwies, irgendwie zu hindern — gleichwohl verstanden hat, sich seine Arbeitsgebiete zu beschaffen: so ist die Erwartung berechtigt, daß die Schwierigkeiten, die sich auf dem verhältnismäßig einfacheren Gebiete der Arbeitslosenversicherung ergeben, sich ebenfalls nicht als so unüberwindlich darstellen werden, daß der Versuch deswegen von vornherein unterbleiben sollte.

VII. Begrenztheit und Bedeutung des Systems.

Wenngleich wir uns vor der Gefahr einer Überschätzung der vorgeschlagenen Maßregel fernzuhalten bemüht sind, so glauben wir doch auch in ihrer Begrenzung ihr eine gewisse allgemeinere Bedeutung, die die Aufwendung kommunaler Mittel für den Zweck rechtfertigt, zuschreiben zu können. Wie jede auf einen Teil der Arbeitslosen sich erstreckende Maßregel, so bewirkt auch diese eine Entlastung des Arbeitsmarktes, die in dem statthabenden Umfange allen auf dem Arbeitsmarkt konkurrierenden Elementen zugute kommt; werden die gelernten Arbeiter wirtschaftlich gehalten, so wird ihr Andrang zu ungelernter Arbeit und damit die weiterdrückende Konkurrenz gegenüber der ohnedies großen Schar der ungelernten hintangehalten. Kann bei zurückgehender Konjunktur ein Rückgang der Löhne nicht verhindert werden, so trägt doch jede Maßregel zugunsten einzelner Teile der arbeitslosen Bevölkerung dazu bei, den

Lohndruck zu verlangsamen und so an die Stelle ruckweiser und plötzlicher Lohnstürze eine allmähliche Entwicklung zu setzen, bei der es auch leichter ist, Extreme zu verhüten, die bei Verbesserung der Konjunktur nur mühsam (und wahrscheinlich wieder ruckweise) rückgängig zu machen wären. Die Wirkungen solcher Maßregeln beschränken sich nicht auf die Arbeiterbevölkerung, sondern erstrecken sich indirekt auf alle Kreise von Gewerbetreibenden, denen die Beschaffung von Nahrung, Kleidung usw. für die Arbeiterbevölkerung obliegt; alles was dazu dient, das wirtschaftliche Niveau eines Teiles der Arbeiterbevölkerung in einer Zeit der Arbeitslosigkeit aufrecht zu erhalten, dient gleichzeitig dazu, den Bäckern, Schlächtern, Gemüsehändlern usw. einen Teil ihres Kundenkreises, den Vermietern von Arbeiterwohnungen ihre Mieter usw. zahlungsfähig zu erhalten und so die Rückschläge zu mindern oder doch zu verlangsamen, die jede beginnende Arbeitslosigkeit auf die gewerbtreibende Bevölkerung im ganzen notwendigerweise üben muß.

Der Versuch einer Beteiligung der Gemeinde an den Aufgaben der Arbeitslosenversicherung liegt ganz auf der Linie der im übrigen auch von der Stadt Charlottenburg in den letzten Jahren befolgten Arbeitslosen-Politik. Diese kommunale Politik hält sich davon fern, das Arbeitslosen-Problem in großem Wurfe lösen zu wollen. Sie geht davon aus, daß es sich gegenwärtig, auch bei dem bis jetzt noch sehr fragmentarischen Zustande der wissenschaftlichen Literatur über dieses Problem, nur darum handeln könne, durch eine Reihe kleiner Maßregeln dem in Betracht kommenden Teile der Bevölkerung Erleichterungen zu beschaffen. Die Einführung von Notstandsarbeiten, d. h. von solchen Arbeiten, die lediglich zur Beschäftigung Arbeitsloser auf städtische Kosten dargeboten werden (z. B. Reinigung von Straßen an der Peripherie, die sonst nur seltener gereinigt würden), kommt erfahrungsgemäß nur den unteren Schichten der Arbeiterbevölkerung zugute, während die von der Stadt unterstützte öffentliche Schreibstube für Stellungslose mehr eine Einrichtung für Schreibgewandte, wie Kaufleute usw. darstellt. Zwischen beiden würde die Aufwendung kommunaler Mittel für Zwecke der Arbeitslosenversicherung im wesentlichen den gelernten Arbeitern zugute kommen; so jedoch, daß eine Ausdehnung auf die darunter stehenden ungelernten Arbeiter keineswegs ausgeschlossen und eine Erstreckung auf kaufmännische Angestellte nach Lage der Sache in gewissem Umfange schon jetzt eintreten wird. Daß der hier vorgeschlagene Weg in keiner Weise ein Präjudiz nach der Seite der obligatorischen oder der fakultativen Versicherung enthält, daß er in der Praxis ebenso wohl dazu dienen kann, die fakultative Versicherung, der augenblicklich die Unterstützung gilt, zu stärken, wie auch dazu, in näherer oder fernerer Zukunft ein Vorläufer einer auf Gesetz beruhenden allgemeinen obligatorischen Arbeitslosenversicherung zu werden — das können wir bei dem gegenwärtig noch sehr wenig geklärten Stande der hier mitspielenden grundsätzlichen Fragen nur für einen Vorzug des in Rede stehenden Systems halten. Die Anhänger der verschiedenen Anschauungen, deren Meinungen über das Ziel auseinandergehen, können gewissermaßen diesen Teil als die gemeinsame Wegstrecke gemeinsam zurücklegen. Und sicher verdient das System des Zuschusses zu Zwecken der Arbeitslosenversicherung den Vorzug vor den planlosen Geldverteilungen an Arbeitslose, wie sie gegenwärtig in einzelnen Gemeinden vorgenommen oder verlangt werden.

VIII. Ergebnis.

Auf Grund dieser Erwägungen dürfte die Frage

ob sich die Verwendung städtischer Mittel für die Zwecke der Arbeitslosenversicherung empfiehlt

zu bejahen sein. Gleichwohl hat der Unterzeichnete geglaubt, durch Berücksichtigung der Gründe und Gegengründe der vorstehenden Denkschrift einen Charakter geben zu sollen, der sie nach Möglichkeit geeignet machen soll, als Unterlage für eine weitere Erörterung des Problems nach beiden Seiten hin zu dienen. Insbesondere dienen diesem Zwecke die nachfolgend abgedruckten Anlagen.

Charlottenburg, den 5. März 1909.

**Dr. Jastrow.**

# Anlagen

A. Die bestehenden Einrichtungen auf dem Gebiete der Arbeitslosenversicherung.

B. Tabellen.

C. Gemeindebeschlüsse, Satzungen usw. betreffend Arbeitslosenversicherung.

D. Nachtrag. Denkschrift des Königlich Bayrischen Staatsministerium des Innern betreff Arbeitslosenfürsorge nebst Mustersatzungen. Denkschrift des Großherzoglich Badischen Ministeriums des Innern über die Arbeitslosenversicherung.

---

Bearbeitet vom Direktor des Städtischen Statistischen Amts

**Dr. Badtke.**

## A.

## Die bestehenden Einrichtungen auf dem Gebiete der Arbeitslosenversicherung.

Die Tätigkeit des Staates, der Gemeinde und der von der Arbeitslosigkeit betroffenen Arbeiter selbst zur Abstellung oder Milderung der wirtschaftlichen Folgen unverschuldeter Arbeitslosigkeit erstreckt sich:

1. auf die Zuweisung vorhandener Arbeiten (Arbeitsnachweis);
2. auf die Beschaffung neuer Arbeitsgelegenheit (Notstandsarbeiten im engeren Sinne, verschobene Arbeiten);
3. auf die Arbeitslosenunterstützung, in barem Gelde oder in Naturalien, mit dem oder ohne den Charakter der Armenunterstützung;
4. auf die Arbeitslosenversicherung, sei es nach dem Grundsatz einer wirklichen Versicherung, sei es nach versicherungs *ähnlichen* Grundsätzen.

Die bisher getroffenen Einrichtungen auf dem Gebiete der Arbeitslosenversicherung und die damit gemachten Erfahrungen sollen in diesem Bericht geschildert werden. Man kann diese Einrichtungen in zwei Gruppen charakterisieren:

I. die *obligatorische* Arbeitslosenversicherung,

II. die *fakultative* Arbeitslosenversicherung, mit den Untergruppen

1. fakultative Arbeitslosenversicherung im eigentlichen Sinne,
2. Bestrebungen der Arbeitgeber und die Selbsthilfe der Arbeiter-Organisationen,
3. das Genter System (Zuschußsystem).

## I. Die obligatorische Arbeitslosenversicherung.

### a. Die Arbeitslosenversicherung der Gemeinde St. Gallen.

Die obligatorische Arbeitslosenversicherung größerer Berufskreise ist bisher nur einmal praktisch durchgeführt worden, in St. Gallen*. Die rechtliche Unterlage für den Versicherungszwang wurde durch ein Kantonalgesetz vom Jahre 1895 geschaffen, das den Gemeinden das Recht gab, durch Beschluß der politischen Bürgerversammlung die obligatorische Versicherung gegen die Folgen der Arbeitslosigkeit einzuführen. Die Versicherung ist obligatorisch für männliche Arbeiter mit einem durchschnittlichen Tagesverdienst bis zu 5 Franks; Arbeiter mit einem höheren Durchschnittsarbeitslohn können als freiwillige Mitglieder beitreten. Den Gemeinden ist die obligatorische Heranziehung auch von Frauen überlassen. Arbeiter, die freiwilligen Versicherungsverbänden angehören, die eine gleich hohe Unterstützung zahlen, können vom Beitritt befreit werden. Eine Beitragspflicht der Arbeitgeber sieht das Gesetz nicht vor. Das Gesetz schuf also die Möglichkeit zur Einrichtung einer obligatorischen Arbeitslosenversicherung, und die Stadt St. Gallen beschloß noch im Jahre 1895, von dem ihr gegebenen Recht Gebrauch zu machen. Zunächst wurde die Einrichtung der Arbeitslosenversicherung auf 2 Jahre geplant, sofern nicht im Herbst 1896 die Fortsetzung der Versicherung von der Stadtverwaltung beschlossen wurde. An der Spitze des Instituts stand eine Kommission von 9 Mitgliedern, von denen 2 vom Gemeinderat, 7 aus der versicherten Arbeiterschaft gewählt wurden. Die Kontrolle über die Versicherungspflichtigen, die Einziehung

---

* Vergl. Denkschrift des kaiserl. statist. Amts „Die bestehenden Einrichtungen zur Versicherung gegen die Folgen der Arbeitslosigkeit im Ausland und im Deutschen Reich", Berlin 1906, Teil I, S. 97 ff.

der Versicherungsprämien, die Verrechnung und Auszahlung der Entschädigungen an die Arbeitslosen, wurden unentgeltlich durch die Gemeindeverwaltungen besorgt. Die betreffende Amtsstelle der Gemeindeverwaltung war zugleich kostenfreies Arbeitsnachweis-Bureau für die versicherten Arbeitslosen. Versicherungspflichtig waren alle in der Gemeinde St. Gallen wohnenden Lohnarbeiter, deren durchschnittlicher Tagesverdienst 5 Franks nicht, überstieg, und zwar für die ganze Dauer der Arbeits- und Erwerbsfähigkeit. Über den Ausschluß wegen Erwerbsunfähigkeit entschied die Kommission. Ausgeschlossen von der Versicherung waren Lehrlinge und minderjährige Arbeiter mit weniger als 2 Franks Tagesverdienst. Die Prämien waren wöchentlich zu entrichten und folgendermaßen abgestuft:

bis einschließlich 3 Franks ....... 15 Cts.
von 3 bis einschließlich 4 Franks ....... 20 Cts.
von 4 bis einschließlich 5 Franks ....... 30 Cts.

Die Einzahlung der Beiträge geschah durch Einkleben von Marken, die von der Verwaltungsstelle entwertet wurden. Bezugsberechtigt waren arbeitsfähige Arbeitslose, sofern ihnen nicht eine ihrem Berufe und ihren Kräften angemessene Arbeit zu den orts- und saisonüblichen Tagespreisen angewiesen werden konnte. Dagegen gingen der Entschädigungsansprüche verlustig:

1. Arbeitslose, wenn sie ausschließlich durch grobes Selbstverschulden arbeitslos geworden sind,
2. Streikende,
3. Arbeitslose, welche die ihnen zugewiesene Arbeit ohne zureichenden Grund ablehnen.

Kranke waren von dem Bezugsrecht ausgeschlossen. Einmalige Arbeitslosigkeit unter 5 aufeinander folgenden Arbeitstagen innerhalb 3 Monaten berechtigte zu keinen Geldbezügen. Die Unterstützten hatten sich einer täglichen Kontrolle zu unterwerfen. Die Entschädigung stellte sich in den oben gegliederten Lohnklassen auf 1,80,

2,10 und 2,40 Franks und erstreckte sich auf höchstens 60 Arbeitstage im Jahr. In Zeiten von Krisen und größerer Inanspruchnahme der Kasse konnte durch die Versicherungskommission zunächst die Entschädigung für Ledige herabgemindert werden. Reichte diese Einschränkung nicht aus, so konnte die Verwaltungskommission auch die Bezüge der oberen Klassen reduzieren. Die Gemeinde leistete einen jährlichen Beitrag von 2 Franks für jeden Versicherten und übernahm auch die Verwaltungskosten; außerdem lieferte der Staat einen Zuschuß. Die Zahl der versicherungspflichtigen Arbeiter betrug eigentlich 4220, aber am Jahresschlusse waren nach dem Jahresbericht nach Abgang von 1185 infolge Tod, Wegzug usw. nur noch 3036 Prämienpflichtige übrig. Es ist in dem Jahresbericht — wie Professor Adler, nach dessen Entwürfen für die Baseler Arbeitslosenversicherung das Statut in St. Gallen zum Teil aufgebaut war, hervorhebt — gesagt, daß von den 1185 gestrichenen Versicherungspflichtigen die meisten gestrichen werden mußten, weil sie zur Entrichtung der Beiträge nicht zu bewegen waren. Von den 3035 Versicherten, die übrig blieben, wurden 430 arbeitslos, und von diesen erhielten 363 Arbeitslosenunterstützung, und zwar

77 für 60 Tage
152 für mehr als 40 Tage und
225 für mehr als 20 Tage.

Die Summe der ausgezahlten Unterstützungen betrug 23 504 Franks, an Verwaltungskosten entstanden 5618 Franks. Diese Summen wurden mit 20 000 Franks durch Beiträge der Versicherten gedeckt, der Rest durch Subvention der Gemeinde. Es waren am Schluß des ersten Geschäftsjahres von 475 versicherten Erdarbeitern, Tagelöhnern und Handlangern 205 (43,2% arbeitslos; von 591 Maurern und sonstigen Bauhandwerkern 107 (18,1%); von den 3154 übrigen jedoch nur 118 (3,7%). Bereits im Herbst 1896 wurde die Liquidation der Kasse für das Jahr 1897 beschlossen.

Das zweite Geschäftsjahr stand ganz unter dem Einfluß dieses Liquidationsbeschlusses. An Beiträgen gingen nur noch 15 700 Franks ein, während die Unterstützungsgelder auf 38 387 Franks angewachsen waren, so daß also nur noch 40,9% durch Prämien der Versicherten aufgebracht wurden. Aus öffentlichen Mitteln waren an Zuschüssen, Verwaltungskosten und zur Deckung der Fehlbeträge in diesen beiden Jahren 32 652 Franks zu zahlen, wovon die Stadt 22 135 Franks aufbrachte.

Die St. Galler obligatorische Arbeitslosenversicherung erlitt ein vollständiges Fiasko. Die Schuld ist nicht zum mindesten in der übereilten Einrichtung zu suchen, infolge deren eine Anzahl wichtiger Streit- und Zweifelsfragen nicht von vornherein klar entschieden wurden. Ein wesentlicher Grund für die entstehende Mißstimmung gegen die Versicherung, die auch zur Liquidation führte, war der, daß bei dem Fehlen jeder beruflichen Gliederung die Saisongewerbe, insbesondere das Baugewerbe, den größten Teil der Entschädigung erhielten, während andere Berufsklassen, deren Risiko ein viel geringeres war, zur Leistung gleicher Beiträge gezwungen waren. Aus den anderen vielfachen Mißständen seien nur einige herausgehoben. Es fehlte an einem gut funktionierenden Arbeitsnachweis, die Arbeitsvermittlung wurde nur nebenbei von den Beamten der Arbeitslosenkasse erledigt. Dabei bestanden Facharbeitsnachweise, so daß es an jeder Übersicht über die Lage des Arbeitsmarktes fehlte. Der Arbeitslose hatte nach dem Statut nicht die Verpflichtung, sich selbst nach Arbeit umzusehen, er konnte warten, bis ihm Arbeit angewiesen wurde, „ein freiwilliges Anmelden zur Arbeit von Seiten des Arbeitslosen gehörte zu den Seltenheiten, und man mußte die Leute förmlich dazu aufbieten“*. Die Bestimmungen über die Ver-

* Zweiter Jahresbericht.

pflichtung zur Annahme von Arbeit waren völlig unzureichend. „Einer Nachfrage nach außerhalb folgten die wenigsten, die Arbeiterschaft stellte sich auf den Standpunkt, hierzu nicht gezwungen werden zu können." „In früheren Jahren gingen die Arbeiter im Winter vielfach nach auswärts. Zur Zeit des Bestehens der Arbeitslosenversicherung blieben sie in der Stadt und bezogen ihre Entschädigungen." „Es herrschte eben bei vielen Arbeitslosen das Bestreben vor, jeder Arbeit aus dem Wege zu gehen, solange sie nicht das Maximum der Entschädigungen bezogen hatten." „Wenn man ihnen Arbeit anwies, die nicht gerade in ihren Beruf paßte, so erklärten sie ganz einfach: Die wollen wir nicht, wir arbeiten nur in unserem Beruf."

Die Regelung für Streikfälle war völlig unzureichend. Es war unentschieden, ob nur für die Dauer des Streiks keine Entschädigungen gezahlt wurden oder auch nach Beilegung des Streiks. Der Fall der Aussperrungen war überhaupt nicht im Statut geregelt. Die Kontrolle war vollkommen unzureichend. Es erwies sich schon in einer Stadt von der Größe St. Gallens als sehr schwierig, eine Nebenbeschäftigung zu kontrollieren. Ein gut Teil der Gründe für das Fiasko der Versicherung ist allerdings der Verwaltung zur Last zu schreiben. Statt die Beiträge durch den Arbeitgeber zu erheben, überließ man die Einzahlung dem Arbeitnehmer. Es fand keine Kontrolle darüber statt, ob Veränderungen im Lohn eingetreten waren, und der Arbeiter so zu einer höheren Prämienklasse übertreten mußte. Die Verwaltung setzte sich darüber hinweg, wenn Arbeiter nicht regelmäßig ihre Beiträge gezahlt hatten und gaben Arbeitslosenunterstützung auch dann, wenn diese säumigen Zahler die restierenden Beiträge auf einmal nachzahlten.

Das Mißlingen der obligatorischen Arbeitslosenversicherung in St. Gallen spricht nicht so sehr gegen die obligatorische Versicherung an sich, als gegen ihre Einrichtung und Handhabung in St. Gallen. Übereilt und unvollkommen vorbereitet und schlecht verwaltet, mußte sie Schiffbruch erleiden*.

### b. Die Entwürfe in Basel und Zürich.

Der Versuch einer obligatorischen Arbeitslosenversicherung ist nicht weiter zur Ausführung gekommen. In dem Kanton Basel-Stadt wurde ein Gesetzentwurf zur Einführung der obligatorischen Arbeitslosenversicherung in der Volksabstimmung mit großer Mehrheit abgelehnt, und ebenso in der Stadt Zürich durch den Großen Stadtrat.

Trotzdem wird es verlohnen, auch auf diese beiden Projekte kurz einzugehen.

#### 1. Der Entwurf in Basel.

Die Bestrebungen auf Einrichtung einer Arbeitslosenversicherung gehen in Basel bis auf das Jahr 1893 zurück, in dem der Professor an der Universität in Basel, Georg Adler den Auftrag erhielt, den Entwurf eines Gesetzes über die Versicherung gegen die Arbeitslosigkeit auszuarbeiten. Der vorgelegte Entwurf hatte ein wechselreiches Schicksal und wurde mehrmals grundlegend umgeändert**. In seiner letzten Gestalt waren die Grundzüge folgende:

Das Baseler Gesetz verzichtet von vornherein auf die Versicherung aller Arbeiter und beschränkt das Obligatorium auf diejenigen Arbeiter, welche der Versicherung am bedürftigsten sind, nämlich die Fabrik-, Bau- und Erdarbeiter. Die Versicherungspflicht beginnt im zurückgelegten 16. Lebensjahr und erstreckt sich im Gegensatz zu St.

* Vergl. Adler „Arbeitslosigkeit und Arbeitslosenversicherung", Handwörterbuch der Staatswissenschaften, 3. Aufl., Bd. I, S. 1121 f.

** Vergl. Denkschrift des kaiserl. statist. Amts I, S. 114 ff.

Gallen auch auf die Frauen. Die Versicherungspflicht sollte beschränkt bleiben auf diejenigen Arbeiter, die in der Stadt Basel wohnen und arbeiten. Den Kreis der Versicherungspflichtigen berechnete Adler auf 10 000. Also auch in Basel erstreckt sich die Versicherung nur auf einen kleinen Ausschnitt der Arbeiterschaft, um so mehr, als die Zugehörigkeit zu freiwilligen Versicherungsverbänden von der Versicherungspflicht befreite. Bedenklich war die Beschränkung auf Arbeiter, die in Basel wohnen und arbeiten, da die Gefahr bestand, daß die Arbeitgeber in erster Linie nicht in Basel wohnende Arbeiter beschäftigen würden, da sie dann keine Beiträge zu zahlen hätten. Die Beschränkung konnte auch dahin führen, daß bei Entlassungen in erster Linie die versicherten Arbeiter entlassen würden, da der Arbeitgeber diese ja versorgt wußte. Die Versicherten wurden in 4 Klassen geteilt:

1. Fabrikarbeiter,
2. Fabrikarbeiter in Saisonbetrieben außer dem Baugewerbe,
3. Bauarbeiter,
4. Bauarbeiter im Freien.

Die Beiträge waren innerhalb dieser 4 Risiko-Klassen nach dem Lohnverdienst abgestuft, und zwar wurden für jede Gruppe 4 Lohnklassen gebildet. Um zu vermeiden, daß die Versicherungspflichtigen sich wie in St. Gallen in die unterste Lohnklasse drängten, sollte die Einteilung auf Grund der Angaben der Arbeitgeber erfolgen. Dem Arbeitgeber wurde auch die Einziehung der Beiträge überlassen, um Rückstände von Beiträgen, wie sie sich in St. Gallen in hohem Umfange eingestellt hatten, zu vermeiden. Die Beitragssätze sollten mechanisch den Lohnveränderungen folgen. Die Einnahmequelle sollten die Beiträge der versicherten Arbeiter, der Arbeitgeber, des Staates und Schenkungen bilden. Der Beitrag des Staates war auf 30 000 Franks festgesetzt, die Arbeitgeberbeiträge für die Gruppe der Fabrikarbeiter auf 10 Centimes, für die Gruppe der Bauarbeiter auf 20 Centimes pro Woche. Die Arbeitgeberbeiträge waren also im Gegensatz zu den Arbeitnehmerbeiträgen Einheitssätze. Der Anspruch auf Unterstützung tritt ein nach einjähriger Mitgliedschaft; nach halbjähriger Mitgliedschaft, wenn der Versicherte schon vor Beginn der Mitgliedschaft 1 Jahr im Kanton gewohnt hat.

Im einzelnen ist aus den Bestimmungen noch folgendes zu erwähnen:

Freiwilliger Austritt aus der Arbeit und Arbeitslosigkeit im Falle von Streik berechtigen nicht zum Anspruch auf Unterstützung. Der erste Entwurf schloß die Unterstützung sowohl bei Streik wie bei Aussperrung aus. In dem endgültigen Entwurf wurde die Verwirkung auf den Fall des Streiks beschränkt. Der Begriff der Schuld bei Eintreten der Arbeitslosigkeit ist nicht definiert, sondern im Gesetz ist nur bestimmt: wenn die Arbeitslosigkeit die Folge eines Verhaltens des Versicherten ist, das nach den Bestimmungen des Obligationenrechts und des Fabrikgesetzes zur sofortigen Entlassung berechtigt, so ist der Anspruch verwirkt. Die Karenzzeit beträgt eine Woche, die Dauer der Unterstützungsberechtigung 91 Tage im Jahre. Die Höhe der Unterstützung richtet sich nach der Lohnklasse und nach der Bedürftigkeit des Empfängers. Es sind 3 Lohnklassen gebildet, abgestuft nach dem Wochenlohn des Versicherten. Außerdem sind die Unterstützungen verschieden bemessen für verheiratete und ledige Arbeitslose. Die Unterstützungen schwanken von 80 Centimes pro Tag bis zu 2 Franks.

Über die Annahme von Arbeit sagt das Gesetz: der Anspruch ist verwirkt, wenn der Versicherte eine ihm angebotene Arbeitsstelle ohne wichtige Gründe ablehnt. Welche Gründe als gewichtig gelten, ist im Gesetz nicht gesagt. Adler führt in seinem Gutachten aber aus, daß der Arbeiter nur verpflichtet ist, eine passende Arbeitsstelle anzunehmen, d. h. eine Stelle, die demselben

Berufszweig angehört. Die Annahmepflicht erstreckt sich auch auf auswärtige Arbeitsstellen, in diesem Falle werden die Reisekosten vergütet. Annahme einer Arbeit in anderen Berufszweigen darf von einem gelernten Arbeiter nicht verlangt werden, allenfalls nur vorübergehend, wenn die Beschäftigung seine Arbeitsfähigkeit in dem früheren Berufe nicht schädigt. Einem halbgelernten Arbeiter, der z. B. lediglich mit der Hantierung an einzelnen Maschinen und Maschinenteilen zu tun hat, und hierzu einer nur durch besondere Übung zu erlernenden Fertigkeit bedarf, darf der Übergang von einer Spezialität zu einer andern innerhalb desselben Berufszweiges zugemutet werden. Einem ungelernten Arbeiter kann jede Arbeit zugemutet werden, die seinen körperlichen und geistigen Fähigkeiten entspricht und seine Erwerbsfähigkeit nicht mindert. Es ist wohl nicht zweifelhaft, daß die Unterscheidung der Arbeiter in diese drei Klassen in der Praxis zu großen Schwierigkeiten geführt haben würde, und daß ein starkes Drängen in die Gruppe der Gelernten stattgefunden haben würde. Die Kontrolle der Arbeitslosen ist dahin geregelt, daß der Arbeitslose Nebenverdienst zu melden hat, im Falle des Verschweigens seinen Anspruch verliert. Außerdem muß er sich täglich zu einer bestimmten Stunde in der Kasse melden.

### 2. Der Entwurf in Zürich.

Die Züricher Vorlage ist im großen und ganzen der Baseler nachgebildet worden. Soweit die Abweichungen wichtige und grundsätzliche sind, sollen sie hervorgehoben sein. Hatte man in Basel den Kreis der Versicherungspflichtigen ziemlich beschränkt, so wurde in Zürich die Grenze verhältnismäßig weit gezogen. Versicherungspflichtig seien alle unselbständigen erwerbenden männlichen Personen, die in der Stadt Zürich wohnen und dort in Handwerks-, Industrie-, Fabrikations-, Bau- und anderen Gewerben beschäftigt sind,

Tagelöhner und Handlanger mit Ausnahme der landwirtschaftlichen Tagelöhner, soweit sie 16 Jahre alt sind und der tägliche Lohn 5 Franks nicht übersteigt. Die zuerst in Aussicht genommene Ausdehnung der Versicherungspflicht auf weitere Arbeiter wurde später fallen gelassen, und zwar vorwiegend infolge des Gutachtens des Züricher Arbeiter-Sekretärs, der auf die Schwierigkeit der Kontrolle weiterer Arbeitslosen hinwies. Nach den Berechnungen unterlagen in Zürich der Versicherungspflicht 20 000 Personen. Den weiten Kreis hatte man in der vollen Absicht gezogen, die Risiken in den verschiedenen Berufsklassen auszugleichen. Die Berechnungen hatten z. B. ergeben, daß die Maurer und Arbeiter nicht in der Lage sein würden, aus ihren eigenen Prämien die Tagegelder während der Arbeitslosigkeit zu decken. Versicherungspflichtig waren nur Arbeiter, die in Zürich wohnten und arbeiteten. Damit fallen also alle Arbeiter aus dem Versicherungszwang heraus, die in Vororten wohnten, aber in Zürich arbeiteten und ebenso diejenigen, die in Zürich wohnten und in einer Vorortgemeinde arbeiteten. Es ist klar, daß durch diese Beschränkung die Entziehung der Versicherungspflicht dem Arbeiter leicht gemacht wurde und anderseits den Arbeitgebern es leicht gemacht wurde, nicht versicherungspflichtige Arbeiter anzunehmen, um die Beiträge zu sparen. Anderseits beseitigt man durch eine solche Einschränkung die Schwierigkeit, die sich hinsichtlich der Kontrolle derjenigen Arbeiter herausstellen mußte, die in Zürich wohnten, aber auswärts arbeiteten oder auswärts wohnten und in Zürich arbeiteten. Die Beiträge waren in Zürich nur nach 2 Gruppen gestaffelt, von denen die eine die Bauarbeiter, die andere alle anderen Arbeiter umfaßte. Die Wochenbeiträge stuften sich innerhalb dieser beiden Gruppen nach Lohnklassen ab, so daß die Bauarbeiter bei einem Tagelohn bis zu 3 Franks 20 Centimes, von 3—4 Franks 30 Centimes und 4—5 Franks 45 Centimes, die anderen

Arbeiter bei diesen Lohnabstufungen 10, 15 und 20 Centimes zu zahlen hatten. Die Beiträge der Bauarbeiter waren also mindestens doppelt so hoch als die der anderen Arbeiter. Die Beschränkung auf 2 Gruppen und 2 Lohnklassen hätte im Gegensatz zum Baseler Entwurf die Verwaltung wohl erleichtert; aber wie in Basel wäre auch wohl in Zürich die Schwierigkeit bestehen geblieben, daß ein Drängen nach der unteren Lohnklasse stattfand, und daß die Anzeige des Übertritts von einer Lohnklasse in die andere dem Arbeitgeber große Arbeit auferlegt hätte. Die Beiträge wurden durch den Arbeitgeber eingezogen. Nähere Bestimmungen darüber, wie sich die Einzahlung der Beiträge für Kassenlohn mit wechselndem Arbeitgeber gestalten sollte, sind in dem Entwurf nicht enthalten. Wie in Basel war auch in Zürich für den Erwerb des Unterstützungsanspruchs einjährige Mitgliedschaft vorgesehen, und Regelung der Unterstützung bei freiwilliger Kündigung, Streik usw. war wie in Basel geregelt. Abweichend von Basel war als Grund für die Nichtgewährung der Unterstützung noch „grobes Verschulden" eingefügt. Die Entscheidung, ob „grobes Verschulden" vorliegt, sollte der Kommission von Fall zu Fall zustehen, die überhaupt in jedem Einzelfall den Grund der Arbeitslosigkeit prüfen mußte. Der Schwierigkeiten, welche sich bei der Prüfung jedes Einzelfalls einstellen mußten, war man sich in Zürich jedenfalls nicht bewußt. Es ist klar, daß die Prüfung zu Zeiten größerer Arbeitslosigkeit einen großen Verwaltungsapparat beanspruchte, und daß auch der Arbeitgeber zu der Unterstützung herangezogen werden mußte. Die Pflicht zur Annahme von Arbeit war dahin geregelt, daß die dem arbeitslosen Arbeiter angebotene Arbeit nicht berufen und seinen Kräften angemessen und zu den an Orts- und Jahreszeit üblichen Löhnen bezahlt sein müßte.

Bei der Durchführung des Entwurfs würde sich nicht nur die Entscheidung der Frage, ob die

Arbeit dem Beruf angemessen, sondern auch die Entscheidung darüber, ob die angebotenen Löhne angemessen, überaus schwierig gestaltet haben. Die Entscheidung der zweiten Frage wäre einwandfrei wohl nur beim Bestehen von Tarifverträgen möglich gewesen.

Die Unterstützungsleistungen waren abgestuft nach dem Familienstand des Arbeitslosen. Die Unterscheidung nach Berufsklassen, die für die Beitragspflicht getroffen waren, fielen weg. Alleinstehende Arbeitslose erhielten täglich 1,20 Franks bzw. 1,40 bzw. 1,50 Franks, versicherungspflichtige Familienangehörige 1,50, 1,80, 2,20 Franks tägliche Unterstützung. Die Unterstützungsdauer sollte 75 Tage betragen. Man ist sich in Zürich sowohl wie in Basel auch wohl darüber nicht klar geworden, wie schwer sich in der Praxis die Entscheidung der Frage gestaltet haben würde, ob der Arbeitslose Familienangehörige zu unterstützen hat, und wie weitgehend der Begriff der Unterstützung ist. Eigenartig war in Zürich die Durchführung der Kontrolle gedacht. Zu der Kontrolle sollten die Berufsvereinigungen der Arbeitgeber und Arbeitnehmer herangezogen werden.

Auch in Zürich sollte nach den angestellten Berechnungen durch die Prämie der Versicherten nur 55% der Ausgaben gedeckt werden. Also auch diesem Entwurf ist der Charakter einer Versicherung nur bedingt zuzuerkennen.

## II. Die fakultative Arbeitslosenversicherung.

Arbeitslosenversicherungen auf freiwilliger Grundlage, soweit sie nicht auf dem Prinzip der Selbsthilfe oder des Genter Systems (Zuschußsystems) beruhen, sind bisher fast stets durchgeführt in mehr oder weniger enger Angliederung an städtische Verwaltungen. Namentlich sind Versuche nach dieser Richtung in der Schweiz gemacht worden.

### a. Die Arbeitslosenversicherung in der Gemeinde Bern.

Auf die wechselreiche Vorgeschichte dieser Versicherung, die bis in das Jahr 1892 zurückgeht, kann hier nicht näher eingegangen werden. Hervorgehoben sei nur, daß die Anregung zu dieser Versicherung von einem Arbeitnehmerverband ausging, und daß dieser die Unterstützung seiner eigenen Arbeitslosenkasse durch die Gemeinde erbat. Die „Arbeitslosenkommission“ und die Armendirektion beantragten im Einverständnis mit dem Gemeinderat bei dem Stadtrat die Gewährung von Beihilfen durch die Gemeinde an solche Arbeiterorganisationen, welche die Unterstützung ihrer arbeitslosen Mitglieder bezweckten. Der Stadtrat aber stellte sich grundsätzlich auf einen anderen Standpunkt, von der Ansicht ausgehend, daß, wenn die Gemeinde Subvention für die Arbeitslosen bewilligen wolle, die Verwaltung über diese Gelder von den gemeindlichen Organen besorgt werden müsse. Es sei unzulässig, einer Organisation der Arbeiter, die neben wirtschaftlichen auch Parteiinteressen verfolge, Gemeindegelder auszuliefern, da die Versuchung nahe liege, daß diese Gelder nicht nur zur Unterstützung von Arbeitslosen, sondern auch zu Propagandazwecken verwendet werden. Die Hilfe der Gemeinde dürfe nicht auf die Mitglieder einer einzelnen Gewerkschaft beschränkt werden, sondern müsse allen Berufsarten zur Verfügung stehen. Im wesentlichen also die Einwendungen, welche gegen das Genter System allgemein erhoben zu werden pflegen. Der Stadtrat hielt vielmehr die Errichtung einer allgemeinen Arbeitslosenversicherungskasse unter städtischer Verwaltung und eine Angliederung der Arbeitslosenversicherung an den städtischen Arbeitsnachweis für notwendig. Die Bestimmungen wurden im Laufe der Jahre geändert und gestalten sich nach ihrer letzten Festsetzung in den Grundzügen folgendermaßen:

Die Kasse ist eine städtische Einrichtung unter der Verwaltung und im Zusammenhang mit dem städtischen Arbeitsnachweis. Die Versicherung ist eine freiwillige; jedoch ist jeder Gemeindearbeiter, sofern er die unten genannten Eintrittsbedingungen erfüllt, zum Betritt verpflichtet. Die Mittel für die Versicherung werden aufgebracht:

1. durch einen festen Beitrag der Gemeinde, der bei der Gründung der Kasse auf 5000 Franks beschränkt wurde, aber schon nach 2 Jahren auf 7000 Franks und im Jahre 1900 auf 12 000 Franks erhöht werden mußte. Ein etwaiger Überschuß wird der Gemeinde nicht zurückgezahlt, sondern verbleibt der Kasse und wird auf das folgende Rechnungsjahr vorgetragen.
2. durch Mitgliederbeiträge,
3. durch Beiträge der Arbeitgeber,
4. durch freiwillige Gaben.

Berechtigt zur Mitgliedschaft ist jeder in der Gemeinde wohnende Arbeiter, der arbeitsfähig ist und das 60. Lebensjahr nicht überschritten hat. Diese Altersgrenze ist erst im Jahre 1900 festgesetzt worden. Der monatliche Beitrag beträgt 70 Centimes und wird durch Einkleben von Marken in das Mitgliedsbuch entrichtet. Berechtigt zum Bezug der Tagegelder im Falle der Arbeitslosigkeit sind nur solche Mitglieder, welche für mindestens 8 Monate Beitrag gezahlt haben und während des Jahres mindestens 6 Monate als Arbeiter beschäftigt gewesen sind. Auch letztere Bestimmung ist erst nachträglich eingeführt worden, weil man die Beobachtung gemacht hatte, daß sich Elemente fanden, die alljährlich regelmäßig die Arbeitslosenunterstützung bezogen, Leute, die im Laufe des Jahres nur wenig oder unbeständig arbeiteten, sei es wegen Gebrechlichkeit, sei es wegen Arbeitsscheu. Ebenso mußte im Laufe der Jahre eine Schutzbestimmung gegen säumige Zahler eingeführt werden, da man beobachtet hatte, daß die Kasse insofern ausgebeutet wurde, daß von manchen

Arbeitern nur dann Beiträge gezahlt wurden, wenn sie Gefahr liefen, arbeitslos zu werden. Andernfalls zahlten sie die Beiträge nicht und meldeten sich zum Neueintritt an, wenn die Aussichten für sie ungünstiger waren. Nach den jetzigen Bestimmungen müssen Mitglieder, welche wegen Nichtbezahlung der Beiträge gestrichen wurden, die Mitgliederbeiträge seit der Streichung aus der Liste im Maximum in der Höhe eines Jahresbeitrages nachzahlen. Die Berechtigung zum Bezug einer Arbeitslosenunterstützung erstreckt sich auf höchstens 10 Wochen in einem Winter, mit Beginn vom 1. Dezember ab.

Die Berner Arbeitslosenversicherung ist also nur eine Versicherung gegen winterliche Arbeitslosigkeit, d. h. gegen Arbeitslosigkeit, die im wesentlichen verursacht ist durch winterliche Verhältnisse. Eine früher bestehende Karenzzeit von 6 Tagen ist im Jahre 1907 aufgehoben worden, ohne daß aber die Gesamtdauer der Bezugsberechtigung verlängert wurde. Die Höhe der Tagegelder beträgt im Maximum 2 Franks für Arbeitslose, welche für Familienmitglieder zu sorgen haben, und 1,50 Franks für alleinstehende Arbeitslose. Für die übrige Dauer der Arbeitslosigkeit werden die Beiträge nach dem Stand der Kasse durch die Verwaltungskommission bestimmt. Die als arbeitslos Angemeldeten müssen sich täglich zweimal zum Appell melden. Ausbleiben beim Appell oder unrichtige Angaben haben den Einzug des Tagegeldes zur Folge. Ebenso die Verweigerung genügend bezahlter Arbeit.

Es muß ergänzend hier noch besonders darauf hingewiesen werden, daß die Arbeitslosenversicherung nur eintreten soll, wenn es der Verwaltung nicht gelingt, für die Arbeitslosen Gelegenheit zur Arbeit zu beschaffen. In den Satzungen heißt es, die Verwaltung sucht bei eintretender Arbeitslosigkeit in Verbindung mit den städtischen Behörden den Arbeitslosen Arbeit zu verschaffen. Zu diesem Zweck wird die städtische Baudirektion aufschiebbare

Arbeiten, wenn immer tunlich, während der Winterszeit und durch arbeitslose Mitglieder ausführen lassen. Die versicherten Mitglieder haben somit ein Anrecht, bei städtischen Arbeiten bevorzugt zu werden.

Über die Tätigkeit und die Leistung der Arbeitslosenversicherung sei folgendes berichtet:

Man hatte in den ersten Jahren die Finanzmittel überschätzt und die Ausgaben von Tagegeldern an arbeitslose Mitglieder unterschätzt. Die Folge war, daß sowohl der Beitrag der Stadt als auch der Beitrag der Mitglieder erhöht werden mußte. Auch die nachträgliche Einführung von Schutzmaßregeln gegen den Mißbrauch der Kasse, wie sie oben hervorgehoben sind (Festsetzung der Altersgrenze auf 60 Jahre, Mindestbeschäftigung von 6 Monaten, nachträgliche Zahlung rückständiger Beiträge), war die Folge unerwartet hoher finanzieller Anforderungen an die Versicherungskasse.

Die freiwilligen Beiträge der Arbeitgeber blieben hinter den Erwartungen zurück. Im günstigsten Falle haben sie in einem Jahre 35% der gesamten Mitgliederbeiträge erreicht.

Die Leistungen der Kasse vom 30. bis 60. Tage, die sich, wie oben erwähnt, nach dem jeweiligen Stand der Kasse richten, betrugen während der letzten 6 Jahre 1,50 Francs für Verheiratete und 1 Franc für Unverheiratete, so daß im Höchstfalle ein verheirateter Arbeitsloser 105 Francs, ein Unverheirateter 69 Francs pro Winter Arbeitslosen-Unterstützung beziehen konnte.

Die Zahl der Mitglieder stieg von 354 im Jahre der Eröffnung (1893) auf 719 im Jahre 1902 und fiel seitdem mit Unterbrechungen auf 508 im Jahre 1907. Die Mitgliederbeiträge erreichten im Jahre 1907 eine Höhe von 3927 Francs. Die Beiträge der Arbeiter beliefen sich auf 1038 Francs, der Zuschuß der Gemeinde auf 12 000 Francs die gesamte Einnahme auf 18 618 Francs. Die Ausgaben für Tagegelder auf 12 303 Francs.

Die Zahl der Arbeitslosen betrug im Jahre 1907 233 bei einem Mitgliederbestand von 508. Der Durchschnitt des Tagegeldes für einen Arbeitslosen erreichte das Minimum im Jahre 1905 mit 27,7 Francs, das Maximum mit 59,65 Francs im Jahre 1897, und betrug 52,40 Francs im Jahre 1907. Die Mitglieder rekrutieren sich auch bei der Berner Kasse wie bei jeder auf Grund der freiwilligen Arbeitsversicherungen aus Berufen, welche der Gefahr der Arbeitslosigkeit am stärksten unterworfen sind. Mit andern Worten, es sind die schlechtesten Risiken, die sich versichern.

Im Jahre 1904/05 z. B. waren unter den 593 Versicherten 379 Handlanger und Erdarbeiter, 80 Maurer und Steinhauer, 58 Gipser und Maler 24 Zimmerleute, 18 Dachdecker, 3 Töpfer. Alle übrigen Berufe waren nur mit 31 Mitgliedern vertreten. Darunter in der Mehrzahl Arbeiter, die in enger Berührung mit dem Baugewerbe stehen, und entsprechend ist das Verhältnis bei den Arbeitslosen. Von 305 im Jahre 1904/05 gemeldeten Arbeitslosen waren 200 Handlanger, 44 Maurer und Steinhauer, 22 Maler und Gipser, 17 Dachdecker, 12 Zimmerleute.

Diese einseitige berufliche Zusammensetzung der Versicherten läßt den Fehler auch nicht zu schwer erscheinen, den Bern gemacht hat mit der Abstufung der Beiträge und der Leistungen nach dem Berufs-Risiko. Mit anderen Worten, die Berner Arbeitslosenversicherung ist im großen und ganzen eine Versicherung der Arbeiter im Baugewerbe gegen die winterliche Arbeitslosigkeit. Und wenn trotzdem die Versicherung wenigstens etwas geleistet hat, so konnte sie es nur leisten, einmal infolge des relativ hohen Zuschusses der Gemeinde und zweitens infolge der engen Verbindung mit dem Arbeitsnachweis. Für die letztere Behauptung einige Zahlen. Im Winter 1906/07 konnten von 239 Arbeitslosen 162 Arbeit zugewiesen werden; im Winter 1907/08 von 223 an 126. Durch diese Arbeitsbeschaffung wurde die Kasse im Jahre 1906/07 um mindestens 6000 Franks, im Winter 1907/08 um mindestens 5000 Franks entlastet. Zu bedenken ist ferner, daß Bern keine Industriestadt und daher wirtschaftlichen Krisen relativ wenig unterworfen ist.

Die Kontrolle der Arbeitslosen hat selbst bei den beschränkten Berner Verhältnissen und trotz des mehrmaligen Appells an einem Tage versagt. Namentlich bei Arbeitern, die, wie Schneider und Schuhmacher, zeitweise für eigene Rechnung arbeiten. Bemerkenswert ist, daß im Laufe der Jahre die Arbeiterschaft doch nur in geringem Umfange der Versicherung größeres Interesse abgewonnen hat und zur freiwilligen Versicherung angeregt ist. Die Versicherung ist auf einen Minimalteil der Arbeiterschaft beschränkt geblieben, und zwar auf denjenigen, der mit ziemlicher Sicherheit auf das Eintreten einer winterlichen Arbeitslosigkeit rechnen durfte.

Streng genommen wird ihr der Charakter einer Versicherung überhaupt nicht zuerkannt werden, da im günstigsten Falle nur 25% der ausgezahlten Tagegelder durch Mitgliederbeiträge aufgebracht worden sind.

Versuche mit einer fakultativen Arbeitslosenversicherung nach dem Vorgehen Berns sind in Deutschland in zwei Städten gemacht worden, in Köln und in Leipzig.

### b. Die stadtkölnische Versicherungskasse gegen Arbeitslosigkeit im Winter.

Die „stadtkölnische Versicherung gegen Arbeitslosigkeit im Winter“ soll in ihren Einrichtungen und Ergebnissen eingehender geschildert werden. Die Einrichtung einer Versicherungs-Kasse gegen Arbeitslosigkeit in Köln gründet sich auf einen Beschluß der Stadtverordneten-Versammlung von Köln vom 31. Oktober 1894, der folgendermaßen lautet:

Es bleibt vorbehalten, an die Arbeitsnachweisanstalt eine Spar- und Versicherungskasse gegen Arbeitslosigkeit anzugliedern, wenn hier eine solche Einrichtung mit Billigung und Unterstützung der Stadt ins Leben gerufen wird. In diesem Falle sollen, soweit möglich, die Arbeitsräume und Kräfte der Anstalt kostenlos zur Verfügung gestellt werden und die versicherten Arbeitnehmer, welche ihre Beitragspflicht erfüllt haben, bei Nachweis der Arbeit immer in erster Reihe Berücksichtigung finden.

Im März 1896 wurde von Kölner Bürgern die Gründung einer Arbeitslosenkasse mit Anschluß an den Arbeitsnachweis und gleichfalls die Gründung eines bürgerlichen Vereins beschlossen, und im Mai 1896 trat die Arbeitslosenversicherung ins Leben. Die Stadt brachte einen Beitrag von 25 000 ℳ für das Grundkapital auf, und Sammlungen in der Bürgerschaft ergaben ein weiteres Grundkapital von 100 000 ℳ. Der Bereich der Versicherung beschränkt sich auf die Stadt Köln. Die Geldmittel der Kasse setzen sich zusammen aus den Beiträgen der Ehrenmitglieder und Patrone, die mindestens 5 ℳ jährlich bzw. 300 ℳ einmalig zahlen, den Beiträgen der Versicherten, dem Beitrage der Stadt Köln, der seit dem Jahre 1902 20 000 ℳ jährlich beträgt, den Zuwendungen von Behörden, Vereinen, Arbeitgebern und anderen Personen. Als Versicherte sind zugelassen männliche Arbeitnehmer, welche mindestens 18 Jahre alt sind, mindestens ein Jahr im Gebiet der Stadtgemeinde Köln ihren Wohnsitz haben und nicht dauernd arbeitsunfähig sind. Zuerst sahen die Statuten eine Mindestdauer des Wohnsitzes in Köln von zwei Jahren vor, bis durch die Änderung der Statuten im Jahre 1898 diese Mindestdauer auf ein Jahr herabgesetzt wurde. Ausgeschlossen von der Mitgliedschaft sind Personen, die eine regelmäßige Beschäftigung nicht nachzuweisen vermögen und sogenannte Gelegenheitsarbeiter. Auch diese Bestimmung ist nachträglich im Jahre 1903 aufgenommen worden, um arbeitsscheue Elemente von der Kasse fern zu halten. Über den Antrag auf Zulassung zur Versicherung entscheidet der Vorstand. Die Mitgliedschaft erstreckt sich lediglich auf das laufende Geschäftsjahr (1. April bis 1. April) und ist spätestens bis zu einem bestimmten Tage im Monat Juni anzumelden. Jeder Versicherte hat zur Kasse im ganzen 34 Wochen Beiträge zu leisten. Die Höhe der Wochenbeiträge beträgt für ungelernte Arbeiter 35 ₰, für gelernte Arbeiter 45 ₰. Auch die Höhe dieser Beiträge ist im Laufe der Jahre zweimal geändert worden, indem im Jahre 1901 zuerst eine Unterscheidung zwischen gelernten und ungelernten Arbeitern getroffen wurde, (25 und 35 ₰ Beitrag), im Jahre 1903 die Beiträge auf 30 bzw. 40 ₰ erhöht wurden, bis sie im Jahre 1905 auf den jetzt geltenden Satz fixiert wurden. Die Leistung der Beiträge muß wöchentlich erfolgen. Rückstände in den Leistungen, vorausgesetzt daß dem Versicherten ein grobes Verschulden nachgewiesen wird, haben den Verlust der Mitgliedschaft zur Folge. Die Entschädigung wird gezahlt für die Dauer unverschuldeter Arbeitslosigkeit während der Zeit vom 1. Dezember bis einschließlich 1. März. Die Versicherten haben die eingetretene unverschuldete Arbeitslosigkeit dem Kassenverwalter nachzuweisen. Die Fortdauer der Arbeitslosigkeit wird durch täglich zweimalige Meldung an der Geschäftsstelle der Kasse kontrolliert. Die Kasse steht, wie schon bemerkt, im engsten Zusammenhang mit der Arbeitsnachweisanstalt. Wird dem Versicherten Arbeit nachgewiesen, welche seinem Berufe und seinem bisherigen Verdienste tunlichst entspricht, so ist er zu deren Annahme verpflichtet. Er ist jedoch nicht verpflichtet, in eine durch Ausstand frei gewordene Stelle einzutreten. Bei Streitigkeiten über die Annahme von Arbeit entscheidet ein Ausschuß von Versicherten, gegen dessen Urteil die Berufung an den Vorstand zulässig ist. Unverheiratete Versicherte, die in Köln keine Angehörigen zu versorgen haben, müssen auch Arbeit außerhalb Kölns annehmen, wenn ihnen solche unter Vergütung des Fahrgeldes nachgewiesen wird.

Der Bezug des Tagegeldes beginnt, sobald unverschuldete Arbeitslosigkeit festgestellt ist, mit dem dritten Werktage nach dem Anmeldungstage der Arbeitslosigkeit — die Karenzzeit betrug bis zum Jahre 1897 6 Tage — und dauert höchstens 8 Wochen. Das Geschäftsjahr zerfällt also in zwei Perioden, in die Periode der Prämienzahlung vom 1. April bis Ende November und in die Periode der Unterstützung vom 1. Dezember bis 1. März. Die Entschädigung beträgt für die ersten 20 Tage der Arbeitslosigkeit 2 ℳ, für die übrige Zeit 1 ℳ. Während also für die Leistung der Beiträge eine Abstufung zwischen gelernten und ungelernten Arbeitern stattfindet, ist das Tagegeld für beide Gruppen gleichmäßig bemessen. Der Versicherte hat keinen Anspruch auf Tagegeld:

1. wenn er mit seinen Beiträgen im Rückstand ist,
2. wenn er schon zur Zeit des Abschlusses des Versicherungsvertrages dauernd arbeitsunfähig war,
3. solange er durch Krankheit oder durch Arbeitsunfähigkeit arbeitslos ist,
4. wenn die Arbeitslosigkeit durch eigenes Verschulden oder infolge eines Ausstandes eingetreten ist,
5. wenn er nachgewiesene Arbeit (vgl. oben) ablehnt oder nicht antritt,
6. wenn er von Köln wegzieht,
7. wenn er der Versicherungskasse wissentlich falsche Angaben gemacht hat.

Ob einer dieser Fälle vorliegt, entscheidet der Ausschuß der Versicherten, gegen dessen Entscheidung Berufung an den Kassenvorstand zulässig ist. Der Vorstand hat das Recht, den Abschluß von Versicherungsverträgen jederzeit einzustellen, und ist zur Einstellung weiterer Versicherungsabschlüsse verpflichtet, sobald die bis dahin erfolgten Abschlüsse zwei Drittel des ganzen Vermögensbestandes einschließlich des städtischen Beitrages in Anspruch nehmen könnten unter der Annahme, daß alle Versicherten arbeitslos würden, ihnen auch keine Arbeit überwiesen werden könnte und sie die Tagegelder in der vollen Höhe und während der ganzen Dauer beziehen würden.

Die Verwaltung der Kasse geschieht durch den Vorstand, den Ausschuß der Versicherten und die Hauptversammlug. Der Vorstand besteht aus dem Oberbürgermeister der Stadt Köln, dem Vorsitzenden der Allgemeinen Arbeitsnachweisanstalt, zwölf versicherten Arbeitnehmern und zwölf sogenannten Patronen oder Ehrenmitgliedern. Der Versicherten-Ausschuß setzt sich aus zwölf Mitgliedern zusammen. Die laufende Verwaltung führt ein Kassenverwalter unter unmittelbarer Aufsicht des Vorstandes. Die Aufsicht über die Kasse führt im Auftrage des Regierungs-Präsidenten der Oberbürgermeister der Stadt Köln. Die Entwicklung der Kasse ist aus der Tabelle I ersichtlich. Die Zahl der Mitglieder war in den einzelnen Jahren naturgemäß schwankend je nach den wirtschaftlichen Verhältnissen. Die Höchstzahl von Versicherten wurde im Jahre 1905 mit 1717 Versicherten erreicht, im letzten abgeschlossenen Geschäftsjahr 1907/08 betrug sie 1505. Das Verhältnis von gelernten zu ungelernten Arbeitern hat im Laufe der Jahre zwar geschwankt, jedoch waren die gelernten Arbeiter stets in der großen Mehrzahl. Schwankend war natürlich auch der Prozentsatz der arbeitslos gewordenen Mitglieder unter der Einwirkung der wirtschaftlichen Konjunktur. Unter die Hälfte der Mitglieder ist dieser Prozentsatz niemals heruntergegangen. Er war am günstigsten mit 51% im Jahre 1898/99, am ungünstigsten im Jahre 1906/07 mit 84,8% und betrug im letzten Geschäftsjahr 1907/08 81,5%. Schon aus diesen Zahlen geht hervor, daß es auch in Köln die ungünstigsten Risiken waren, welche sich der freiwilligen Arbeitslosenversicherung anschlossen, und schon daraus ist zu vermuten, daß es vorwiegend wieder das Baugewerbe ist, das zu den Versicherten die meisten Vertreter stellt. So waren im letzten Geschäftsjahr unter den Versicherten vertreten: (Vgl. Tabelle II).

| | Versicherte | davon wurden arbeitslos |
|---|---|---|
| Maurer | 264 | 188 |
| Verputzer, Stuckateure, Steinhauer | 394 | 330 |
| Schreiner, Zimmerer | 72 | 51 |
| Anstreicher, Tapezierer | 311 | 198 |
| Pflasterer, Rammer | 50 | 48 |
| übrige Handwerker | 15 | 10 |

Trotzdem ist der Kreis der Versicherten auch zur Zahl der Arbeiter des Baugewerbes und seiner Hilfsgewerbe in Köln immer noch ein geringer. Wenn trotz des großen Prozentsatzes der arbeitslos gewordenen Versicherten die Kasse ihren Verpflichtungen nachkommen konnte, ohne ihren Bestand zu gefährden, so ist das neben der Unterstützung der Stadt vor allem zurückzuführen auf die enge Verbindung der Versicherungskasse mit dem Arbeitsnachweis und auf die Zentralisation des Arbeitsnachweises in Köln überhaupt. So wären z. B. im letzten Geschäftsjahr an 1097 Versicherte Tagegelder zu zahlen gewesen, wenn nicht 891 zeitweilig durch den Arbeitsnachweis an 20 042 Tagen Arbeit erhalten hätten, so daß die Kasse nur noch für 29 899 Tage Unterstützungen zu zahlen hatte. Nur 206 arbeitslos gewordenen Versicherten konnte während der Bezugszeit keine Arbeit nachgewiesen werden. Im Durchschnitt der Jahre sind die Ausgaben an Tagegeldern durch Nachweis von Arbeit um mehr als die Hälfte ermäßigt worden, eine Leistung, wie sie keine sonst bestehende Arbeitslosenversicherung erreicht hat. Für die Beurteilung der Leistungen der Kasse ist es von Bedeutung, welcher Teil der Ausgaben und Einnahmen durch Beiträge der Versicherten gedeckt wurde. Der Anteil der von den Versicherten durch ihre Beiträge selbst aufgebrachten Tagegelder schwankt seit dem Bestehen der Kasse außerordentlich. Er ist am niedrigsten mit 23,6% im Jahre 1900/01, am höchsten im Jahre 1905/06 mit 91,7%, also in einem Jahre wirtschaftlicher Hochkonjunktur, und ist in den beiden folgenden Jahren auf 43 bzw. 42,5% gesunken. (Vgl. Tabelle I).

Bemerkenswert ist, daß die Beiträge der Arbeitgeber von Jahr zu Jahr zurückgehen von 5250 ℳ im Jahre 1898/99 auf 2445 ℳ im Jahre 1907/08.

Über Rückstände an Beiträgen hat die Kölner Versicherungsklasse wenig zu klagen, und die Zahl der Personen, die aus diesem Grunde gestrichen werden mußten, ist eine geringe gewesen. Das ist wohl darauf zurückzuführen, daß der Mitgliederkreis der Kasse zum größten Teil sich aus den gut gelohnten Bauarbeitern rekrutiert, welchen die Beitragsleistung in der Zeit ihrer Beschäftigung keine Schwierigkeiten bietet.

Wenn in Köln eine andere Schwierigkeit in den Hintergrund getreten ist, nämlich die Feststellung der unverschuldeten Arbeitslosigkeit, so kommt wieder in Betracht, daß das Baugewerbe weitaus die meisten Versicherten stellt, und die Beschränkung der Unterstützung auf den Winter die Feststellung eines etwaigen Verschuldens erleichtert, weil das Baugewerbe im Winter ganz oder zum größten Teil ruht. Die Kontrolle während der Arbeitslosigkeit hat in Köln zu keinen Schwierigkeiten geführt, wohl weil der Kreis der Versicherten ein relativ kleiner ist. Das Gesamturteil über die Kölner Versicherung wird man dahin zusammenfassen können, daß sie trotz der Beschränkung auf die Bauarbeiter, also auf eine der best gelohntesten Arbeiterklassen, dank der guten Leitung, der engen Angliederung an einen gut funktionierenden Arbeitsnachweis und dank der städtischen Zuschüsse Gutes geleistet hat. Ungelernte Arbeiter mit geringerem Arbeitseinkommen, die auf eine Unterstützung während der Arbeitslosigkeit in größerem Maße angewiesen sind, als die gut bezahlten

Bauarbeiter, haben von ihr nur geringen Vorteil gehabt und mußten ihn haben, weil die Höhe des Beitrages ihnen schon den Beitritt erschwert.

**c. Die Arbeitslosenversicherungskasse zu Leipzig.**

Die Bestrebungen zur Gründung einer Arbeitslosenversicherungskasse in Leipzig gehen bis auf das Jahr 1903 zurück; in diesem Jahre wurde von privater Seite ein Arbeitslosenversicherungs-Verein gegründet, der nach dem Kölner Vorbild das Garantie-Kapital für eine Arbeitslosenversicherung in Höhe von 100 000 ℳ aufbringen sollte. Das Stadtverordneten-Kollegium lehnte jedoch einen städtischen Zuschuß ab; bemerkenswert ist, daß auch die Mitglieder der dritten Wählerklasse gegen die Gewährung städtischer Mittel stimmten, und zwar die sozialdemokratischen Vertreter aus dem Grunde, weil sie in der Versicherung des Arbeitslosenvereins eine Konkurrenz gegen die Arbeitslosenversicherung der Gewerkschaften erblickte; die bürgerlichen Vertreter aus dem Grunde, weil sie nicht eine Bevorzugung des Arbeiters vor dem Handwerker wollten, und weil sie der Ansicht waren, daß die Stadt den Arbeitslosen durch die Zuweisung von Arbeiten bessere Hilfe leiste, als durch die Zuweisung einer Arbeitslosenunterstützung. Der Verein löste sich auf und seine Gründer schlugen einen anderen Weg ein, indem sie sich die Unterstützung des evangelischen und katholischen Arbeitervereins und des Vereins „Arbeitnehmerschutz" sicherten und von privater Seite ein Grundkapital von 60 000 ℳ aufbrachten.

Die Kasse bezweckt die Versicherung gegen unverschuldete Arbeitslosigkeit für männliche Arbeiter, die seit mindestens einem Jahr in der Stadtgemeinde Leipzig oder im Bezirk der Amtshauptmannschaft Leipzig ihren Wohnsitz haben, die mindestens das 16., höchstens das 60. Lebensjahr zurückgelegt haben und arbeitsfähig sind. Die Kasse versichert also nicht nur gegen winterliche Arbeitslosigkeit, wie die Stadt-Kölnische Versicherungskasse, sondern gegen die Arbeitslosigkeit während des ganzen Jahres. Mit Rücksicht auf die verschiedenen Gefahren der Arbeitslosigkeit in den verschiedenen Berufsarten werden die Versicherten in 4 Risiken-Klassen eingeteilt, und zwar von Fall zu Fall bei der Anmeldung durch den geschäftsführenden Kassen-Vorstand. Erklärt dieser sich mit der Zuteilung an eine bestimmte Risikoklasse nicht einverstanden, so wird der Aufnahmeantrag abgelehnt. Der Kassen-Vorstand behält sich auch vor, den Versicherten innerhalb eines Monats nach Einreichung des Aufnahmeantrages einer anderen Klasse zuzuweisen. Erklärt sich der Versicherte mit dieser Änderung nicht einverstanden, so scheidet er unter Rückzahlung der bereits geleisteten Beiträge aus der Kasse aus. Es bestehen somit bei der Leipziger Versicherungskasse nicht allein allgemein gültige Bestimmungen über die Zugehörigkeit der einzelnen Berufe zu einer bestimmten Risikoklasse auf Grund der Ergebnisse der Arbeitslosen-Statistiken, sondern die Entscheidung erfolgt nach dem freien Ermessen des Vorstandes im einzelnen Falle. Die wöchentlichen Beiträge für die einzelnen Klassen gliedern sich folgendermaßen:

| | | |
|---|---|---|
| Klasse | 1 . . . . . . . . . . . . . . | 30 ₰ |
| „ | 2 . . . . . . . . . . . . . . | 40 „ |
| „ | 3 . . . . . . . . . . . . . . | 50 „ |
| „ | 4 . . . . . . . . . . . . . . | 60 „ |

Die Beiträge sind somit höhere als in Köln. Neben diesen 4 Klassen besteht noch eine Sonder-Klasse für bestimmte Personen und Vereine. Gedacht ist namentlich an die konfessionellen Arbeitervereine, an den Verein Arbeitnehmerschutz, als Gründer der Versicherungskasse — welche sich der Kasse gegenüber zur Einziehung der Versicherungsbeiträge verpflichten und zugleich die Haftung für deren pünktliche Eingänge übernehmen. Für die Mitglieder dieser Vereine sind, so lange mindestens $^1/_3$ der dem Verein angehörigen Arbeitnehmer und in der Mindestzahl 50 Personen versichert sind, folgende Vergünstigungen erwirkt worden:

Der wöchentliche Versicherungsbeitrag beträgt für Angehörige solcher Vereine für die Dauer der Angehörigkeit 10 ₰ ohne Rücksicht auf das Berufsrisiko; auf die Mitglieder dieser Sonder-Klasse scheint bei der Leipziger Versicherung der Hauptwert gelegt zu werden.

Durch die Entrichtung von mindestens 42 Wochenbeiträgen erreicht der Versicherte, im Falle eintretender Arbeitslosigkeit, den Anspruch auf ein Tagegeld von 1,20 ℳ für den Werktag, sofern und so lange ihm nicht eine seinem Berufe und seinem bisherigen Verdienste tunlichst entsprechende Arbeitsgelegenheit nachgewiesen ist. Mitglieder der Sonderklasse erhalten ein Tagegeld von 0,75 ℳ. Die Unterstützung wird nur wegen unverschuldeter Arbeitslosigkeit gezahlt. Im Streikfalle tritt sie nicht ein. Bei Anmeldung der eingetretenen Arbeitslosigkeit ist eine Bescheinigung des letzten Arbeitgebers über die Entlassung beizubringen. Die Karenzzeit beträgt 3 Tage. Die Arbeitslosenunterstützung wird nicht gezahlt, wenn der Versicherte sich ohne triftigen Grund weigert, eine ihm von der Kasse nachgewiesene, seinem Berufe und seinem bisherigen Verdienst tunlichst entsprechende Arbeitsgelegenheit anzunehmen. Unverheiratete Versicherte, die für keine Angehörigen am Orte zu sorgen haben, müssen Arbeit auch außerhalb des Kassenbezirks annehmen, wenn ihnen solche unter Vergütung des Fahrgeldes angewiesen wird, und endlich, wenn der Versicherte Krankengeld bezieht. Der Versicherte ist nicht verpflichtet, eine durch Streik frei gewordene Stelle anzunehmen. Die Höchstdauer für den Bezug des Tagegeldes beträgt 42 Werktage; in diesem Falle ist zugleich die Mitgliedschaft des Versicherten erloschen, kann aber durch Neuaufnahme sofort wieder erworben werden. Die Auszahlung des Tagegeldes erfolgt für jeden einzelnen Werktag persönlich an den Versicherten und zwar abwechselnd vor- und nachmittags; dadurch wird zugleich eine Kontrolle über das Bestehen der Arbeitslosigkeit ausgeübt. Ungelernte Arbeiter können verpflichtet werden, an einem Tage sich 2 mal zu melden.

Wie aus den Bestimmungen hervorgeht, lehnt sich die Einrichtung der Leipziger Arbeitslosenversicherung in vieler Hinsicht an die Kölner an und unterscheidet sich von ihr im wesentlichen nur durch das Fehlen der organischen Verbindung von Arbeitsnachweis und Arbeitslosenversicherung, die zum großen Teil den Erfolg der Kölner Versicherung herbeigeführt hat, und durch das Fehlen eines städtischen Zuschusses. Die Leipziger Kasse hat bisher nur ein bescheidenes Dasein geführt. Von der Eröffnung ab (am 1. Januar 1905 bis 1. April 1908) haben sich insgesamt nur 410 Personen versichert. Am Schlusse des 2. Geschäftsjahres betrug der Mitgliederbestand 171, am Schlusse des letzten Jahres 244, davon gehören viele weitaus der Sonderklasse an. Nach ihren einzelnen Berufen verteilen sich die Mitglieder folgendermaßen:

| | | |
|---|---|---|
| Klasse 1 | Fabrikarbeiter, Arbeiter in Handel und Verkehr, Schmiede, Schlosser, Buchdrucker, Steindrucker, Textil- und Metallarbeiter | 90 |
| Klasse 2 | Bau- und Hilfsarbeiter, Buchbinder, Tischler, Tapezierer, Schneider, Heizer | 26 |
| Klasse 3 | Buchdrucker, Lithographen, Maler, Lackierer, Handlungsgehilfen | 124 |
| Klasse 4 | Maurer, Bildhauer | 4 |

In Klasse 3 stellten die Handlungsgehilfen 115 Mitglieder. Arbeitslos wurden im Geschäftsjahre 1907/08 20 Personen mit insgesamt 388 Tagen. Das ausgezahlte Tagegeld betrug 495,90 *M*, d. h. 8,2% der Versicherten wurden arbeitslos. Die Prämieneinnahmen beliefen sich auf 996 *M*, so daß die Ausgabe an Tagegeld 49,8% (im Jahre 1907

27,5%) der Prämieneinnahme ausmacht. Das Vermögen der Kasse stellte sich am 30. März 1908 auf 19 696 *M* ohne die 40 600 *M* Garantiezeichnungen. Der Vermögensstand der Kasse ist also ein günstiger.

Ein endgültiges Urteil wird sich über die Leipziger Versicherung bei der kurzen Dauer ihres Bestehens noch nicht abgeben lassen. Jedenfalls aber hat sich die Kasse gegen eine ihre Mittel übersteigende Inanspruchnahme dadurch gesichert, daß unter gewissen Bedingungen die Versicherungsansprüche gekürzt werden können. Auffallend ist, daß noch in erhöhterem Maße als in Köln die Arbeiterschaft nur in ganz geringem Umfange von der Einrichtung Gebrauch gemacht hat, daß selbst diejenigen Arbeiter, welche mit einer gewissen Regelmäßigkeit eine Arbeitslosigkeit zu erwarten haben, und denen hoher Lohn die Leistung eines Wochenbeitrages von 60 ₰ ermöglicht, von der freiwilligen Versicherung fast gar keinen Gebrauch gemacht haben.

## III. Bestrebungen der Arbeitgeber und die Selbsthilfe der Arbeitnehmer.

### a. Bestrebungen der Arbeitgeber.

Bestrebungen der Arbeitgeber, die bei ihnen beschäftigten Arbeiter im Falle der Arbeitslosigkeit sicherzustellen, sind nur in wenigen Fällen bekannt geworden. Diese Maßnahmen tragen nicht so sehr den Charakter einer Versicherung als den einer Unterstützung, mit der zugleich der Zweck verfolgt wird, dem Betriebe einen Stamm geübter Arbeiter zu sichern.

#### 1. Unterstützungseinrichtungen der Maschinenfabrik Heinrich Lanz in Mannheim.

Eine solche Arbeitslosenkasse hat die Maschinenfabrik Heinrich Lanz in Mannheim im Jahre 1897 mit einem Grundkapital von 20 000 *M* eingerichtet.

Aus diesem Kapital, aus den Zinsen und aus jährlichen Zuschüssen sollen Unterstützungsgelder für Arbeitslose gegeben werden. Der Fonds wird insbesondere in der Weise verstärkt, daß die Firma für jede längere Arbeitszeit als 10½ Stunde täglich vom Ablauf der 9. Stunde an, für die ganze Überzeit pro Mann und Stunde 10 ₰ abführt, ohne dabei den Lohn des Arbeiters zu kürzen. Anspruch auf Unterstützung hat jeder in Mannheim wohnsitzberechtigte und wohnende, verheiratete Arbeiter, „welcher wegen Arbeitsmangel im Spätjahr oder Winter entlassen werden mußte, bei der Entlassung mindestens 1 Jahr lang angestellt war und nach der Entlassung keine Arbeit finden kann". Die Unterstützung beginnt 14 Tage nach der Entlassung frühestens vom 1. Dezember an und dauert bis spätestens Ende Februar des gleichen Winters. Es handelt sich also um eine Unterstützung beim Eintritt winterlicher Arbeitslosigkeit. Die Höhe der Unterstützung stuft sich nach der Dauer der Tätigkeit bei der Firma und der Größe der Familie des Arbeitslosen ab. Das Statut begrenzt die in einem Winter auszahlbare Summe an Unterstützungen je nach dem Stande des Vermögens der Kasse. Die Ausübung einer Kontrolle der Arbeitslosen kann die Firma der Fabrikkrankenkasse oder anderen geeigneten Organen übertragen. Bei Meinungsverschiedenheiten über die Ansprüche entscheidet der Vorstand der Betriebskrankenkasse, in zweiter Instanz das Großherzogliche Bezirksamt. Um eine Versicherung handelt es sich also um so weniger, als die Arbeiter keine Beiträge zu der Kasse leisten und ihre Teilnahme an der Verwaltung ziemlich eng begrenzt ist. Da die Firma seit dem Bestehen der Kasse große Arbeiterentlassungen nicht hat vornehmen müssen, so ist das Stiftungskapital von 20 000 ℳ durch die Zinsen und Zuwendungen der Firma bis zum Jahre 1904 auf rund 80 000 ℳ angewachsen*.

* Denkschrift des kaiserl. Statist. Amts I, S. 545.

### 2. Die Unterstützungseinrichtungen der Margarinefabrik A. L. Mohr in Altona.

Die Margarinefabrik A. L. Mohr in Altona hat eine Versicherungskasse gegen Arbeitslosigkeit für ihre Arbeiter im Jahre 1896 errichtet. Die Mitgliedschaft ist für alle Arbeiter der Firma obligatorisch. Die Unterstützung im Falle der Arbeitslosigkeit erstreckt sich auf längstens 13 Wochen und ist abgestuft für verheiratete und unverheiratete Arbeiter, männliche und weibliche, sowie nach der Größe der Familie. Arbeiter, welche selbst die Arbeit niederlegen, oder aus einem anderen Grunde als wegen Mangel an Arbeitslosigkeit von der Firma entlassen werden, haben keinen Anspruch auf Unterstützung. Die Beiträge betragen für männliche Arbeiter 10 ₰ für weibliche Arbeiter 5 ₰ für die Woche. Soweit diese Beiträge zur Bestreitung der Unterstützungen nicht ausreichen, zahlt die Firma die fehlenden Zuschüsse. Täglich findet einmal eine Kontrolle der Arbeitslosen statt. Nimmt ein Arbeitsloser die ihm von der Firma angebotene Beschäftigung nicht an, so hört mit diesem Tage die Unterstützung auf. In den Jahren 1896—1904 hat die Kasse 30 275 ℳ Unterstützungen ausgezahlt, wovon 18 129 ℳ (59% durch Arbeiterbeiträge, 11 794 ℳ (39%) durch Zuschüsse der Firma und der Rest von 352 ℳ durch Zinsen aufgebracht wurden.

### 3. Die Unterstützungseinrichtungen der Lederfabrik C. Heyl in Worms.

Die Lederfabrik C. Heyl in Worms zahlt bei vorübergehender Beschäftigungslosigkeit infolge von Betriebsschwankungen ein sogenanntes Wartegeld, um die Arbeiter vor der Entlassung zu bewahren. Die Höhe des Wartegeldes beträgt ungefähr den ortsüblichen Tagelohn. Zunächst werden bei Eintritt von Betriebsschwankungen die Arbeiterinnen, dann die ledigen Arbeiter und zuletzt die verheirateten Arbeiter auf Wartegeld gesetzt. Es handelt sich also bei der Firma Heyl nicht um Unterstützungen bei eigentlicher Arbeitslosigkeit infolge Mangels an Aufträgen, sondern um vorübergehende Beschäftigungslosigkeit, welche durch die technischen Betriebsverhältnisse der Fabrik verursacht werden.

### 4. Die Unterstützungseinrichtungen der Firma Zeiß in Jena.

Ferner muß hier noch die bekannte Firma Zeiß in Jena erwähnt werden. Die optischen Werkstätten von Carl Zeiß, die ihre ganze innere Verfassung auf eine Reform des Arbeitsvertrages begründet haben, gewähren „den in kündbarem Vertrage stehenden Beamten, Geschäftsgehilfen und Arbeitern, nach dreijähriger Dienstzeit klagbaren Anspruch auf Gewährung einer Entschädigung für Verlust ihrer Stellung, wenn Auflösung des Dienstverhältnisses seitens der Firma erfolgt, ohne daß sie zur Fortsetzung der vertragsmäßigen Tätigkeit unfähig geworden sind, oder ihrerseits schuldbare Veranlassung zur Vertragsauflösung gegeben haben“. Die Höhe der Unterstützung ist eine ziemlich beträchtliche, denn sie beträgt mindestens die Höhe des Lohnes oder Gehalts, das der arbeitslos gewordene Arbeiter oder Angestellte in dem kommenden Halbjahr erreicht haben würde.

### 5. Die Unterstützungseinrichtungen der „Berliner Metallwarenfabrikanten“ und des „Arbeitgeberverbandes im Rohrlegergewerbe“.

Nicht unerwähnt bleiben darf an dieser Stelle eine Einrichtung der Vereinigung der „Berliner Metallwarenfabrikanten“. Der Verband hat seit dem Jahre 1905 eine Liste eingerichtet, in welche sich diejenigen Arbeitnehmer eintragen lassen können, die durch ihre Unterschrift auf Ehrenwort ihrem

Arbeitgeber versichern, daß sie keiner Arbeiterorganisation angehören, welche bei Streiks, Aussperrungen u. dgl. ihren Mitgliedern Unterstützungen zahlt. Diese eingeschriebenen Arbeiter können im Falle einer Aussperrung durch den Verband der Metallwarenfabrikanten nicht ausgesperrt werden, und außerdem wird ihnen bei eintretender Arbeitslosigkeit infolge Fehlens an Arbeitsgelegenheit von dem Verband eine Unterstützung gezahlt. Voraussetzung für den Bezug der Unterstützung ist, daß der Arbeiter seit mindestens 52 Wochen in die Liste eingeschrieben und in einem dem Verband angehörenden Betrieb beschäftigt ist. Voraussetzung für den Bezug ist weiter, daß der von dem Verband unterhaltene Arbeitsnachweis dem arbeitslos gewordenen Arbeiter keine angemessene Arbeit nachzuweisen vermag. Die Karenzzeit beträgt 7 Tage, die höchste Dauer für den Bezug der Unterstützung 56 Tage. Der Arbeitslose muß sich auf dem Arbeitsnachweis des Verbandes mindestens einmal täglich zur Kontrolle melden. Die Unterstützung schwankt nach der Dauer des ununterbrochenen Arbeitsverhältnisses in den der Vereinigung angeschlossenen Betrieben und steigt für männliche Arbeiter von 1,50 auf 2,50 ℳ und für weibliche von 0,80 auf 1,50 ℳ für den Werktag. Während der Arbeitslosigkeit übernimmt der Verband die Zahlung der Beiträge zur Kranken- und Invalidenversicherung. Alle Leistungen sind freiwillige, den Arbeitnehmern steht ein Rechtsanspruch auf dieselben nicht zu. Aus der Liste der Eingeschriebenen wird gestrichen, „wer nach § 123 Gewerbeordnung ohne Kündigung entlassen werden kann, wer wiederholt wegen Trunkenheit, Streitsüchtigkeit oder Unfriedenstiftens seine Stelle verliert, oder wer bei einem Mitgliede der Vereinigung streikt."

Am bedenklichsten bei dieser Einrichtung ist jedenfalls die von dem Arbeiter verlangte ehrenwörtliche Verpflichtung, keiner Organisation beizutreten, welche im Falle von Streiks oder Aussperrungen Unterstützungen zahlt. Eine solche

Bindung des Arbeiters ist eine krasse Beschränkung des Koalitionsrechts, deren rechtliche Zulässigkeit jedenfalls sehr zweifelhaft ist. Den Charakter einer Versicherung kann man der Einrichtung keinesfalls zuerkennen, sondern die zuzuwendenden Beträge tragen lediglich den Charakter von Vergünstigungen. Zahlenmäßige Angaben über die Erfolge sind von dem Verband nicht veröffentlicht, sondern es ist lediglich die Auskunft erteilt worden, „daß der Verband mit seiner Einrichtung gute Erfolge erzielt hat".

Die Einrichtung der Arbeitslosenunterstützung des Berliner Arbeitgeberverbandes im Rohrlegergewerbe ist derjenigen der Metallwarenfabrikanten-Vereinigung genau nachgebildet. Auch hier wird die schriftliche Abgabe des Ehrenworts verlangt, daß der Arbeiter keiner Organisation angehört, „die ihren Mitgliedern bei Streiks, Aussperrungen u. dgl. Gelder zahlt". Die Unterstützungssätze sind die gleichen. Bezüglich aller Einzelbestimmungen kann auf die Arbeitslosenunterstützung der Metallwarenfabrikanten-Vereinigung verwiesen werden.

### b. Das Prinzip der Selbsthilfe.

1. Allgemeiner Überblick: Gesamtaufwendungen der Arbeitnehmerverbände zu Unterstützungszwecken.

Die größten Leistungen, die bisher auf dem Gebiete der Arbeitslosenversicherung zu verzeichnen sind, hat die Selbsthilfe der Arbeiterorganisation aufzuweisen. Wenn die freien Gewerkschaften im Jahre 1907 4 312 367 ℳ für Arbeitslosenunterstützung, 869 148 ℳ für Reiseunterstützungen (Tab. III), die christlichen Gewerkschaften 151 743 ℳ für gleiche Zwecke, die Hirsch-Dunker'schen Gewerkvereine ca. 300 000 ℳ und Verbände von Privatangestellten ca. 100 000 ℳ für Arbeitslosenunterstützung ausgegeben haben, so sind das Zahlen, welche doch eine große Achtung abringen.

Im Rahmen dieses Berichts interessiert es weniger, auf Einzelheiten einzugehen in bezug auf die Bestimmungen der einzelnen Verbände über die Gewährung von Arbeitslosenunterstützungen und die Leistungen der Verbände im Deutschen Reiche auf dem Gebiete der Arbeitslosenunterstützung überhaupt, als auf die für Charlottenburg insbesondere in Betracht kommenden gewerkschaftlichen Einrichtungen. Auf den Tabellen III—VIII im Anhang sind die Leistungen der Gewerkschaften in den einzelnen Jahren angegeben. Wenn die Arbeitslosenunterstützungen der freien Gewerkschaften von 1 991 000 ℳ im Jahre 1905 auf 4 312 000 ℳ im Jahre 1907 gestiegen sind, so beweist diese Steigerung schon, daß die Gewerkschaften sich in immer steigendem Maße diesem Arbeitsgebiet zugewendet haben. Aber ebenso bemerkenswert ist es, daß, obgleich der gewerkschaftliche Kongreß im Jahre 1896 in einer Resolution zum Ausdruck brachte, daß die Arbeitslosenunterstützung ein notwendiger Förderer der gewerkschaftlichen Organisationen sei, eine Reihe großer Gewerkschaften die entgegenstehenden Schwierigkeiten noch nicht haben überwinden können und auch heute noch keine Arbeitslosenunterstützungen zahlen; so namentlich die Gewerkschaften der Bauhilfsarbeiter, Dachdecker, Maler, Maurer, Stukkateure, Töpfer, Steinsetzer, Schneider, Steinarbeiter, Textilarbeiter, also im wesentlichen Gewerkschaften von Berufen mit einem hohen Arbeitslosigkeitsrisiko. Nur der Verband der Zimmerer hat seit Dezember 1905 auch die Arbeitslosenunterstützung eingeführt und im Jahre 1907 bereits 227 148 ℳ Arbeitslosenunterstützungen ausgezahlt (4,18 ℳ pro Mitglied).

### 2. Verwaltungsorganisation sowie praktische Tätigkeit der in Charlottenburg hauptsächlich vertretenen Verbände auf dem Gebiet der Arbeitslosenunterstützung.

Die für Charlottenburg insbesondere in Betracht kommenden Ziffern haben die Gewerkschaften in dankenswerter Weise festgestellt und dem Statistischen Amt der Stadt Charlottenburg zur Verfügung gestellt. (vgl. Anlage, Tabellen XI—XII).

Bei der Würdigung dieser Zahlen muß aber berücksichtigt werden, daß in einer Reihe von Berufen die Organisation nicht lokal ausgegliedert ist, und daß es unmöglich war, für solche Gewerkschaften die in Charlottenburg wohnenden Mitglieder festzustellen. Die Zahlen leiden also an einer, wenn auch wohl nicht erheblichen, Unvollständigkeit.

Die Vorbedingungen für den Eintritt des Anspruchs auf Arbeitslosenunterstützung sind in den Tabellen IX und X synoptisch aufgestellt.

Die Arbeitslosenunterstützung wird von den Gewerkschaften in der Regel getrennt von denjenigen Unterstützungen behandelt, die infolge von Streiks, Aussperrungen oder sonstigen durch die Zugehörigkeit zur Gewerkschaft bedingten Ursachen hervorgerufen werden. Die Ursachen der Arbeitslosigkeit sind meistens nicht näher spezialisiert, doch wird deren Angabe bei Anmeldung der Arbeitslosigkeit in der Regel verlangt. Die Unterstützung hört auf, sobald der Arbeitslose eine ihm durch den Arbeitsnachweis gebotene Beschäftigung ausschlägt, welche seinem Beruf angemessen ist.

Die Gewerkschaften bzw. die Gewerkvereine sind zentralistisch organisiert. Die Zahlstellen (Filialen, Ortsvereine) kassieren lediglich die Beiträge ein und führen sie zum größten Teil an die Zentralstelle ab, während ihnen zur Bestreitung der Verwaltungsunkosten lediglich 10—25% der Gesamteinnahme bleiben oder angemessene Lokalumlagen zu erheben sind. Der Verband bzw. Gewerkverein entscheidet alsdann über die Gewährung von Unterstützungen, die wiederum durch die Lokalzahlstellen den Bedürftigen zugehen. In seltenen Fällen gibt die Filiale Unterstützungszuschüsse, die durch besondere Ortsumlagen aufgebracht werden.

Eine getrennte Verwaltung der Gelder seitens der Zentralkasse, also eine besondere Arbeitslosen-unterstützungskasse gibt es in der Regel nicht. Als Ausnahme sei der Gewerkverein der Deutschen Kaufleute angeführt, bei dem monatlich 22½% des Beitrages an den Unterstützungsfonds abgeführt wird.

In den folgenden Angaben über die Höhe des Beitrages und der Unterstützungen sind lediglich voll erwerbsfähige, männliche Mitglieder berücksichtigt. Jugendliche Arbeiter zwischen 14 und 16 Jahren und weibliche Angestellte leisten und empfangen durchweg dem Verdienst entsprechend geringere Beiträge.

Neben dem Eintrittsgeld (50 ₰ bis 1 ℳ, höchstens 2 ℳ) sind regelmäßige Beiträge meist wöchentlich, selten monatlich zu zahlen. Sie erfahren je nach der Höhe des Verdienstes eine Staffelung in 3 bis 9 Klassen. Niedrig sind die Beiträge durchweg bei den Gewerkvereinen (10 bis 60 ₰) während bei den freien Gewerkschaften 30 ₰ bis 1 ℳ gezahlt werden.

Die Unterstützung ist regelmäßig an ein Minimum der Mitgliedschaftsdauer geknüpft, während welcher die Beiträge voll bezahlt sein müssen. Bei den freien Gewerkschaften beträgt dieses meist 52, zuweilen nur 26 Wochen, während die Gewerkvereine vorwiegend 2 jährige Zugehörigkeit zur Organisation zur Bedingung machen. Eine einwöchentliche Karenzzeit geht der Unterstützung voraus. Selten beträgt sie 2 Wochen (Gewerkverein der Deutschen Kaufleute, Deutschnationaler Handlungsgehilfen-Verband). Manchmal setzt auch die Unterstützung mit dem Beginn der Arbeitslosigkeit ein. (Verband der Porzellanarbeiter, Verband der Buchdrucker). Die Höhe der Unterstützungen, die meist tageweis berechnet und wöchentlich postnumerando ausgezahlt werden, ist innerhalb einer Organisation sowohl von der Beitragsklasse wie von der Dauer der Mitgliedschaft abhängig. Bei den Schmieden steigt beispielsweise bei einer Mitgliedschaftsdauer von 5 Jahren die Tagesunterstützung der höchsten Lohnklasse auf 2 ℳ, während sie bei einjähriger Zugehörigkeit nur die Hälfte beträgt. Bei den Transportarbeitern entspricht einem Beitragsunterschied von 5 ₰, welcher durch die Zugehörigkeit zu verschiedenen Lohnklassen bedingt wurde, eine Unterstützungsdifferenz von 50 ₰ wöchentlich. Der Deutschnationale Handlungsgehilfen-Verband zahlt anfangs 30 ℳ monatlich, ein Betrag, der mit der Mitgliedschaftsdauer jährlich steigt, bis zu 75 ℳ monatlich.

Die weitaus am häufigsten vorkommenden Sätze liegen zwischen 1 und 1,50 ℳ pro Tag. Der Verband der Maschinisten zahlt bei mehr als 10 jähriger Mitgliedschaftsdauer 2 ℳ, der Verband der Porzellanarbeiter geht bis zu einem Tagesgeld von 2,80 ℳ.

Die Dauer der Unterstützungen ist nach denselben Gesichtspunkten geregelt; je länger die Zugehörigkeit zur Organisation, desto länger auch die Dauer der Unterstützungen; sie steigt mit dem Mitgliedschaftsalter bis auf das doppelte, dreifache, ja vierfache der Minimalunterstützungsdauer, variiert jedoch in den meisten Fällen zwischen 4 und 8 Wochen, erreicht aber bei dem Verein der Deutschen Kaufleute 13 Wochen, bei dem Verband der Buchdrucker 40 Wochen und beim Deutschnationalen Handlungsgehilfen-Verband, mit 12 Wochen beginnend, eine Dauer von 52 Wochen.

Ist innerhalb eines Jahres die Unterstützung voll zur Auszahlung gekommen, erlischt der Anspruch, bis von neuem 52 Wochen lang Beiträge gezahlt sind.

Vergleicht man in den verschiedenen Gewerkschaften die Beiträge mit den gewährten Unterstützungen, so zeigt sich nicht überall ein gleiches Verhältnis zwischen Leistung und Gegenleistung, je nach dem Hauptziel, das der Verband verfolgt. So gewährt der Verband der Maurer, vorwiegend eine Kampforganisation, bei einem wöchentlichen Beitrag von 50 bis 70 ₰ überhaupt keine Arbeitslosenunterstützung und beschränkt sich auf die Streikunterstützung.

Als Quasi-Arbeitslosenunterstützung ist auch die Gewährung von **Reisegeldern** zu betrachten, die in ähnlicher Staffelung arbeitsuchenden Mitgliedern der Organisation zuerkannt werden und jeweils an den Lokalstellen als Kilometergelder zur Auszahlung gelangen. Endlich sind auch die **Umzugsgelder** zu erwähnen, die Verheirateten einmalig beim Wechsel der Arbeitsstellen gewährt werden.

Als besondere Organisation für Arbeiterinnen ist der „Kaufmännische Verband für weibliche Angestellte" zu erwähnen, der bei einer Mitgliedschaftsdauer von 1 Jahr im Falle unverschuldeter Stellenlosigkeit 1 ℳ bis 1,25 ℳ täglich bis zu 6 Wochen gewährt.

Von Wichtigkeit ist es, ob den Mitgliedern eines Verbandes ein klagbarer Rechtsanspruch auf die statutenmäßigen Unterstützungseinrichtungen eingeräumt wird. Rein vom Standpunkt der Leistungsfähigkeit aus betrachtet, würde, bei der Unelastizität der Einnahmen, eine hierdurch bedingte Festlegung der Mittel nur dann durchführbar sein, wenn die Ausgaben pro Kopf sich gleichblieben, eine Forderung, der ein für Stellenlosenunterstützung verausgabter Posten, bei dem ihr innewohnenden Prinzip der Versicherung (d. h. bei der Tendenz zu einem fast konstanten Koeffizienten der Beschäftigungslosigkeit), nachkommt. Zieht man jedoch in Rechnung, daß dieselben Kassen in kürzester Zeit durch Streikunterstützungen vollständig ihrer Barmittel beraubt werden können, so erhellt, daß die wirtschaftliche Grundlage zu einer Zwangsunterstützung den weitaus meisten Verbänden fehlt. Es kommt hinzu, daß — in rechtlicher Beziehung — eine solche Zwangsunterstützung die Verbände dem kaiserlichen Aufsichtsamt für Privatversicherung unterstellen würde und somit die Selbständigkeit ihrer Finanzgebarung zu untergraben drohte. Aus dieser Erwägung heraus weisen einige Verbandsstatuten ausdrücklich auf die „Freiwilligkeit" der Unterstützungseinrichtungen hin (Verbandsstatut der Zimmerer S. 34 § 2, der Schmiede S. 6 § 1), während andere durch den Gebrauch des Wortes „können" einen Rechtsanspruch seitens ihrer Mitglieder ablehnen (Statut des Zentralverbandes der Schuhmacher S. 12 § 9, 4, der deutschen Holzarbeiter S. 5 § 14, der Gastwirtsgehilfen S. 4 § 4). Anderseits fehlt es nicht an Verbänden, die ihren Standpunkt nicht weiter präzisieren, während endlich einige Statuten „die Berechtigung" und den „Anspruch" auf Unterstützung betonen (Gewerkverein der deutschen Maschinenbauarbeiter, Statut S. 16 § 1, Verband der Fabrikarbeiter, Statut S. 13 § 9, 19, Gemeinde- und Staatsarbeiter Statut S. 12 § 20, 4). Wohl mit Rücksicht auf die gesamte Struktur der Verwaltung (Gemeinsamkeit der Streik- und Unterstützungskassen) hat das Aufsichtsamt — soweit es Gelegenheit hatte, zu dieser Frage Stellung zu nehmen — trotzdem diese Organisationen nicht als private Versicherungs-Gesellschaften betrachtet und sie somit seiner Aufsicht nicht unterstellt.

## IV. Das Genter System. (Zuschußsystem.)

### a. Die Arbeitslosenversicherung in der Stadt Gent.

Zum ersten Male kam das System des Zuschusses zu den gewerkschaftlichen Unterstützungen zur Anwendung in der Stadt Gent im Jahre 1900. Es wurde ein besonderer Fonds zur Unterstützung von Arbeitern im Falle der Arbeitslosigkeit gebildet, der von der Gemeindeverwaltung Gent und den angeschlossenen Nachbargemeinden Zuschüsse erhält. Im Anfang betrug der städtische Zuschuß 10 000 Franks, im Laufe der Jahre ist er auf 20 000 Franks erhöht worden. Die Gewerkschaften, welche Anteil haben wollen an diesem Fonds, haben ihre Beteiligung bei der Verwaltung des Fonds anzumelden. Vorbedingung ist eine strenge Scheidung bei den Gewerkschaften zwischen Streik- und Arbeitslosenunterstützung. Über die Arbeitslosenunterstützung haben die Gewerkschaften bestimmte vorvorgeschriebene Nachweisungen zu führen. Der Zuschuß wird nur gewährt zu Unterstützungen bei unfreiwilliger, vollständiger oder teilweiser Arbeitslosigkeit und bei Arbeitslosigkeit infolge von Zerstörungen von Fabriken und Werkstätten. Die Arbeitslosenunterstützung wird gezahlt auf höchstens 60 Tage pro Jahr. Die Höhe des Zuschusses ist schwankend und wird in Prozenten der gewerkschaftlichen Unterstützung von Monat zu Monat festgesetzt. Er beträgt höchstens 1 Frank pro Tag, darf nie höher sein als die Unterstützung durch die Gewerkschaft und die Höhe von 6 Franks pro Woche nicht übersteigen. Die Gewerkschaft reicht monatlich einen Nachweis über die gezahlten Unterstützungen ein, leistet also den kommunalen Zuschuß vorschußweise. Einem Kontrolleur der Verwaltung ist die Prüfung der gewerkschaftlichen Buchführung zu gestatten. In den Genuß der Unterstützung kommt nur, wer mindestens 1 Monat in Gent wohnhaft ist. In Krankheitsfällen, bei Arbeitslosigkeit infolge von Streiks und Aussperrungen wird keine Unterstützung gezahlt. Um auch die nicht organisierten Arbeiter an dem städtischen Zuschuß teilnehmen zu lassen, wurde ein kommunaler Sparfonds gegründet und den Teilnehmern an diesem Sparfonds der gleiche Zuschuß gezahlt, wie der, der den unterstützten Gewerkschaftsmitgliedern bewilligt wurde. Der nicht organisierte Arbeiter mußte sich ein Sparbuch anschaffen und ein einmaliges Eintrittsgeld von ½ Frank zu dem Sparfonds zahlen. Hob er im Falle der Arbeitslosigkeit von seinem Sparguthaben Beträge ab, so erhielt er den für die Gewerkschaften von Monat zu Monat festgesetzten Zuschuß, jedoch erst dann, wenn er mindestens 3 Monate Mitglied des Sparfonds war und nur auf Grund von Beträgen, die mindestens 3 Monate vor Eintritt der Arbeitslosigkeit eingezahlt waren.

Über die Erfolge der Genter Arbeitslosenversicherung unterrichtet die Tabelle XIII in der Anlage.

### b. Die Arbeitslosenversicherung der Stadt Straßburg.

In Deutschland hat Straßburg als erste und bisher einzige Stadt das Genter System zur Anwendung gebracht. Da weitere Erfahrungen über das Genter System in Deutschland also nicht vorliegen, soll die Straßburger Arbeitslosenversicherung besonders eingehend behandelt werden.

Die vorberatende Kommission empfahl dem Gemeinderat die Einführung des Genter Systems, einmal weil es auf dem Prinzip der Berufszusammengehörigkeit beruhe, sodann weil es die Risiken über breitere Schultern verteile. Allerdings habe dieses System den Nachteil, daß es nicht durchführbar sei für die große Masse der ungelernten Arbeiter, weil diese nicht organisiert seien und zweitens für die gelernten Bauarbeiter, deren Organisationen keine Arbeitslosenunterstützung zahlen. Die Kommission sah diese Lücke aber nicht als wesentlich an, sondern stellte sich auf den Standpunkt, daß für diese Arbeiter mit einem hohen Risiko eine Versicherung nicht erwünscht sei, vielmehr sei die Beschäftigung derselben bei Notstandsarbeiten vorzusehen. Von der Einrichtung von Sparzuschüssen, durch welche auch den unorganisierten Arbeitern die Vorteile der Arbeitslosenversicherung zugewendet werden sollten, wurde abgesehen, weil in Belgien mit diesen Sparzuschüssen keine günstigen Erfahrungen gemacht wären. In der Kommission wurde auch der Einwand erhoben, daß durch die Beschränkung der städtischen Unterstützung auf die organisierten Arbeiter ein gewisser Zwang zum Eintritt in die Organisationen ausgeübt werde; ein Zwang, der vor allen Dingen aus politischen Gründen nicht wünschenswert sei. Dem wurde entgegengehalten, daß außer den freien Gewerkschaften auch die christlichen Gewerkschaften und andere Verbände in Straßburg vertreten seien. Es wurde weiter der Einwand erhoben, daß durch die Beschränkung der Versicherung auf die organisierten Arbeiter nur 25% der Arbeiter die Vorteile der Versicherung genießen würden. Dem wurde entgegengestellt, daß auch bei der staatlichen Arbeiterversicherung bestimmte Kreise der Arbeiterschaft ausgeschlossen wären und man trotzdem die Reichsversicherung durchgeführt hätte. Wenn man in der Beschränkung auf die organisierten Arbeiter einen Zwang zum Eintritt in die Organisation erblicke, so erklärte die städtische Verwaltung, könne sie dies nur begrüßen. Am 27. Dezember 1906 gelangte der Entwurf zur Annahme und bereits am 1. Januar 1907 trat die Versicherung in Kraft, vorerst auf die Dauer eines Jahres. Die Stadt bewilligte für dieses Jahr einen Zuschuß von 5000 *M*.

Die Verwendung dieser Summe erfolgt in der Weise, daß jedem Arbeitslosen, welcher einer Arbeitslosenunterstützungskasse eines Berufsvereins von Arbeitern und Angestellten angehört, ein Zuschuß gezahlt wird zu dem Unterstützungsbetrage, den er von seiner Kasse erhält. Der Zuschuß tritt nur ein für Ortsunterstützungen (nicht also für Reiseunterstützungen) im Fall unfreiwilliger Arbeitslosigkeit. Ist die Arbeitslosigkeit eine Folge von Streiks oder Aussperrungen oder deren Folgen, von Unfall oder Invalidität, so wird der städtische Zuschuß nicht gewährt. Ebensowenig, wenn für den ursprünglich unterstützungsberechtigten Arbeitslosen nachträglich der Fall des Streiks oder der Aussperrung eintritt. Der Zuschuß wird nur an solche Arbeitslosen gezahlt, die beim Eintritt der Arbeitslosigkeit mindestens 1 Jahr ununterbrochen in Straßburg wohnhaft sind. Seine Höhe ist bemessen auf 50% des Satzes, den der betreffende Arbeitslose von seinem Verband bezieht, höchstens jedoch auf 1 *M* für den Unterstützungstag. Sobald sich ergibt, daß bei Gewährung von 50% der Gesamtjahresbetrag des städtischen Zuschusses 5000 *M* überschreiten würde, tritt eine Kürzung des Zuschusses ein; eine Vorsichtsmaßregel, die, wie wir sahen, auch in Bern und in Gent eingeführt war. Der Zuschuß hört auf, wenn dem Arbeitslosen „passende Arbeit im Beruf" nachgewiesen wird. Ledige Arbeitslose müssen auch auswärts annehmen, wenn nicht besondere Umstände vorliegen. Anspruch auf städtischen Zuschuß haben diejenigen Arbeiterverbände, welche ihren Mitgliedern Arbeitslosenunterstützung gewähren, sofern sie einen Antrag stellen und sich gewissen Ordnungs- und Kontrollvorschriften unterwerfen. Diese Ordnungs- und Kontrollvorschriften bestehen hauptsächlich darin, daß der Verband bestimmte vorgeschriebene Listen über die Arbeitslosen führt und den Betrag der Unterstützungen des Verbandes an die Arbeitslosen durch eine vorgeschriebene Buchführung nachweist. Die Mitglieder der angeschlossenen Verbände werden verpflichtet, sich sofort bei Eintritt der Arbeitslosigkeit auf dem städtischen Arbeitsnachweis zu melden und sich der dort stattfindenden Kontrolle zu unterwerfen. Die Auszahlung des städtischen Zuschusses erfolgt vorschußweise durch die Verbände, die monatlich mit der Stadt abrechnen. Außerdem ist einem Beauftragten der Stadt die Kontrolle der Buchführung des Verbandes zu gestatten. Betrügerische Manipulationen Versicherter haben den Ausschluß von der Versicherung auf ein Jahr zur Folge. Falls ein Angestellter des Verbandes gemeinsam mit dem Versicherten handelt, kann der Verband auf ein Jahr ausgeschlossen werden. Zur Schlichtung von Streitigkeiten ist ein Schiedsgericht eingesetzt, bestehend aus dem Vorsitzenden des städtischen Arbeitsnachweises und je einem der Aufsichts-Kommission desselben angehörenden Arbeitgeber und Arbeitnehmer.

Über die Ergebnisse der Straßburger Arbeitslosenversicherung in den zwei Jahren ihres Bestehens sind ausführliche Berichte erschienen, an Hand deren die Erfolge dargestellt werden sollen. Es meldeten sich im Jahre 1907 20 Verbände mit 3867 Mitgliedern (Tab. XIV) zur Teilnahme an der städtischen Versicherung, d. h. sämtliche Gewerkschaften in Straßburg, die Arbeitslosenunterstützung gewährten, mit Ausnahme der Gewerkschaft der Transportarbeiter. Im Jahre 1908 traten 9 weitere Verbände hinzu, darunter auch die Gewerkschaft der Transportarbeiter. Die Zahl der für die Versicherung in Betracht kommenden Arbeiter stieg damit auf 4872. Tatsächlich haben aber im ersten Jahre nur 12 von den angemeldeten 20 Verbänden, im zweiten Jahre von 29 angemeldeten Verbänden nur 18 an der Versicherung teilgenommen, weil 8 bzw. 11 angemeldete Verbände entweder eine sehr geringe Mitgliederzahl hatten, teils weil die wenigen Arbeitslosen dieser Verbände die Voraussetzungen der städtischen Ordnung (insbesondere einjähriger Wohnsitz) nicht erfüllten. Insgesamt ist im Jahre 1907 in 264, 1908 in 443 Fällen Arbeitslosenzuschuß gewährt worden. Rechnet man die mehrmals Unterstützten ab, so haben 153 bzw. 247 Versicherte den städtischen Zuschuß erhalten. Der städtische Zuschuß erstreckte sich 1907 auf 2618, 1908 auf 4989 Unterstützungstage, von denen entfallen allein auf

| | 1907 | 1908 |
|---|---|---|
| die Bildhauer | 88 | 137 |
| die Buchdrucker | 795 | 780 |
| die Buchdruckereihilfsarbeiter | 115 | 210 |
| die Holzarbeiter | 600 | 968 |
| die Metallarbeiter | 498 | 1479 |
| die Zimmerer | 134 | 1004 |
| die Tapezierer | 143 | 64 |

Der Hauptanteil, fast ein Drittel der Unterstützungstage, entfällt 1907 auf die Buchdrucker, 1908 mit 29% auf die Metallarbeiter. Die Gesamtsumme der städtischen Unterstützungen betrug 1889 *M*, die der gewerkschaftlichen Unterstützungen 7658 *M*. Im Jahre 1908 belief sich der städtische Zuschuß auf 3507 *M*, die Gesamtsumme der gewerkschaftlichen Unterstützungen auf 14 328 *M*. Auffallend ist die große Differenz zwischen der gewerkschaftlichen und der städtischen Unterstützung. Man sollte erwarten, daß die Unterstützung der Gewerkschaften höchstens die doppelte Höhe der städtischen Unterstützungen erreichen würde, statt dessen hat sie das Vierfache erreicht. Diese auffallende Differenz erklärt sich namentlich dadurch, daß die Gewerkschaften die Mindestdauer einjährigen Wohnsitzes in Straßburg nicht zur Voraussetzung der Unterstützungsgewährung machen, teils auch dadurch, daß die Gewerkschaften ihre Unterstützung für manche Tage zahlten, für welche die Stadt wegen Unterlassung vorschriftsmäßiger Meldung nicht zahlte. Nicht zum wenigsten erklärt sich die geringe Summe der städtischen Zuschüsse im Jahre 1907 durch die günstige wirtschaftliche Konjunktur. Besonders die Verbände der im Handelsgewerbe Beschäftigten, vor allem der Deutsch-nationale Handlungsgehilfen-Verband hat keine Arbeitslosen für die städtische Unterstützung angemeldet. Mit dem wirtschaftlichen Rückgang im Jahre 1908 ist die Arbeitslosigkeit stark gewachsen und die Summe der gezahlten Unterstützungen ist auf das Doppelte gestiegen. Von größtem Einfluß ist der Rückgang der Bautätigkeit gewesen.

Jede Arbeitslosenversicherung hat unter drei Schwierigkeiten zu leiden:

1. Die Lösung der Schuldfrage, die Kontrolle der Ursache der Arbeitslosigkeit,
2. die Schwierigkeit der Kontrolle der bestehenden Arbeitslosigkeit und
3. die Schwierigkeit der Beendigung der Arbeitslosigkeit durch Zuweisung „passender" Arbeit, die Annahmepflicht von Arbeit.

Die rechnerische Kontrolle der angeschlossenen Verbände konnte keine großen Schwierigkeiten bereiten, aber in Straßburg ist die Kontrolle nicht nur eine bloße Rechnungskontrolle, sondern auch eine materielle über die Anwendung der Grundsätze. Die angeschlossenen Verbände haben den Grundsatz der städtischen Verwaltung, die Kontrolle über den Grund und die Dauer der Arbeitslosigkeit selbst ausüben zu müssen, als notwendig und gerechtfertigt anerkannt. In der Ausübung dieser Kontrolle sind die städtischen Beamten von den Gewerkschaftsbeamten wirksam unterstützt worden.

Zu 1. Die Arbeitslosen meldeten sich auf dem städtischen Arbeitsamt unter Vorlegung ihres gewerkschaftlichen Mitgliedsbuchs und der Arbeitslosenkarte der Gewerkschaft. Auf dem Arbeitsamt wurde der Grund der Arbeitslosigkeit festgestellt und die gemachten Angaben gelegentlich mit den Angaben der Gewerkschaftsbeamten verglichen. In Zweifelsfällen erfolgte Anfrage beim letzten Arbeitgeber. Die Beamten des Arbeitsamtes, selbst frühere Gewerkschaftsmitglieder, haben die Überzeugung wohl regelmäßig gehabt, den wirklichen Grund der Arbeitslosigkeit erfahren zu haben.

Die Straßburger Vorschriften beschränken den Zuschuß auf die Fälle „unfreiwilliger“ Arbeitslosigkeit. Als freiwillig mußte demnach angesehen werden im Zweifelsfalle jeder Austritt durch eigene Kündigung, es sei denn, daß der Arbeitslose für die eigene Kündigung einen wichtigen Grund angeben konnte, z. B. Verletzung eines bestehenden Tarifvertrages durch den Arbeitgeber. Es kamen auch vereinzelte Fälle vor, wo sich der Arbeitslose über Schikane seitens des Meisters oder der Vorarbeiter beschwerte. In 2 bis 3 solcher Fälle waren die Gewerkschaftsvertreter anderer Ansicht als die städtischen Beamten. Die Stadt zahlte in diesen Fällen keinen Zuschuß. Der Bericht ist der Ansicht, daß in einer Stadt von der Größe Straßburgs ein gut eingeführter städtischer Arbeitsnachweis so viel Beziehungen zu Arbeitgebern und Arbeitern hat, daß ihm grobe Täuschungen über den Grund der Arbeitslosigkeit, wenn auch nicht sofort, so doch im Laufe der Zeit zur Kenntnis kommen müssen. Die Bestimmung, daß der städtische Zuschuß nicht eintritt, wenn die Arbeitslosigkeit infolge eines Streiks oder dessen Nachwirkung besteht, ist einmal zur Entscheidung gekommen, als ein Zimmerer durch den Streik der Bauhilfsarbeiter arbeitslos wurde. Im Einverständnis mit der Gewerkschaft ist der städtische Zuschuß in diesem Falle nicht gezahlt.

Die Vorschrift, daß Krankheit als Grund der Arbeitslosigkeit die Gewährung des städtischen Zuschusses ausschließt, bedurfte einer besonderen Auslegung in den Fällen, wo die Krankheit der ursprüngliche Grund zur Entlassung gewesen, aber der betreffende Arbeiter nach der Gesundung nicht sofort wieder Arbeit fand. In solchen Fällen wurde der städtische Zuschuß bezahlt, da die Arbeitslosigkeit doch nur die indirekte Folge von Krankheit war und durch jene Bestimmung auch nur diejenigen von dem Genuß des städtischen Zuschusses ausgeschlossen werden sollten, welche eine Krankenunterstützung bezogen.

Zu 2. Die Kontrolle der bestehenden Arbeitslosigkeit wurde vor allen Dingen dadurch ausgeübt, daß der arbeitslos Gewordene sich spätestens am ersten Werktage nach Eintritt der Arbeitslosigkeit auf dem Arbeitsnachweis eintragen läßt und sich dort täglich zur festgesetzten, von Zeit zu Zeit wechselnden Stunde zur Kontrolle meldet. An dieser Vorschrift wurde streng festgehalten, auch bei denjenigen Gewerkschaften, welche selbst tägliche Meldung während der Arbeitszeit auf dem Gewerkschaftsbureau fordern. Die Gewerkschaftsbeamten haben die Beamten des Arbeitsamtes selbst auf Fälle aufmerksam gemacht, die ihnen verdächtig vorkamen. In diesen Fällen forderte das Arbeitsamt mehrmalige, bis zu dreimaliger Meldung am Tage im Einvernehmen mit den Vertretern der Gewerkschaft. Im Jahre 1908 wurde eine regelmäßige zweimalige Meldung auf dem Arbeitsamt verlangt. Der Bericht gibt zu, daß es unmöglich ist, durch diese Kontrolle jede gelegentliche Arbeit des Arbeitslosen festzustellen. Es sind Fälle vorgekommen, daß Arbeitslose solche Gelegenheitsarbeiten, z. B. bei Umzügen, auf den Märkten usw. annahmen, aber der Bericht sieht das nur als Einzelerscheinungen an. Es ist im ersten Jahre nur ein Fall festgestellt worden, in dem der Arbeitslose trotz der Kontrolle ständig einem Erwerbe nachging und daher ausgeschlossen wurde. In diesem Falle hat sich auch die betreffende Gewerkschaft ihre Unterstützung von dem Arbeitslosen zurückzahlen lassen und ihn von der Mitgliedschaft ausgeschlossen. Der Bericht hält es infolge der gemeinsam mit den Gewerkschaften ausgeübten Kontrolle für unmöglich, daß ein Arbeitsloser mehrere Tage arbeitet und daneben Arbeitslosenunterstützung bezieht. Wo es nötig war, wurde der Arbeitslose von der Einhaltung der Kontrolle entbunden, z. B. um Arbeitsgelegenheit auswärts nachzusuchen. Älteren, in entfernten Vororten wohnenden Arbeitslosen wurde in einzelnen Fällen die zweite Meldung erlassen. Eine weitere Ausnahme wurde für Handlungsgehilfen gemacht. Der Antritt einer neuen Stelle erfolgt bei diesen fast regelmäßig am 1. des Monats, eine aushilfsweise Beschäftigung im Laufe des Monats ist selten möglich. Darum begnügte man sich bei stellenlosen Handlungsgehilfen mit der einmaligen Kontrolle, sah in Einzelfällen selbst von dieser ab und beurlaubte die Stellenlosen nach Hause.

Zu 3. Über die Annahmepflicht von Arbeit bestimmt das Straßburger Statut: der Zuschuß hört auf, wenn dem arbeitslos Bleibenden Arbeit im Berufe nachgewiesen wird. Ledige müssen auch auswärts Arbeit annehmen, wenn nicht besondere Umstände vorliegen.

Dem Arbeitsamt gelang es im Jahre 1907 von 299 arbeitslos Gewordenen 124 Arbeit nachzuweisen und damit den Anspruch auf Unterstützung zu beenden, d. h. 41% der Unterstützungsfälle wurden durch das Eingreifen des städtischen Arbeitsamtes beendet. Im Jahre 1908 waren die Erfolge ebenso günstig, das städtische Arbeitsamt war in der Lage, 189 arbeitslos gewordenen Versicherten, d. h. wieder 41%, Arbeit zuzuweisen. In organischer Verbindung des Arbeitsnachweises mit der Versicherungseinrichtung sieht der Bericht eine Hauptursache für den günstigen Abschluß des ersten

Versicherungsjahres. Diese Verbindung ist aber nicht nur für die Versicherung, sondern für den Arbeitsnachweis von großem Vorteil, insofern, als sie ihn in ständige Berührung mit den Gewerkschaften gebracht und zu einer größeren Benutzung durch die Gewerkschaftsmitglieder geführt hat. Da die Gewerkschaften meist erst nach einjähriger Mitgliedschaft eine Arbeitslosenunterstützung zahlen, so waren es fast regelmäßig gute Elemente, die das Arbeitsamt während ihrer Arbeitslosigkeit aufsuchten. Durch das Angebot solcher guten Arbeitskräfte konnte dann das Arbeitsamt sich wiederum die Zufriedenheit mancher Unternehmer erwerben.

Über die Bestimmung des Begriffs „passende Arbeit" wurden in der Praxis folgende Grundsätze befolgt:

Den gelernten Arbeitern wurde grundsätzlich keine Tagelöhnerarbeit zugemutet; in Konsequenz dieses Grundsatzes wurde z. B. einem unterstützungsberechtigten Zimmerer, der freiwillig Tagelöhnerarbeit angenommen hatte, als er diese freiwillig wieder aufgab, die Unterstützung gewährt.

Bei Bestehen eines Tarifvertrages wurde von keinem Arbeitslosen verlangt, Arbeit unter den tariflichen Sätzen anzunehmen. Zweifelhaft wurde die Frage der Arbeitszuweisung bei solchen Arbeitslosen, die eigentlich keine gelernten Berufe hatten, z. B. den Buchdruckergehilfen und den Parketthoblern. Von solchen Versicherten wurde nicht sofort nach Eintritt der Arbeitslosigkeit die Annahme jeder ungelernten Arbeit gefordert, da solche Arbeiter sich ja vielleicht gerade mit Rücksicht auf die Arbeitslosenunterstützung der Berufsgewerkschaft angeschlossen hatten. Erst bei längerer Arbeitslosigkeit wurde vom Arbeitsamt gemeinsam mit der Gewerkschaft auf die Annahme anderer Arbeit gewirkt. Mißhelligkeiten sind nach dieser Richtung nicht entstanden. Dagegen entstanden bei der Zuweisung von Arbeit an Ledige nach auswärts Meinungsverschiedenheiten zwischen Arbeitsamt und Gewerkschaft. Die Gewerkschaften nahmen daran Anstoß, daß für die auswärts freigewordenen Stellen nicht die Sätze der Straßburger Tarifverträge gezahlt wurden. Das Arbeitsamt hielt ihm entgegen, daß die Lohnhöhe in kleineren Orten naturgemäß hinter der in Straßburg zurückbleiben müsse; andererseits mutete das Arbeitsamt keinem Arbeitslosen zu, zu schlechteren als den landesüblichen Bedingungen zu arbeiten. Um Streitigkeiten zu vermeiden, wurden die Lohn- und Arbeitsbedingungen für solche auswärts freigewordenen Arbeitsstellen eingehend erfragt und von Fall zu Fall entschieden. Es gelang bei dem vorhandenen gegenseitigen Vertrauen zwischen Arbeitsamt und Gewerkschaft die wenigen Zweifelsfälle zu regeln.

Der Bericht glaubt, daß die drei oben genannten Haupteinwendungen der Theorie gegen die Arbeitslosenversicherung sich im ersten Jahr der Straßburger Einrichtung als nicht stichhaltig erwiesen haben.

Aus den übrigen Erfahrungen verdient hervorgehoben zu werden die mit der Forderung des einjährigen Wohnsitzes in Straßburg. Die Erfüllung dieser Vorbedingung wurde durch die Nachprüfung der von den Gewerkschaften eingereichten Nachweise auf dem Einwohner-Meldeamt kontrolliert. Schwierig gestaltete sich die Entscheidung der Frage, ob der Wohnsitz durch vorübergehende Arbeit außerhalb unterbrochen war. Die Abwesenheit wurde nicht gerechnet, wenn der Arbeiter für eine Straßburger Firma auswärts gearbeitet hatte, z. B. als Monteur. Wenn dagegen die auswärtigen Arbeiter bei einem Nicht-Straßburger Arbeit verrichteten, so wurde zwischen Verheirateten und Ledigen unterschieden. Für Verheiratete wurde die Abwesenheit nicht gerechnet, wenn und so lange die Familien hier wohnten; für den Ledigen wurden sie nicht gerechnet, wenn er aus Straßburg stammte oder seit über 2 Jahren in Straßburg wohnte. Tageweise Abwesenheit kam überhaupt nicht zur Anrechnung. Die Bedingung eines einjährigen Aufenthalts für den Genuß der Arbeitslosenunterstützung ist ein zweischneidiges Schwert. Man glaubt in Straßburg die Beobachtung gemacht zu haben, daß im Sommer bei gleichzeitigem Vorhandensein von hiesiger und auswärtiger Arbeit Ledige die Annahme auswärtiger Arbeit ablehnten, in der Furcht, dadurch den Anspruch auf städtische Arbeitslosenunterstützung im Winter zu verlieren.

Das in dem Statut vorgesehene Schiedsgericht ist während der beiden Jahre nicht in Tätigkeit getreten.

Daß die Einführung der Versicherung durch die Stadt eine Stärkung der beteiligten Gewerkschaften zur Folge gehabt hat, kann für Straßburg, nach den bisherigen, allerdings erst zweijährigen, Erfahrungen nicht konstatiert werden. Allerdings ist die Zahl der Mitglieder der im ersten Jahre an der Versicherung beteiligten Verbände gestiegen von 3671 auf 3867 also um rund 200. Allein es ist sehr wohl möglich und auch wahrscheinlich, daß die Steigerung eingetreten wäre auch ohne das Bestehen der Arbeitslosenversicherung. Die Gewerkschaften haben erklärt, es sei wohl zu erwarten, daß bereits vorhandene Mitglieder wegen des Bestehens des städtischen Versicherungszuschusses nicht so leicht ihren Austritt nehmen würden. Ein Lockmittel zur unmittelbaren Vermehrung der Mitgliederzahl der Gewerkschaften ist die Versicherung jedenfalls nicht geworden. Das beweist schlagend die Tatsache, daß während des zweiten Jahres des Bestehens der Straßburger Arbeitslosenversicherung die Mitgliederzahl der geschlossenen Verbände um 500 gesunken ist. Der wirtschaftliche Niedergang ist also auf die Entwicklung der Arbeiterorganisationen von größerem Einfluß gewesen, als die Vorteile der Arbeitslosenversicherung.

Ein abschließendes Urteil über die Straßburger Versicherung wird sich bei der kurzen Dauer ihres Bestehens nicht abgeben lassen. Wie immer bei dem Genter System, ist die Versicherung keine allgemeine Lösung. Das große Heer der ungelernten Arbeiter bleibt ausgeschlossen. Für sie muß nach wie vor zu Notstandsarbeiten gegriffen werden. Von rund 20 000 Straßburger Arbeitern, die für die Versicherung in Betracht kommen, genießen nur 25% die Vorteile der Versicherung, weil der größte Teil nicht organisiert ist. Im zweiten Jahre ist der Prozentsatz der durch die Versicherung Geschützten auf 30 gestiegen. Daß das Genter System verwaltungstechnisch keine Schwierigkeiten bietet, hat sich auch in Straßburg gezeigt. Wenn die drei wiederholt genannten Hauptschwierigkeiten der Arbeitslosenversicherung in Straßburg sich als relativ gering dargestellt haben, so muß man bedenken, daß es sich doch nur um einen nicht zu weitgesteckten Raum handelte; daß Straßburg ein ziemlich abgeschlossenes wirtschaftliches Gebiet darstellt und daß ein gut organisierter, gut funktionierender Arbeitsnachweis vorhanden ist. Gerade weil die Straßburger Erfahrungen sich auf ein so abgegrenztes Gebiet erstrecken, wird man sie nicht ohne weiteres verallgemeinern dürfen.

### c. Die Arbeitslosenordnung der Stadt Erlangen.

In neuester Zeit hat die Stadt Erlangen eine Arbeitslosenversicherung eingerichtet, die sich zwar an das Straßburger System anlehnt, jedoch in manchen Punkten Abweichungen von ihm aufweist.

Die Versicherung umfaßt „arbeitslose, gelernte Arbeiter, die sich mit Rücksicht auf ihre Berufe und ihre körperliche Beschaffenheit zu den übrigen Notstandsarbeiten nicht eignen." Die Unterstützung wird gewährt in Gestalt eines Zuschusses zu den Unterstützungsbeträgen Erlanger Arbeitslosen-Unterstützungskassen.

Unterstützungsberechtigt sind die in Erlangen heimatberechtigten und wohnenden verheirateten und unverheirateten Arbeiter.

Verheiratete Arbeitslose, die nicht das Heimatrecht haben, erhalten die Unterstützung nach 3 jährigem Wohnsitz in Erlangen. Der Kreis der Berechtigten ist somit wesentlich enger gezogen als in Straßburg. Der gemeindliche Zuschuß beträgt wie in Straßburg 50% des Unterstützungssatzes der Kasse, im Höchstfalle jedoch 60 ₰ für den Unterstützungstag, während er in Straßburg im Höchstfalle 1 ℳ betrug. Der Zuschuß wird nur gewährt im Falle der Arbeitslosigkeit infolge Arbeitsmangels. Die Gewährung des städtischen Zuschusses endet mit der Nachweisung passender Arbeit im Berufe oder mit Ablauf von 6 Wochen. In Straßburg war die Dauer des Zuschusses zeitlich nur begrenzt durch die Nachweisung passender Arbeit. Die Verwaltungsbestimmungen sind den Straßburger eng nachgebildet. Den an die Versicherung angeschlossenen Kassen ist eine bestimmte Registerführung vorgeschrieben. Der Magistrat hat das Recht zur Kontrolle der Buchführung der Kassen. Wie in Straßburg ist eine enge Verbindung mit dem Arbeitsnachweis dadurch hergestellt, daß die Kontrolle der Arbeitslosen durch den Arbeitsnachweis stattfindet. Die Karenzzeit beträgt 7 Tage. Bemerkenswert ist, daß die Erlanger Arbeitslosenversicherung den Versuch macht, die nicht an eine Arbeiterunterstützungskasse angeschlossenen gelernten Arbeiter in den Kreis der Unterstützungsberechtigten einzubeziehen. Solche Arbeiter erhalten, wenn sie im übrigen die Bedingungen für die Unterstützungsberechtigung erfüllen, den gleich hohen gemeindlichen Zuschuß unter Berechnung eines Durchschnittssatzes. Die Auszahlung geschieht in diesen Fällen von der Stadtkämmerei.

Die Versicherung ist am 1. Januar 1909 in Kraft getreten, so daß über ihre Erfolge noch nicht berichtet werden kann.

### d. Der Entwurf für eine gemeindliche Arbeitslosenversicherung in München.

Erwähnenswert ist der in München nicht zu Ausführung gelangte Entwurf einer gemeindlichen Arbeitslosenversicherung. Aus der Gemeindekasse zur Förderung der Arbeitslosenversicherung sollten

1. zu den Unterstützungsbeiträgen, welche von gewerblichen oder kaufmännischen Organisationen ihren arbeitslosen Mitgliedern gezahlt würden, Zuschüsse gezahlt werden;
2. Arbeitslosen, die keiner Organisation angehörten, Zuschüsse zu Sparguthaben im Falle der Arbeitslosigkeit gezahlt werden.

Voraussetzung für den Bezug der Unterstützung war mindestens einjähriger Aufenthalt in München oder Besitz des Heimatrechts. Die Höchstdauer der Unterstützung sollte 8 Wochen im Jahr betragen, die Höchstgrenze 1 ℳ für den Tag. Der Prozentsatz der Zuschüsse zu den gewerkschaftlichen Unterstützungen sollte von Monat zu Monat vorausbestimmt werden. Zuschüsse an die Organisationen sollten in der Weise geleistet werden, daß bei Abhebungen aus der Sparkasse im Falle der Arbeitslosigkeit zu abgehobenen Beträgen bis zu 6 ℳ wöchentlich eine Zulage in dem gleichzeitig für die Arbeiterorganisationen geltenden Prozentsatz gezahlt wurden. Durch eine enge Verbindung mit dem Arbeitsnachweis sollte für Zuweisung angemessener Arbeit gesorgt werden.

Die Kosten der Versicherung für die Gemeinde wurden bei einem Zuschuß von 25% zu den Arbeitslosenunterstützungen der Organisationen und den Abhebungen von der Sparkasse auf 35 000 ℳ pro Jahr berechnet, wobei von der Annahme ausgegangen wurde, daß rund 28 000 organisierte Arbeiter und 1000 Spargäste für die Versicherung in Betracht kämen.

Der Verfasser des Entwurfs hatte selbst große Zweifel, ob von dem Anerbieten gemeindlicher Zuschüsse zu Abhebungen aus der Sparkasse in umfangreicher Weise Gebrauch gemacht werden würde. Er sah die Hauptbedeutung dieser Zuschüsse darin, daß theoretisch den nichtorganisierten Arbeitern die gleichen Vorteile geboten wurden, wie den organisierten. Von der Arbeitslosenversicherung in der Stadt Gent unterscheidet sich der Münchener Entwurf in bezug auf die Zuschüsse zu Abhebungen aus der Sparkasse dadurch, daß der Arbeiter in der Verfügung über das Sparguthaben unbeschränkt war, während in Gent das Guthaben bis auf die Zeit der Arbeitslosigkeit gesperrt war. Der Entwurf ist nicht zur Ausführung gelangt, jedoch ist man in München der Frage der Errichtung einer gemeindlichen Arbeitslosenversicherung in neuerer Zeit wieder näher getreten.

### c. Das Genter System im Auslande.

Das Ausland, soweit es nicht im Laufe der Darstellung schon berücksichtigt ist, hat von den zur Verfügung stehenden Wegen für die Unterstützung der Arbeitslosen entweder den Weg der Selbsthilfe beschritten oder das Genter System in der einen oder anderen Form zur Anwendung gebracht. Auf die Leistungen der Arbeiterorganisationen im Auslande näher einzugehen, erübrigt sich im Rahmen dieser Darstellung. Es genügt, an dieser Stelle auf die großen Leistungen der englischen Trade-Unions hinzuweisen. Im folgenden soll in gedrängter Übersicht nur über die Entwicklung des Genter Systems im Auslande berichtet werden.

#### 1. In Frankreich.

Eine Verordnung des Präsidenten der Republik vom 9. September 1905 berechtigt die Kassen, welche ihre arbeitslosen Mitglieder unterstützen, sei es mit Ortsunterstützungen, sei es mit Reise- oder Umzugs-Unterstützungen, zur Teilnahme an den Zuschüssen des Staates zu den Arbeitslosenkassen, sofern die in der Verordnung festgesetzten Bedingungen erfüllt sind. Die Unterstützung wird gewährt im Falle unfreiwilliger Arbeitslosigkeit infolge Arbeitsmangels. Die staatlichen Zuschüsse werden gewährt:

1. allen Kassen, welche Mitglieder derselben Berufe oder verwandter Berufe umfassen, falls die Mitgliederzahl mindestens 100 beträgt,

2. den lokalen Kassen gleicher Zusammensetzung, die mindestens 50 Mitglieder zählen, falls sie durch die betreffenden Gemeinden bereits unterstützt werden;
3. in den Gemeinden unter 20 000 Einwohnern den lokalen Kassen, welche Mitglieder verschiedener Berufe umfassen, falls diese bereits von den betreffenden Gemeinden unterstützt werden und wenigstens 50 Mitglieder umfassen;
4. den Reiseunterstützungskassen solcher Verbände, die ihre Mittel durch Beiträge der angeschlossenen Arbeitervereine aufbringen, falls die normalen Einnahmequellen der Vereine durch die Beiträge ihrer Mitglieder gedeckt werden.

In erster Linie sind die staatlichen Zuschüsse allein bestimmt für Kassen, die sich über größere Bezirke erstrecken und die auf der beruflichen Gliederung der Mitglieder aufgebaut sind. Für lokale Kassen in kleineren Gemeinden, in denen der Zusammenschluß bestimmter Berufsangehöriger zu einer Kasse wegen ihrer geringen Zahl nicht ausreicht, ist eine Ausnahme gemacht, jedoch die Unterstützung durch die Gemeinde dabei vorausgesetzt. Diese Bestimmungen mußten im Jahre 1906 dahin abgeändert werden, daß die Zuschüsse der Departements auch den lokalen Kassen das Anrecht auf staatliche Zuschüsse verschaffen. Der Grundsatz, daß die Arbeitslosenkassen nur Arbeiter derselben Berufe zusammenfassen, mußte insofern durchbrochen werden, als die Grenze für Gemeinden, in denen Arbeiter verschiedener Berufe einer Arbeitslosenkasse angehören dürfen, von 20000 auf 50 000 Einwohner heraufgesetzt wurde.

Aus den sonstigen Bestimmungen sind die wichtigsten folgende: Die Statuten der Kasse müssen die Mitglieder verpflichten, nur einer Kasse anzugehören, ferner, Arbeit seines Berufs, welche ihm von der Kasse nachgewiesen wird, anzunehmen und sich dreimal wöchentlich bei der Kasse zur Kontrolle im Falle der Arbeitslosigkeit zu melden. Voraussetzung für die Gewährung des Zuschusses ist sechsmonatliche Zugehörigkeit zur Kasse. Der Zuschuß darf nicht über 16% des Betrages der Tagegelder hinausgehen, welche von der Kasse geleistet werden. Beträgt das Tagegeld mehr als 2 Francs pro Tag, so wird der Zuschuß nur bis zu dieser Höhe geleistet. Bei Kassen, welche in mindestens 3 Departements tätig sind und mindestens 1000 Mitglieder zählen, steigt der Zuschuß bis zur Höchstgrenze von 24%. Den Kassen ist eine besondere Buchführung vorgeschrieben. Die Kontrolle über die Gewährung der staatlichen Zuschüsse wird durch eine Kommission ausgeübt, die aus Mitgliedern des Parlaments, Beamten und Vertretern der Arbeitslosenkasse bestehen und ihren Sitz in Paris hat.

Die meisten Bedenken bei dieser Verordnung werden jedenfalls die Bestimmungen über die Kontrolle erregen. Die staatlichen Zuschüsse sind, wie erwähnt, vorzugsweise für Kassen bestimmt, die sich über weitere Bezirke erstrecken, erst in zweiter Linie für lokale Kassen. Als Kontrollstation tritt die lokale Kasse somit in den Hintergrund. Daß die Kontrolle bei Kassen, die sich über einen weiteren Bezirk erstrecken, an sich unvollkommen sein muß, liegt auf der Hand, ebenso, daß die in Paris sitzende Kommission nur in unvollkommener Weise die Kontrolle über die Kassen ausüben kann. Ihre Kontrolle kann doch nur eine rein rechnungsmäßige sein. Die nur dreimalige Meldung der Arbeitslosen in der Woche bei ihrer Kasse ist eine ganz unzureichende Art der Kontrolle. Bedenken muß weiter die Bestimmung erregen, daß der Zuschuß in allen den Fällen gezahlt wird, in welchen die Kasse eine Unterstützung an ihre Mitglieder zahlt und daß die Entscheidung darüber, ob unfreiwillige Arbeitslosigkeit infolge Arbeitsmangels vorliegt, allein der Kasse überlassen ist. Über die Erfolge der Kassen liegen mehrfache Berichte vor, der letzte für das Jahr 1906. Danach gehörten Arbeitslosenkassen, welche die staatlichen Zuschüsse genossen, rund 35 000 Mitglieder an, d. h. noch nicht 1% der französischen in Handel und Industrie beschäftigten Arbeiter. Von den staatlichen Zuschüssen in Höhe von 100 000 Frank pro Jahr wurden

1905 27 690 Francs
1906 42 495 „

an die Arbeitslosenkassen ausgezahlt. Von den 42 000 Francs gezahlter staatlicher Zuschüsse im Jahre 1906 entfielen allein 33 000 Francs auf die Buchdrucker, Lithographen und Mechaniker. Die Zahl der angeschlossenen Kassen stieg von 47 im Jahre 1905 auf 64 im Jahre 1906.

Erwähnenswert ist noch der in Roubaix in neuester Zeit gemachte Versuch einer Arbeitslosenversicherung. Im Jahre 1907 gründete die Stadtverwaltung einen Fonds für eine Arbeitslosenversicherung, für welche die Gemeinde 5000 Francs, der Arbeitgeberverband von Roubaix 20 000 Francs und die Arbeitgeber-Beisitzer des Gewerbegerichts 2000 Francs zur Verfügung stellten. Aus diesem Fonds sollen den Unterstützungskassen der Verbände Zuschüsse zu den Tagegeldern in Höhe von 50% gewährt werden. Der Fonds soll aus Zinsen und Beiträgen unterhalten werden. Die Verwaltung führt ein Komitee, bestehend aus Mitgliedern der Gemeinde, der angeschlossenen Kassen und Vertretern der Industrie. Im übrigen sind die anderwärts eingeführten Bestimmungen des Genter Systems zur Anwendung gebracht. Bemerkenswert bleibt jedenfalls die Beteiligung der Arbeitgeber an der Arbeitslosenversicherung.

## 2. In Italien.

In Italien ist das Genter System zur Anwendung gekommen bei der Arbeitslosenversicherung, welche die Società Umanitaria in Mailand im Jahre 1905 eingerichtet hat. Beteiligt sind an der Kasse außer dieser Gesellschaft Berufsverbände, Genossenschaften und die Hilfskassen. Aus dem Fonds sollen Zuschüsse gezahlt werden an die Leitungen der Verbände bei Arbeitslosigkeit infolge stiller Saison, industrieller Krisen und sonstiger Arbeitsunterbrechungen, die vom Willen des Arbeiters unabhängig sind, wie Verlegung der Fabrik, Zerstörung der Fabrik durch Brände usw. Der Zuschuß ist festgesetzt auf 50% der Leistungen der Arbeiterverbände, er darf jedoch nicht mehr wie 50 Centesime pro Tag betragen und dem einzelnen Arbeiter nur bis zu 60 Tagen im Jahr gewährt werden. Der Zuschuß fällt fort, wenn das Tagegeld des Verbandes 1,50 Lire übersteigt. Bemerkenswert ist, daß der Verband den Zuschuß aus dem Fonds entweder in der Weise verwenden darf, daß er die Tagegelder seiner arbeitslosen Mitglieder um den Zuschuß erhöht oder aber, daß er diese Beiträge als Ersatz der ausgezahlten Tagegelder seiner Kasse zuführt, so daß der Verband in den Stand gesetzt wird, seinen arbeitslosen Mitgliedern im letzteren Falle für eine längere Zeit als 60 Tage eine Unterstützung zu gewähren.

Die Zahl der Mitglieder betrug am 31. Dezember 1906 11 944, die 46 Vereinen angehörten. Die Summe der ausgezahlten Unterstützungen betrug 56 468 Lire, wovon 38 806 Lire Unterstützung der Vereine und 17 662 Lire Zuschuß aus dem Fonds waren.

Neben der Mailänder Versicherung ist zu erwähnen die Sparkasse von Bologna, welche im Jahre 1896 eine Kasse zur Fürsorge für unfreiwillige und unverschuldete Arbeitslosigkeit einführte. Es wurden besondere Sparkassenbücher für Arbeiter in einzelnen Berufen ausgegeben, deren Inhaber im Falle der Arbeitslosigkeit aus den Zinsen eines von der Sparkasse zur Verfügung gestellten Fonds von 200000 Lires Zuschüsse zu den abgehobenen Summen erhielten. Des näheren auf diese Einrichtung einzugehen, erübrigt sich um so mehr, als ihr der Erfolg versagt blieb.

### 3. In Dänemark.

In Dänemark gehen die Bestrebungen zur Einrichtung einer staatlichen Arbeitslosenversicherung bis in das Jahr 1902 zurück. Am 9. April 1907 wurde das Gesetz über anerkannte Arbeitslosenkassen erlassen. Unter Arbeitslosenkassen sind Vereinigungen von Lohnarbeitern verstanden, deren Zweck die gegenseitige Unterstützung im Falle unfreiwilliger Arbeitslosigkeit ist. Jede Arbeitslosenkasse hat Anspruch auf öffentliche Genehmigung und auf die damit verbundene Unterstützung aus öffentlichen Mitteln, wenn sie den Vorschriften des Gesetzes genügt und von dem Minister des Innern genehmigt ist. Um öffentliche Anerkennung zu erhalten, muß eine Arbeitslosenkasse mindestens 50 Mitglieder haben. Der Minister kann besondere Ausnahmen davon gestatten. Die Kasse muß sich entweder auf einen oder auf mehrere bestimmte Berufe beziehen und muß entweder einen ganzen Landesteil umfassen oder ordentlich begrenzt sein. Nur Lohnarbeiter, deren wirtschaftliche Verhältnisse Anrecht auf Staatsbeihilfe mittels einer genehmigten Krankenkasse gewähren, können Mitglieder der genehmigten Arbeitslosenkassen werden. Die Altersgrenze für die Kassenmitglieder ist auf 18 und 60 Jahre festgesetzt. Jeder Arbeiter, der die vorgeschriebenen Bedingungen erfüllt, hat Anspruch auf Aufnahme in die Arbeitslosenkasse, jedoch können Personen, die aus körperlichen oder moralischen Gründen ungeeignet zu einer regelmäßigen Erwerbstätigkeit erscheinen, zurückgewiesen werden. Die anerkannten Arbeitslosenkassen erhalten jährlich aus der Staatskasse einen Zuschuß in Höhe eines Drittels des gesamten Prämienbetrages der Kasse, höchstens jedoch 250 000 Kronen. Dieser Staatszuschuß wird unter die einzelnen

Kassen nach dem Verhältnis der Prämienbeiträge verteilt. Die Gemeinde, in welcher ein Mitglied aufenthalts- oder versorgungsberechtigt ist, kann ohne Zustimmung einer höheren Instanz einen Zuschuß zur Bestreitung seiner Prämie bieten, der jedoch nicht über $^1/_6$ der Prämienbeiträge hinausgehen darf. Die Leistung eines solchen Zuschusses wird nicht als Armenunterstützung angesehen. Die Arbeitslosenkasse entscheidet im Einzelfalle über Umfang und Art der Unterstützung, die bestehen kann in Reiseunterstützung, Mietsbeihilfe, Tagegeld oder Naturalienunterstützung. Durchschnittlich darf die Tagesunterstützung nicht mehr als $^2/_3$ des durchschnittlichen Arbeitsverdienstes in dem betreffenden Berufe betragen, bei örtlichen Arbeitslosenkassen höchstens $^2/_3$ des ortsüblichen Tagelohnes. In keinem Falle darf die Unterstützung unter 50 Öre und über 2 Kronen täglich ausmachen. Wenn ein arbeitsloses Mitglied auf Anweisung des Kassenvorstandes oder aus eigenem Antriebe Arbeit übernimmt, für welche die Bezahlung geringer ist als die erwähnte Höchstunterstützung, so kann die Kasse diesen Tagelohn bis zur Höhe der Maximalunterstützung ergänzen. Voraussetzung für den Bezug der Unterstützung ist eine mindestens 12 monatliche Angehörigkeit zur Kasse und die Bezahlung der schuldigen Beiträge. Die Karenzzeit beträgt mindestens 6, höchstens jedoch 12 Tage. Eine Unterstützung wird nicht gezahlt, bei Arbeitslosigkeit infolge von Streiks und Aussperrungen, infolge von Krankheit, infolge unmoralischen Lebenswandels und Unverträglichkeit mit den Arbeitsgenossen, beim Bezug von Armenunterstützung und endlich dann, wenn der Arbeitslose sich weigert, eine ihm vom Kassenvorstand angewiesene Arbeit, die seinen Fähigkeiten entspricht, anzunehmen. Während eines Jahres darf die Unterstützung für höchstens 70 Tage gezahlt werden. Die Aufsicht über die Arbeitslosenkassen führt ein Arbeitslosen-Inspektor. Außerdem sendet jede

Arbeitslosenkasse einen Vertrauensmann zur Jahres-Versammlung.

Im Jahre 1908 wurden 34 Arbeitslosenkassen anerkannt mit 70 000 Mitgliedern, von denen allein 20 000 Tagelöhner waren. Da die Zahl der gewerblichen Arbeiter Dänemarks auf rund 200 000 geschätzt wird, so wäre heute bereits $^1/_3$ der dänischen Arbeiter gegen die Arbeitslosigkeit versichert. Im ersten Berichtsjahre wurden von den Arbeitslosenkassen 215 800 Kronen Unterstützung gezahlt. Der Staatszuschuß betrug 150 000 Kronen, aber bereits im laufenden Rechnungsjahre 1908/09 ist zu erwarten, daß der Staatszuschuß die im Gesetz festgesetzte Höchstgrenze von 250 000 Kronen überschreiten wird.

Theoretisch verschafft das dänische Gesetz auch den nichtorganisierten Arbeitern die Möglichkeit, sich einer Arbeitslosenkasse anzuschließen und den Staatszuschuß zu genießen. In der Praxis hat sich aber gezeigt, daß die Mitglieder der Arbeitslosenkasse zum weitaus größten Teile organisierte Arbeiter sind und daß die Gründung der Arbeitslosenkassen ausnahmslos von den Gewerkschaften ausgegangen ist. Der Hauptvorteil des dänischen Systems liegt jedenfalls darin, daß der Arbeiter bei einem Wechsel des Wohnsitzes den Anspruch auf Unterstützung nicht verliert, jedoch bleibt sein Anspruch dadurch beeinträchtigt, daß beim Übergang von einem Berufe in den anderen die Forderung 12 monatlicher Angehörigkeit zur Arbeitslosenkasse bestehen bleibt. Die Hauptschwierigkeiten haben sich in Dänemark dadurch herausgestellt, daß es an der Organisation des Arbeitsnachweises fehlt. Der Arbeitslosen-Ausschuß hat auf seiner Jahresversammlung anerkannt, daß die Organisation des Arbeitsnachweises Voraussetzung ist für das weitere Gedeihen der Arbeitslosenversicherung und namentlich für eine wirksame Kontrolle der Arbeitslosen.

### 4. In Norwegen.

Nach dem norwegischen Gesetz vom 12. Mai 1906 hat jede Arbeitslosenkasse, welche die gesetzlichen Bestimmungen erfüllt, die Berechtigung, von der Staatskasse 1/4 von dem Geldbeitrage zurückerstattet zu erhalten. Um die Rückerstattung beanspruchen zu können, muß wenigstens die Hälfte der Einnahmen der betreffenden Arbeitslosenkasse durch Beiträge der Mitglieder aufgebracht werden. Die Kasse muß außerdem die Bestimmungen enthalten, daß die Mitglieder das Recht haben, Unterstützungen erst nach mindestens halbjähriger Zugehörigkeit zur Kasse zu erhalten, daß eine Karenzzeit von mindestens 3 Tagen besteht, daß die Unterstützung höchstens die Hälfte des durchschnittlichen Tagelohnes in dem Berufe des betreffenden Mitgliedes beträgt, daß sie im Laufe eines Jahres für höchstens 90 Tage gezahlt wird und daß der Anspruch auf Arbeitslosenunterstützung verlustig geht, wenn der Arbeitslose sich weigert, diejenige Arbeit anzunehmen, welche die Verwaltungskasse für ihn als passend erachtet. Ist die Arbeitslosenkasse an einen Verein angegliedert, so hat die Kasse die Verpflichtung, Personen, welche demselben Berufe wie die Mitglieder der Kasse angehören, die Teilnahme an der Versicherung zu gestatten, selbst wenn sie nicht Mitglieder des Vereins sind. Solche Mitglieder der Arbeitslosenkasse müssen erhöhte Beiträge zahlen, um zu den Kosten der Verwaltung mit beizutragen. Die Arbeitslosenkassen haben monatliche Berichte an die kommunale Verwaltung derjenigen Gemeinde, in welcher die Arbeitslosenunterstützung ausgezahlt wird, einzureichen. Die kommunale Verwaltung prüft die Berichte und gibt sie an die Regierungsbehörde weiter. Durch die Rückerstattung von 25% der von der Kasse gezahlten Unterstützungen durch die Staatskasse sind die Kassen in die Lage gesetzt, ihre eigenen Leistungen um 33 1/3% zu erhöhen.

Bemerkenswert ist bei der norwegischen Arbeitslosenversicherung, daß sie sich ebenso wie die dänische auf das ganze Land erstreckt. Jedoch erhalten nicht die Kassen die Zuschüsse wie in Dänemark, sondern die Arbeitslosen. Wie in Dänemark ist auch den Nichtorganisierten die Möglichkeit zur Teilnahme an der Versicherung gegeben.

# B. Tabellen.

## I. Die Tätigkeit der stadtkölnischen Vers

| Geschäftsjahr | Zahl der aufgenommenen Versicherten | Zahl der bezugsberechtigten Versicherten | Zahl der Versicherten, deren Mitgliedschaft gemäß § 6 erlosch vor der Bezugszeit | Zahl der Versicherten, deren Mitgliedschaft gemäß § 6 erlosch in der Bezugszeit | Von den bezugsberechtigten Versicherten wurden arbeitslos überhaupt | Von den bezugsberechtigten Versicherten wurden arbeitslos % | Zahl der Tage, an denen die Arbeitslosen wieder Arbeit** erhielten | Zahl der Tage, an denen die Arbeitslosen Tagegelder erhielten | Beiträge der Versicherten ℳ |
|---|---|---|---|---|---|---|---|---|---|
| 1 | 2 | 3 | 4 | 5 | 6 | 7 | 8 | 9 | 10 |
| 1896/97 | 220 | 132 | 88 | — | 96 | 72,7 | 2 181 | 1 408 | 1 000 |
| 1897/98 | 324 | 236 | 88 | — | 151 | 64,0 | 2 646 | 2 197 | 2 213 |
| 1898/99 | 347 | 282 | 65 | — | 144 | 51,1 | 2 858 | 2 026 | 2 445 |
| 1899/1900 | 256 | 226 | 30 | — | 154 | 68,1 | 3 709 | 2 773 | 2 010 |
| 1900/01 | 571 | 536 | 35 | — | 441 | 82,3 | 6 479 | 12 659 | 4 562 |
| 1901/02 | 1 205 | 1 105 | 100 | 22 | 842 | 76,2 | 15 853 | 18 259 | 12 434 |
| 1902/03 | 1 355 | 1 265 | 90 | 27 | 1 008 | 79,7 | 28 947 | 16 046 | 14 389 |
| 1903/04 | 1 624 | 1 501 | 123 | 29 | 1 164 | 77,5 | 26 716 | 22 910 | 19 772 |
| 1904/05 | 1 717 | 1 596 | 121 | 25 | 1 271 | 79,6 | 29 649 | 25 034 | 20 782 |
| 1905/06 | 1 610 | 1 463 | 147 | 21 | 1 087 | 74,3 | 28 715 | 13 414 | 21 682 |
| 1906/07 | 1 255 | 1 155 | 100 | 8 | 980 | 84,8 | 18 238 | 24 086 | 17 194 |
| 1907/08 | 1 505 | 1 382 | 123 | 9 | 1 127 | 81,5 | 20 042 | 29 899 | 20 663 |
| 1908/09 | 1 957 | 1 787 | 170 | 7 | 1 481 | 82,9 | 24 896 | 37 971 | 26 584 |

* Geschäftsberichte der stadtkölnischen Versicherungskasse.

** Hiernach sind die Arbeitstage derjenigen Versicherten, die in der Wartezeit dauernde

**in den Jahren 1896 bis 1909*.**

| | …er Kasse | | Ausgaben | | | | | |
|---|---|---|---|---|---|---|---|---|
| | Zinsen und sonstige Einnahmen<br>M | Zusammen<br>M | Tagegelder an die Versicherten | davon waren durch Beiträge der Versicherten gedeckt (Sp. 10) in % | Verwaltungskosten<br>M | Zusammen<br>M | Überschuß (+) Fehlbetrag (—)<br>M | Vermögen am Jahresschlusse<br>M |
| | 13 | 14 | 15 | 16 | 17 | 18 | 19 | 20 |
| 0 | 3 963 | 108 658 | 2 355 | 42,5 | 2 721 | 5 076 | +103 582 | 103 582 |
| | 4 288 | 11 629 | 3 485 | 63,5 | 2 342 | 5 827 | + 5 802 | 109 384 |
| | 4 516 | 12 211 | 3 343 | 73,1 | 2 089 | 5 432 | + 6 779 | 116 163 |
| | 4 696 | 10 736 | 4 708 | 42,7 | 1 930 | 6 638 | + 4 098 | 120 261 |
| | 4 897 | 13 034 | 19 338 | 23,6 | 2 088 | 21 426 | — 8 392 | 111 869 |
| | 4 708 | 20 477 | 30 046 | 41,4 | 2 956 | 33 002 | — 12 525 | 99 344 |
| 0 | 4 848 | 42 455 | 28 807 | 49,7 | 3 708 | 32 515 | + 9 940 | 109 284 |
| 0 | 5 397 | 48 212 | 39 915 | 49,5 | 3 940 | 43 855 | + 4 357 | 113 641 |
| 0 | 5 457 | 49 217 | 42 832 | 48,5 | 4 377 | 47 209 | + 2 008 | 115 649 |
| 0 | 5 806 | 50 283 | 23 645 | 91,7 | 4 029 | 27 674 | + 22 609 | 138 258 |
| 0 | 6 359 | 46 118 | 40 014 | 43,0 | 4 423 | 44 437 | + 1 681 | 139 939 |
| 0 | 6 726 | 49 834 | 48 669 | 42,5 | 4 744 | 53 413 | — 3 579 | 136 360 |
| 0 | 6 330 | 55 249 | 61 934 | 42,7 | 5 277 | 67 211 | — 11 962 | 124 045 |

…, nicht einbegriffen.

## III. Die Ausgaben der freien Gewerkschaften in Deutschland in den Jahren 1896 bis 1908, getrennt nach Verwendungszwecken**.

| Im Jahre | Rechtsschutz ℳ | Gemaßregeltenunterstützung ℳ | Reiseunterstützung ℳ | Arbeitslosenunterstützung ℳ | Krankenunterstützung ℳ | Invalidenunterstützung ℳ | Beihilfe in Not und bei Sterbefällen, Umzugsunterstützung ℳ | Zusammen ℳ | Verbandsorgan ℳ | Zusammen Unterstützungen und Verbandsorgane ℳ | Streikunterstützung ℳ |
|---|---|---|---|---|---|---|---|---|---|---|---|
| 1896 | 18 349 | 37 346 | 310 000 | 243 201 | 430 038 | 57 947 | 53 837 | 1 150 718 | 362 708 | 1 513 426 | 844 372 |
| 1897 | 30 147 | 30 973 | 289 036 | 260 316 | 454 494 | 68 088 | 64 906 | 1 197 960 | 439 259 | 1 637 219 | 881 758 |
| 1898 | 43 378 | 39 978 | 283 267 | 275 404 | 491 634 | 79 587 | 78 419 | 1 291 667 | 518 949 | 1 810 616 | 1 073 290 |
| 1899 | 54 752 | 55 435 | 313 391 | 304 677 | 652 825 | 91 524 | 131 484 | 1 604 088 | 603 559 | 2 207 647 | 2 121 918 |
| 1900 | 68 486 | 97 092 | 461 028 | 501 078 | 656 026 | 113 530 | 205 459 | 2 102 699 | 713 338 | 2 816 037 | 2 625 642 |
| 1901 | 89 705 | 198 173 | 607 127 | 1 238 197 | 772 587 | 130 941 | 194 668 | 3 231 398 | 782 737 | 4 014 135 | 1 878 792 |
| 1902 | 93 485 | 250 661 | 709 778 | 1 593 022 | 793 878 | 154 398 | 250 129 | 3 845 351 | 798 480 | 4 643 831 | 1 930 329 |
| 1903 | 150 721 | 250 310 | 613 870 | 1 270 053 | 944 059 | 189 442 | 301 961 | 3 720 416 | 884 662 | 4 605 078 | 4 529 672 |
| 1904 | 206 782 | 536 209 | 646 821 | 1 599 424 | 1 416 935 | 213 626 | 621 709 | 5 241 506 | 1 097 257 | 6 338 763 | 5 869 519 |
| 1905 | 311 239 | 486 765 | 712 820 | 1 991 924 | 1 920 639 | 273 960 | 800 355 | 6 497 702 | 1 415 397 | 7 913 099 | 9 674 094 |
| 1906 | 342 339 | 795 209 | 758 222 | 2 653 296 | 3 281 741 | 351 181 | 1 181 282 | 9 363 270 | 1 594 009 | 10 957 279 | 13 748 412 |
| 1907 | 346 773 | 1 010 045 | 869 148 | 4 312 367 | 5 698 032 | 384 562 | 1 385 808 | 14 006 735 | 1 878 392 | 15 885 127 | 13 196 363 |
| 1908 | 326 765 | 1 440 263 | 1 184 353 | 8 134 388 | 8 473 853 | 419 781 | 1 465 627 | 21 445 030 | 2 071 297 | 23 516 327 | 4 819 399 |

* Geschaftsbericht der stadtkölnischen Versicherungskasse.

** Korrespondenzblatt der Generalkommission der Gewerkschaften. 18. Jahrg. Nr. 36 (Statistische Beilage Nr. 6). 19. Jahrg. Nr. 34 (Statistische Beilage Nr. 6).

## II. Zur Tätigkeit der stadtkölnischen Versicherungskasse
## Familienstand und Beruf der Versicherten 1907/08*.

| | Gesamtzahl | Familienstand: Unverheiratet | Familienstand: Verheiratet | Beruf: Ungelernte Arbeiter | Beruf: Gelernte Arbeiter | Die gelernten Arbeiter waren: Maurer | Verputzer, Stukkateure, Steinhauer u. dergl. | Schreiner, Zimmerer u. dergl. | Anstreicher, Tapezierer u. dergl. | Pflasterer, Rammer u. dergl. | übrige Handwerker |
|---|---|---|---|---|---|---|---|---|---|---|---|
| Abschluß von Versicherungsverträgen | 1505 | 262 | 1243 | 399 | 1106 | 264 | 394 | 72 | 311 | 50 | 15 |
| Versicherte, deren Mitgliedschaft vor Beginn der Bezugszeit gemäß § 6 erlosch | 123 | 18 | 105 | 44 | 79 | 15 | 27 | 9 | 25 | 2 | 1 |
| a) Versicherte, die ihren Verpflichtungen nachkamen (die Bezugsberechtigten) | 1382 | 244 | 1138 | 355 | 1027 | 249 | 367 | 63 | 286 | 48 | 14 |
| b) Bezugsberechtigte Versicherte, die nicht arbeitslos wurden | 255 | 39 | 216 | 53 | 202 | 61 | 37 | 12 | 88 | — | 4 |
| c) Bezugsberechtigte Versicherte, die arbeitslos wurden | 1127 | 205 | 922 | 302 | 825 | 188 | 330 | 51 | 198 | 48 | 10 |
| **Davon gingen ab:** | | | | | | | | | | | |
| Versicherte, die in der Wartezeit wieder dauernde Arbeit, also keine Tagegelder erhielten | 21 | 3 | 18 | 6 | 15 | 5 | 4 | 1 | 4 | — | 1 |
| Versicherte, die der Kasse falsche Angaben unterbreiteten und daher gemäß § 16 ihrer Ansprüche verlustig gingen: | | | | | | | | | | | |
| nach Meldung der ersten Arbeitslosigkeit, bevor sie also Tagegelder bezogen hatten | 3 | — | 3 | 1 | 2 | — | 1 | — | 1 | — | — |
| bei Meldung einer zweiten oder weiteren Arbeitslosigkeit | 6 | 1 | 5 | 2 | 4 | 1 | 2 | — | 1 | — | — |
| Von den übrigen Versicherten zu c) erhielten zeitweilig Arbeit und sonst Tagegelder | 891 | 171 | 720 | 234 | 657 | 156 | 240 | 42 | 166 | 48 | 5 |
| Während der Bezugszeit keine Arbeit, also nur Tagegelder | 206 | 30 | 176 | 59 | 147 | 26 | 83 | 8 | 26 | — | 4 |

## IV. Die Unterstützungseinrichtungen der freien Gewerkschaften in Deutschland im Jahre 1907 in den einzelnen Berufsorganisationen*.

| Name der Organisation | Zahl der Mitglieder | Arbeitslosenunterstützung pro Tag Pfg. | Beginn d. Bezugsber. n. e. Mitgldsch. v. ..... Wochen | Bezugsberechtigung: Dauer (in ... Tagen) | Bezugsberechtigung: in jedem Jahr bis zum Betrage von ℳ | Gezahlte Arbeitslosenunterstützungen 1907 ℳ | pro Kopf der Mitglieder |
|---|---|---|---|---|---|---|---|
| 1. Asphalteure | 498 | — | — | — | — | — | — |
| 2. Bäcker | 16 264 | 100—150 | 52 | 42 | 42—63 | 63 093 | 3,88 |
| 3. Barbiere | 2 229 | 100—200 | 52 | 30 | 30—60 | 3 233 | 1,45 |
| 4. Bauhilfsarbeiter | 71 268 | — | — | — | — | — | — |
| 5. Bergarbeiter | 110 888 | 100—140 | 52 | 48 | 48—67,20 | 5 656 | 0,05 |
| 6. Bildhauer | 4 603 | 100 | 52 | 42—70 | 42—70 | 118 037 | 25,64 |
| 7. Blumenarbeiter | 430 | — | — | — | — | — | — |
| 8. Böttcher | 7 989 | 100—150 | 52 | 42—80 | 42—120 | 22 576 | 2,83 |
| 9. Brauereiarbeiter | 31 612 | 100 | 52 | 45—90 | 45—90 | 23 612 | 0,75 |
| 10. Buchbinder | 21 200 | 75—175 | 52 | 30—70 | 22,50—122,50 | 96 655 | 4,56 |
| 11. Buchdrucker | 52 364 | 125 u. 150 | 75 | 70—240 | — | 544 723 | 10,40 |
| 12. Buchdruckerei-Hilfsarbeiter | 13 961 | 70—105 | 52 | 60 | — | 19 443 | 1,39 |
| 13. Bureauangestellte | 1 305 | 100—200 | 52 | 36—72 | 36—156 | 973 | 0,75 |
| 14. Dachdecker | 6 403 | — | — | — | — | — | — |
| 15. Fabrikarbeiter | 134 233 | 100—150 | 52 | 24—42 | 24—63 | 558 073 | 4,16 |
| 16. Fleischer | 3 035 | — | — | — | — | — | — |
| 17. Formstecher | 437 | 75—175 | 52 | 78 | — | 4 591 | 10,51 |
| 18. Gärtner | 4 952 | 100 | 52 | 28—84 | 28—84 | 7 119 | 1,44 |
| 19. Gastwirtsgehilfen | 6 728 | — | — | — | — | — | — |
| 20. Gemeindearbeiter | 24 997 | 50—67 | 52 | 24—48 | 12—32 | 3 988 | 0,16 |
| 21. Glasarbeiter | 15 818 | 90—200 | 52 | 70 | 63—140 | 23 095 | 1,46 |
| 22. Glaser | 4 762 | 100—167 | 52 | 24—48 | 24—80 | 51 149 | 10,74 |
| 23. Hafenarbeiter | 25 168 | — | — | — | — | — | — |
| 24. Handlungsgehilfen | 7 531 | 60—150 | 52 | 70 | 42—105 | 4 921 | 0,65 |
| 25. Handschuhmacher | 3 846 | 90—140 | 52 | 56 | 50,40—78,40 | 65 489 | 17,03 |
| 26. Holzarbeiter | 149 501 | 100—167 | 52 | 36 | 36—60 | 866 995 | 5,80 |

| | | | | | | | |
|---|---|---|---|---|---|---|---|
| 33. Lithographen | 15 777 | 150—200 | 26 | 24—90 | 36—180 | 97 244 | 6,16 |
| 34. Maler | 39 009 | — | — | — | — | — | — |
| 35. Maschinisten | 17 008 | 117—167 | 52 | 36 | 42—60 | 85 249 | 5,01 |
| 36. Maurer | 192 582 | — | — | — | — | — | — |
| 37. Metallarbeiter | 355 386 | 50—167 | 52 | 120 | 60—200 | 952 821 | 8,91 |
| Graveure | 1 254 | — | — | — | — | 11 405 | 4,55 |
| 38. Mühlenarbeiter | 4 744 | 50—150 | 52 | 40 | 20—60 | 6 251 | 1,32 |
| 39. Notenstecher | 424 | 150 u. 250 | 52 | 78 | 117—195 | 11 596 | 27,35 |
| 40. Photographen | 467 | 100—330 | 52 | 30 | 30—99 | 491 | 1,05 |
| 41. Portefeuiller | 3 955 | 75—175 | 52 | 18—54 | 15—94,50 | 2 611 | 0,66 |
| 42. Porzellanarbeiter | 14 725 | 66—283 | 52 | 36—84 | 24—238 | 34 468 | 2,34 |
| 43. Sattler | 7 011 | 100—150 | 52 | 42 | 42—63 | 39 141 | 5,58 |
| 44. Schiffszimmerer | 3 762 | 110 | 52 | 30—40 | 33—44 | 3 610 | 0,96 |
| 45. Schirmmacher | 487 | — | — | — | — | 30 | 0,06 |
| 46. Schmiede | 18 797 | 100—200 | 52 | 60 | 60—120 | 22 956 | 1,22 |
| 47. Schneider | 38 159 | — | — | — | — | — | — |
| Wäschearbeiter | 2 484 | — | — | — | — | — | — |
| 48. Schuhmacher | 37 188 | 50—130 | 52 | 40 | 20—52 | 30 664 | 0,82 |
| 49. Seeleute | 7 720 | — | — | — | — | — | — |
| 50. Steinarbeiter | 19 176 | — | — | — | — | — | — |
| 51. Steinsetzer | 10 403 | — | — | — | — | 1 847 | 0,18 |
| 52. Stukkateure | 8 293 | — | — | — | — | — | — |
| 53. Tabakarbeiter | 30 676 | 60—125 | 26 | 21—42 | 12,60—52,50 | 24 579 | 0,80 |
| 54. Tapezierer | 8 604 | 100—150 | 52 | 48 | 48—72 | 48 467 | 5,63 |
| 55. Textilarbeiter | 121 265 | — | — | — | — | — | — |
| 56. Töpfer | 11 914 | — | — | — | — | — | — |
| 57. Transportarbeiter | 87 259 | 65—165 | 52 | 30—60 | 20—100 | 84 215 | 0,97 |
| 58. Xylographen | 489 | 200—300 | 52 | 42 | 84—126 | 3 015 | 6,16 |
| 59. Zigarrensortierer | 2 802 | 65—215 | 26 | 21—182 | — | 6 289 | 2,24 |
| 60. Zimmerer | 54 395 | 75—125 | 52 | 36 | 27—45 | 227 148 | 4,18 |
| 61. Zivilmusiker | 1 188 | — | — | — | — | — | — |
| | 1 865 506 | — | — | — | — | 4 312 367 | — |

* Korrespondenzblatt der Generalkommission der Gewerkschaften Deutschlands. 18. Jahrg. Nr. 36 (Statist. Beil. Nr. 6).

| | | | | | | | | |
|---|---|---|---|---|---|---|---|---|
| Böttcher . . . . . . . . | — | — | — | — | 2,08 | 2,56 | 2,83 | 4,54 |
| Bureauangestellte . . . . | — | — | — | — | 0,85 | 0,53 | 0,75 | 0,74 |
| Schuhmacher . . . . . . | — | — | — | — | 0,02 | 0,92 | 0,82 | 3,18 |
| Barbiere . . . . . . . . | — | — | — | — | 0,53 | 1,01 | 1,45 | 2,20 |
| Holzarbeiter . . . . . . | — | — | — | — | 2,30 | 3,24 | 5,80 | 9,63 |
| Sattler . . . . . . . . | — | — | — | — | 0,62 | 3,60 | 5,58 | 6,56 |
| Tabakarbeiter . . . . . | — | — | — | — | 0,62 | 1,21 | 0,80 | 1,21 |
| Bergarbeiter . . . . . . | — | — | — | — | — | 0,06 | 0,05 | 0,16 |
| Gärtner . . . . . . . . | — | — | — | — | — | 0,99 | 1,44 | 1,98 |
| Tapezierer . . . . . . . | — | — | — | — | — | 2,92 | 5,63 | 10,45 |
| Fabrikarbeiter . . . . . | — | — | — | — | — | 2,78 | [4]4,16 | 2,39 |
| Portefeuiller . . . . . . | — | — | — | — | — | 0,15 | 0,66 | 3,81 |
| Photographen . . . . . | — | — | — | — | — | 3,93 | 1,05 | 5,82 |
| Schiffszimmerer . . . . | — | — | — | — | — | 0,30 | 0,96 | 3,65 |
| Xylographen . . . . . . | — | — | — | — | — | 12,27 | 6,16 | 5,82 |
| Zimmerer . . . . . . . | — | — | — | — | — | 1,88 | 4,18 | 9,02 |
| Gemeindearbeiter . . . . | — | — | — | — | — | — | 0,16 | 0,46 |
| Steinsetzer . . . . . . . | — | — | — | — | — | — | 0,18 | 0,07 |
| Schirmmacher. . . . . . | — | — | — | — | — | — | 0,06 | 0,21 |
| Fleischer . . . . . . . . | — | — | — | — | — | — | — | 0,23 |

[1] Hiervon M. 8,26 an die durch die Berliner Aussperrung in der Holzindustrie in Mitleidenschaft gezogenen Mitglieder. [2] Einschließlich Reiseunterstützung. [3] Einschließlich Krankenunterstützung. [4] Einschließlich Reise= und Kranken=unterstützung.

* Korrespondenzblatt der Generalkommission der Gewerkschaften Deutschlands. 18. Jahrg. Nr. 36 (Statist. Beilage Nr. 6). 19. Jahrg. Nr. 34 (Statist. Beilage Nr. 6).

## V. Die Ausgaben der Freien Gewerkschaften in Deutschland für Arbeitslosenunterstützung pro Kopf der Mitglieder der verschiedenen Berufsorganisationen in den Jahren: 1892, 95, 98, 1901, 04, 06, 07, 08.

| | 1892 | 1895 | 1898 | 1901 | 1904 | 1906 | 1907 | 1908 |
|---|---|---|---|---|---|---|---|---|
| | *M* | *M* | *M* | *M* | *M* | *M* | *M* | *M* |
| Buchdrucker | 14,72 | 5,09 | 5,89 | 16,59 | 13,20 | 9,40 | 10,40 | 12,74 |
| Glasarbeiter | 3,38 | 1,80 | 1,13 | 2,03 | 2,39 | 1,19 | 1,46 | 6,00 |
| Glaser | 1,25 | 0,76 | 0,39 | 2,63 | 3,53 | 7,22 | 10,74 | 14,08 |
| Handschuhmacher | 9,81 | 0,67 | 2,48 | 20,60 | 8,98 | 0,97 | 17,03 | 32,62 |
| Hutmacher | 9,75 | 7,29 | 5,29 | 4,99 | 6,04 | 7,21 | 7,13 | 10,02 |
| Kupferschmiede | 3,33 | 2,40 | 2,72 | 7,04 | 4,55 | 3,63 | 4,51 | 7,36 |
| Lederarbeiter | 0,32 | — | 0,31 | — | 3,67 | 2,74 | 8,50 | 9,54 |
| Zigarrensortierer | 7,10 | 2,45 | 4,59 | 10,75 | 4,93 | 3,20 | 2,24 | 6,74 |
| Bildhauer | 0,10 | 8,37 | 9,38 | 19,72 | 10,35 | 11,68 | [1]25,64 | 24,38 |
| Brauereiarbeiter | [2]0,18 | [2]0,52 | [2]0,94 | [2]2,02 | [2]1,16 | [2]0,69 | [2]0,75 | [2]1,39 |
| Porzellanarbeiter | [2]10,14 | [2]3,61 | [2]3,77 | [2]6,83 | [2]2,76 | [2]2,41 | [2]2,34 | [2]9,26 |
| Buchbinder | — | [2]0,97 | [2]2,24 | [2]3,79 | [2]2,90 | [2]3,38 | [2]4,56 | [2]6,98 |
| Graveure | — | — | 1,31 | 3,05 | 3,37 | 6,01 | 4,55 | — |
| Transportarbeiter | — | — | 0,28 | 0,63 | 0,53 | 0,62 | 0,97 | 2,44 |
| Buchdruckerei-Hilfsarbeiter | — | — | — | 1,47 | 1,68 | 1,01 | 1,39 | 3,01 |
| Handlungsgehilfen | — | — | — | 0,30 | 0,25 | 0,43 | 0,65 | 0,92 |
| Schmiede | — | — | — | 2,20 | 1,42 | 0,84 | 1,22 | 4,70 |
| Lithographen | — | — | — | 4,01 | 6,01 | 5,09 | 6,16 | 9,98 |

## VI. Ausgaben der christlichen Gewerkschaften im Jahre 1907,

| Organisation der | Zahl der Mitglieder im Jahresdurchschnitte 1907 | Jahreseinnahme ℳ | Jahresausgabe ℳ | Verbandsorgan ℳ |
|---|---|---|---|---|
| 1. Bäcker | 650 | — | — | — |
| 2. Bauhandwerker und Bauhilfsarbeiter | 40 135 | 879 475 | 675 217 | 57 766 |
| 3. Bayerische Eisenbahner | 24 112 | 247 297 | 162 719 | 43 715 |
| 4. Bayrische Salinenarbeiter | 893 | 3 259 | 3 075 | 1 053 |
| 5. Bergarbeiter | 74 700 | 898 222 | 644 825 | 99 914 |
| 6. Buchdrucker (Gutenbergbund) | 2 812 | 111 237 | 76 439 | 10 439 |
| 7. Gärtner | 728 | 10 100 | 9 470 | 3 114 |
| 8. Graphisches Gewerbe | 1 409 | 22 504 | 16 234 | 2 645 |
| 9. Heimarbeiterinnen | 4 966 | 17 765 | 15 342 | 1 378 |
| 10. Hilfs- und Transportarbeiter | 14 636 | 216 400 | 208 430 | 17 545 |
| 11. Holzarbeiter | 11 239 | 298 218 | 259 312 | 15 863 |
| 12. Keramarbeiter | 8 352 | 72 875 | 56 501 | 4 502 |
| 13. Krankenpfleger | 1 114 | 7 894 | 6 397 | 1 027 |
| 14. Lederarbeiter | 4 203 | 84 472 | 91 372 | 5 410 |
| 15. Maler und Anstreicher | 3 352 | 43 932 | 37 297 | 3 782 |
| 16. Metallarbeiter | 28 090 | 668 550 | 416 659 | 39 592 |
| 17. Schneider | 3 758 | 66 663 | 66 136 | 3 112 |
| 18. Tabakarbeiter | 6 549 | 73 057 | 53 616 | 5 214 |
| 19. Telegraphenarbeiter | 1 861 | 5 930 | 6 484 | 3 080 |
| 20. Textilarbeiter | 40 764 | 583 645 | 388 453 | 42 560 |
| Summe | 274 323 | 4 311 495 | 3 193 978 | 361 711 |

## VII. Mitgliederzahl der gewerkschaftlich

| | 1906 |
|---|---|
| Centralverbände | 1 689 |
| Hirsch-Dunkersche Gewerkvereine | 118 |
| Christliche Gewerkschaften, Gesamtverband | 247 |
| Christliche Gewerkschaften, Unabhängige | 73 |
| Unabhängige und Lokalvereine | 85 |
| | 2 213 |

* Korrespondenzblatt der Generalkommission der Gewerkschaften Deutschlands. 18. Ja

** Zahlen aus dem Jahre 1907.

## Berufsorganisationen wie nach Art der Verwendung*.

| | Ausgaben für | | | | | | | | | |
|---|---|---|---|---|---|---|---|---|---|---|
| | Rechtsschutz ℳ | Reise- und Arbeitslosenunterstützung ℳ | Krankengeld ℳ | Sterbegeld ℳ | Sonstige Unterstützung ℳ | Bildungsförderung ℳ | Beitrag an den Gesamtverband ℳ | Gehälter ℳ | Verwaltungsausgaben ℳ | Vermögensbestand ℳ |
| | — | — | — | — | — | — | — | — | — | — |
| 5 | 4 865 | — | 14 214 | 7 877 | 5 649 | 2 654 | 7 904 | 13 020 | 24 986 | 452 011 |
| | 1 717 | — | 67 776 | — | — | — | 400 | 3 455 | 15 804 | 485 553 |
| | 80 | — | — | 120 | 282 | — | 80 | 30 | 183 | 3 921 |
| 5 | 65 796 | 2 186 | 170 865 | 75 540 | 6 814 | 8 357 | 12 690 | 27 090 | 19 287 | 785 859 |
| 7 | 196 | 14 542 | 21 846 | 1 090 | 6 416 | 545 | 655 | 7 376 | 3 254 | 401 113 |
| | 57 | 555 | — | — | — | — | — | — | 582 | 2 944 |
| 4 | — | 1 320 | 1 731 | 40 | 106 | 162 | 230 | 2 025 | 1 131 | 12 448 |
| 4 | — | — | 2 856 | 125 | 842 | 175 | 452 | — | 2 311 | 20 057 |
| 7 | 1 617 | 890 | 4 841 | 1 490 | 6 570 | 2 170 | 3 405 | 6 860 | 14 325 | 66 290 |
| 6 | 1 107 | 12 825 | 8 322 | 1 575 | 2 258 | 1 938 | 2 171 | 4 815 | 6 540 | 184 755 |
| 27 | 850 | 1 728 | 5 225 | 726 | — | 1 700 | 1 209 | 2 100 | 1 500 | 37 719 |
| | — | 42 | — | 75 | — | 550 | 73 | 1 000 | 2 029 | 1 497 |
| 04 | 193 | 2 499 | 2 605 | 225 | 332 | 412 | 458 | 1 927 | 2 801 | 19 399 |
| 54 | — | 184 | 993 | 175 | 196 | 668 | 1 130 | 4 395 | 1 172 | 12 015 |
| 62 | 2 578 | 12 965 | 71 228 | 1 906 | 340 | 2 600 | 5 450 | 10 105 | 23 689 | 585 353 |
| 05 | — | 1 490 | 1 398 | 105 | — | 451 | 649 | 1 980 | 2 287 | 11 168 |
| 11 | 547 | 143 | 1 680 | 325 | 305 | 388 | 1 483 | 3 170 | 3 965 | 26 161 |
| | — | — | — | — | 45 | — | — | — | 1 659 | 3 446 |
| 39 | 1 839 | 374 | 67 455 | 7 890 | 2 819 | 2 848 | 6 698 | 7 197 | 16 086 | 376 026 |
| 70 | 81 442 | 51 743 | 443 035 | 99 284 | 32 974 | 25 618 | 45 137 | 96 545 | 143 591 | 3 487 735 |

## ionen in Deutschland insgesamt*.

| Mitgliederzahl | | | | |
|---|---|---|---|---|
| 1907 | | 1908 | 1908 | |
| Zunahme | Abnahme | | Zunahme | Abnahme |
| 175 797 | — | 1 831 731 | — | 33 775 |
| — | 9 169 | 105 633 | — | 3 256 |
| 27 207 | — | 264 519 | — | 9 804 |
| 7 305 | — | ** 80 437 | — | — |
| 32 136 | — | 100 081 | — | 17 244 |
| 242 445 | 9 619 | 2 382 401 | — | 64 079 |
| Zunahme 232 826 | | | | |

tist. Beil. Nr 6), 19. Jahrg. Nr. 34 (Statist. Beilage Nr. 6).

| | | | | | | | | |
|---|---|---|---|---|---|---|---|---|
| 40. [illegible] | [illegible] | [illegible] | [illegible] | [illegible] | [illegible] | [illegible] | [illegible] | [illegible] |
| 41. Lederarbeiter II Lohgerber | 303 | 244 | 7 594 | 6 395 | 7 384 | 5 864 | 1 456 | 2 033 |
| 42. Lithographen u. verw. Berufe | 3 288 | 3 446 | 315 020 | 172 741 | 335 020 | 172 741 | 25 384 | 32 170 |
| 43. Maler und Lackierer | 5 992 | 5 043 | 270 721 | 176 360 | 229 250 | 115 992 | — | — |
| 44. Maschinisten und Heizer | 1 800 | 1 784 | 30 944 | 49 444 | 30 450 | 37 909 | 5 606 | 7 391 |
| 45. Maurer | 15 784 | 11 124 | 755 265 | 1 529 002 | 459 461 | 1 299 053 | — | — |
| 46. Putzer | — | — | — | — | — | — | — | — |
| 47. Zementierer | — | — | — | — | — | — | — | — |
| 48. Metallarbeiter | 61 834 | 63 109 | 2 483 555 | 2 420 100 | 2 270 366 | 2 007 189 | 262 824 | 489 377 |
| 49. Graveure | 756 | | 31 440 | | 26 747 | — | 8 275 | — |
| 50. Mühlenarbeiter | 294 | 280 | 12 281 | 10 953 | 10 333 | 8 348 | 658 | 722 |
| 51. Musiker | 290 | 314 | 4 450 | 5 566 | 3 478 | 4 831 | — | — |
| 52. Photographen | 275 | 197 | 6 755 | 6 681 | 5 864 | 5 689 | — | 315 |
| 53. Portefeuiller | 729 | 746 | 14 326 | 15 205 | 13 719 | 14 483 | 356 | 1 322 |
| 54. Porzellanarbeiter | 263 | 341 | 10 629 | 19 872 | 9 833 | 18 557 | 2 978 | 6 734 |
| 55. Sattler | 2 272 | 2 123 | 93 839 | 96 110 | 83 023 | 83 818 | 6 428 | 27 829 |
| 56. Schirmmacher | 254 | 197 | 2 033 | 2 736 | 808 | 1 533 | — | 50 |
| 57. Schlächter | 517 | 578 | 4 441 | 8 630 | 3 799 | 7 899 | — | — |
| 58. Schmiede | 3 175 | 3 023 | 118 025 | 127 154 | 90 090 | 81 437 | 3 541 | 9 123 |
| 59. Schneider u. Schneiderinn. Verw. I | 6 000 | 6 300 | 19 444 | 289 798 | 89 270 | 285 966 | — | — |
| 60. II Zuschneider | 200 | 333 | 2 878 | 7 640 | 1 069 | 6 576 | 84 | — |
| 61. III Wäschearbeit. | 3 500 | 2 268 | 25 931 | 24 891 | 22 956 | 20 153 | — | — |
| 62. Schuhmacher | 2 779 | 2 889 | 120 391 | 87 670 | 119 247 | 76 605 | 5 238 | 12 633 |
| 63. Staats- u. Gemeindearbeiter | 5 600 | 5 839 | 82 458 | 118 791 | 74 909 | 105 436 | — | 400 |
| 64. Steinarb., Sekt. I | 632 | 585 | 26 335 | 36 436 | 16 802 | 28 230 | — | 7 190 |
| 65. " II Marmorarb. | 283 | 254 | 7 249 | 17 099 | 6 879 | 16 545 | — | — |
| 66. Steinsetzer, Verw. I | 673 | 2 100 | 44 400 | 67 459 | 25 975 | 67 094 | 1 285 | 1 847 |
| 67. " " II (Rammer) | 812 | | 19 642 | | 16 518 | — | — | — |
| 68. Stukkateure | 1 198 | 937 | 61 590 | 59 178 | 48 758 | 39 606 | — | — |
| 69. Tabakarbeiter | 1 202 | 1 417 | 28 584 | 32 564 | 25 968 | 31 274 | 1 659 | 1 480 |
| 70. Tapezierer | 1 839 | 1 642 | 54 629 | 108 873 | 40 390 | 98 096 | 5 387 | 13 452 |
| 71. Technisches Bühnenpersonal | 150 | 170 | 2 302 | 3 648 | 1 022 | 2 189 | — | — |
| 72. Textilarbeiter | 1 283 | 2 368 | 16 534 | 96 688 | 13 667 | 92 988 | — | — |
| 73. Töpfer | 2 574 | 2 252 | 99 691 | 276 565 | 98 162 | 244 343 | 11 811 | — |
| 74. Verein für die Int. d. Hausangest. | — | 402 | — | 4 830 | — | 2 504 | — | — |
| 75. Xylographen | 137 | 167 | 3 671 | 4 645 | 3 647 | 4 592 | 1 252 | 744 |
| 76. Zigarrensort. u. Kistenbekleber | — | 56 | — | 2 021 | — | 1 791 | — | 635 |
| 77. Zimmerer | 4 649 | 3 492 | 256 647 | 482 441 | 142 473 | 363 066 | 5 844 | 31 452 |
| Summe | 252 069 | 235 980 | 9 465 852 | 13 961 115 | 7 565 102 | 11 947 877 | 767 665 | 1 492 618 |

* 19. Jahres- und Kassenbericht der Berliner Gewerkschaftskommission.

## VIII. Einnahmen, Ausgaben, sowie Mitgliederzahl der Berliner Gewerkschaftskommission in den Jahren 1906 und 1907*.

| Namen der Organisation | Mitgliederzahl | | Einnahme | | Ausgabe | | Insbes. für Arbeitslosenunterstützung | |
|---|---|---|---|---|---|---|---|---|
| | 1906 | 1907 | 1906 | 1907 | 1906 | 1907 | 1906 | 1907 |
| 1. Asphalteure | — | 231 | — | 3 279 | — | 3 061 | — | — |
| 2. Bäcker | 1 911 | 2 631 | 53 920 | 66 582 | 51 454 | 66 464 | 9 201 | 16 676 |
| 3. Konditoren | 404 | — | 8 229 | — | 8 198 | — | 896 | — |
| 4. Barbiere | 582 | 607 | 11 523 | 11 290 | 10 397 | 10 165 | 548 | 1 112 |
| 5. Bauarbeiter | 11 423 | 6 427 | 362 438 | 1 085 961 | 280 917 | 1 040 351 | — | — |
| 6. Bildhauer | 1 402 | 1 138 | 83 510 | 173 168 | 81 938 | 171 031 | 27 421 | 36 811 |
| 7. Blumen- und Blätterarbeiter | — | 100 | — | 1 030 | — | 945 | — | — |
| 8. Böttcher | 555 | 570 | 27 526 | 21 141 | 25 882 | 19 425 | 1 142 | 3 476 |
| 9. Brauereiarbeiter Sektion I | 860 | 903 | 16 930 | 19 237 | 16 030 | 19 237 | 627 | 2 977 |
| 10. Brauereiarbeiter Sektion II | 2 867 | 3 026 | 53 716 | 60 774 | 53 716 | 60 773 | 804 | 2 899 |
| 11. Buchbinder | 6 044 | 6 393 | 303 481 | 173 036 | 286 536 | 131 467 | 25 299 | 39 918 |
| 12. Buchdrucker | 9 277 | 9 838 | 1 155 035 | 1 291 386 | 661 432 | 710 705 | 126 007 | 225 196 |
| 13. Schriftgießer | 573 | 574 | 22 676 | 22 732 | 4 667 | 2 814 | 859 | 1 125 |
| 14. Buchdruckhilfsarbeiterinn., Sekt. I | 1 500 | 1 400 | 36 637 | 34 629 | 25 841 | 21 384 | 1 316 | 3 278 |
| 15. Buchdruckhilfsarbeiter, Sektion II | 1 642 | 2 281 | 35 289 | 96 990 | 31 569 | 23 068 | 3 677 | 2 385 |
| 16. Buchdruckhilfsarbeiter, Sektion III | 746 | 907 | 17 276 | 11 151 | 17 001 | 10 751 | 514 | 1 126 |
| 17. Bureauangestellte | 431 | 507 | 4 289 | 5 098 | 4 160 | 5 098 | 411 | 306 |
| 18. Dachdecker | 706 | 640 | 26 094 | 111 974 | 23 381 | 110 578 | — | — |
| 19. Fabrik-, Land- u. Hilfsarbeiter | 6 396 | 6 011 | 114 604 | 124 631 | 99 491 | 109 379 | 5 543 | 7 526 |
| 20. Formstecher | 57 | 68 | 2 579 | 3 076 | 2 488 | 2 842 | 537 | 1 047 |
| 21. Gärtner | 1 142 | 1 057 | 24 007 | 26 618 | 22 051 | 25 546 | 2 110 | 3 486 |
| 22. Gastwirtsgehilfen | 1 300 | 1 307 | 26 939 | 34 105 | 21 967 | 32 343 | — | — |
| 23. Glasarbeiter I | 308 | 312 | 7 551 | 7 337 | 7 550 | 7 333 | — | 25 |
| 24. Glasarbeiter II, Schleifer | 559 | 518 | 9 946 | 14 963 | 9 930 | 14 938 | 1 173 | 3 492 |
| 25. Glaser | 975 | 701 | 57 194 | 28 997 | 65 719 | 24 478 | 7 130 | 19 681 |
| 26. Hafenarbeiter | 460 | 380 | 9 973 | 11 635 | 9 469 | 11 134 | — | — |
| 27. Handels- u. Transportarbeiter I. | 9 300 | 8 780 | 178 371 | 194 049 | 100 193 | 136 239 | 11 300 | 24 500 |
| 28. " " II | 22 390 | 19 858 | 362 057 | 374 984 | 324 612 | 350 690 | 15 847 | 23 713 |
| 29. " " III (Straßenb.) | 1 089 | 912 | 18 728 | 20 897 | 18 632 | 20 869 | 158 | 350 |
| 30. " " IV (Droschkenf.) | 3 258 | 2 550 | 54 463 | 181 901 | 51 307 | 152 783 | — | 268 |
| 31. Handlungsgehilfen u. -Gehilfinnen | 1 425 | 1 379 | 15 572 | 18 677 | 15 490 | 18 136 | 152 | 878 |
| 32. Handschuhmacher | 148 | 163 | 4 704 | 5 152 | 4 396 | 4 572 | 579 | 3 036 |

# IX. Darstellung der Unterstützungseinrichtungen de[r]

| Name des Verbandes | Mitgliederzahl in Charlottenburg | Beitragsleistung | | | Voraussetzung der Unterstützung | | H… |
|---|---|---|---|---|---|---|---|
| | | in der Beitragsklasse | bei einem Stundenlohn in ₰: S<br>b. einem Wochenlohn in ℳ W | Wöchentlicher Beitrag in ₰: B<br>Einmaliges Eintrittsgeld in ₰: E | Minimum der Mitgliedschaftsdauer in Wochen | Karenzzeit in Wochen | inne… |
| Verband der baugewerblichen Hilfsarbeiter | 321 | I<br>II<br>III<br>IV<br>V<br>VI<br>VII<br>VIII | S:<br>bis 25<br>25—30<br>30—35<br>35—40<br>40—45<br>45—50<br>50—55<br>über 55 | B:<br>35<br>40<br>45<br>50<br>55<br>60<br>65<br>70<br><br>E: 50 | — | — | A…<br>u… |
| Verband der Deutschen Buchdrucker | 90 | | | B: 110<br>E: 100 | 75 | Die Unterstützung erfolgt vom ersten Tage der Arbeitslosigkeit an | |
| Verband der Maschinisten | 134 | | | B: 50<br>E: 50 | 52 | 1 | |
| Verband der Fabrikarbeiter | 404 | | | B: 40<br>E: 50 | 52 | 1 | |

## ...nburg hauptsächlich vertretenen freien Gewerkschaften.

| Vor...setzung ... Unter...zungen | Höhe | Umzugs- | Reise- | Bemerkungen |
|---|---|---|---|---|
| ...senunterstützung | | unter- | unter- | |
| ... einer ...tglied-...afts-...er von Wochen | Betrag pro Woche in M: W<br>pro Tag in ₰: T | stützung | stützung | |
| — | Keine Arbeitslosenunterstützung | Keine Umzugsunerstützung | Bei einjähriger Zugehörigkeit 1 M täglich bis zu 30 M. | Nur Streikunterstützung |
| <br>5—100<br>0—150<br>0—750<br>750 | T:<br>125<br>150 (für die drei folgenden Stufen) | Bei einer Steuerleistung von 13 bis 100 Wochenbeiträgen sowie b. einer Entfern. v. 20 km M 15. F. jed. weit. km 10 ₰ mehr. Bei einer Mehrleist. v. je 50 Wochenbeitr. tritt eine Erhöhung des Kilometergeldes um je 1 ₰ ein. Maximalsumme 100 M. | Innerhalb eines Jahres für 280 Tage in Höhe von 1 M bei einer Steuerzeit von 6—75 Wochen, in Höhe von 1.25 M bei über 75 wöchentlicher Zugehörigkeit. | Dazu tritt Ortsunterstützung seitens der Ortskassen, für die besondere Beiträge gezahlt werden. |
| <br>2—104<br>4—156<br>6—208<br>8—260<br>0—416<br>6—520<br>520 | W:<br>6<br>7<br>8<br>9<br>10<br>11<br>12 | | | Bei Orten mit einem geringeren Durchschnittswochenlohn als 18 ₰ wird nur 40 ₰ Beitrag gezahlt, die Unterstützung ist dann um 1 M wöchentlich niedriger. |
| <br>2—104<br>4—156<br>3—208<br>3—260<br>0—312<br>er 312 | T:<br>100<br>110<br>120<br>130<br>140<br>150 | Bei mehr als zweijähriger Zugehörigkeit und einer Entfernung von — wird gezahlt bis zu:<br>10— 50 km M 15<br>50—100 „ „ 20<br>100—150 „ „ 25<br>150—200 „ „ 30<br>über 200 „ „ 35 | Bei mehr als einjähriger Zugehörigkeit 1 M pro Tag. Dazu Aufenthaltsunterhaltung in gleicher Höhe, je nach der Größe der Stadt bis zu vier Tagen. Bei 1, 2, 3, 4, 5 bez. 6 jähr. Zugehörigkeit darf in einem Jahre die Gesamtunterstützung 24 M bez. 46,20, 50,40, 54,60, 58,80, 63 M nicht übersteigen. | |

| | | | | | | | |
|---|---|---|---|---|---|---|---|
| Verband der Gastwirtsgehilfen | 65 | | | B: Kellner, Köche, Buffetiers 40 Sonstige 30 E: 100 Delegiertensteuer jährlich 100 ₰ | — | — | |
| Verband der Gemeinde- und Staatsarbeiter | 319 | | | B: 35 E: 50 | 52 | 1 | |
| Zentralverband der Handlungsgehilfen | 69 | | | B: 30 wird monatlich gezahlt (M. 1,20) | 26 | 1 | |

| | | | | |
|---|---|---|---|---|
| | — | — | Es findet eine Unterstützung statt nach einjährig. Zugehörigkeit, doch sind nähere Bedingungen nicht statutarisch geordnet. | |
| -156<br>-260<br>-416<br>-520<br>520 | W:<br>4 | — | Nicht statutarisch geregelt. | Dazu Unterstützungseinrichtungen der Filiale Groß-Berlin 2 *M* wöchentlich Zuschuß unter sonst gleichen Bedingungen. |
| -104<br>-156<br>-208<br>-260<br>260 | T:<br>100<br>125<br>150 | — | — | — |

Tab.

| Name des Verbandes | Mitgliederzahl in Charlottenburg | Beitragsleistung: in der Beitrags-Klasse | Beitragsleistung: bei einem Stundenlohn (in ₰) S b. einem Wochenlohn (in ℳ) W | Beitragsleistung: Wöchentlicher Beitrag (in ₰) B Einmaliges Eintrittsgeld (in ₰) E | Voraussetzung der Unterstützung: Minimum der Mitgliedschaftsdauer in Wochen | Voraussetzung der Unterstützung: Karenzzeit in Wochen | Höchſ… innerha… Ja… de… Bei… Wo… |
|---|---|---|---|---|---|---|---|
| Verband der Holzarbeiter | 335 | | | B: 50<br>E: 50 | 52 | 1 | |
| Verband der Maurer | 495 | <br>I<br>II<br>III<br>IV<br>V<br>VI<br>VII<br>VIII<br>IX | S:<br>5 bis 32<br>32—37<br>37—42<br>42—47<br>47—52<br>52—57<br>57—62<br>62—67<br>67 u. mehr | B:<br>30<br>35<br>40<br>45<br>50<br>55<br>60<br>65<br>70<br><br>E: 50 | — | — | — |
| Verband der Porzellanarbeiter | 62 | | W:<br>bis 8<br>8—12<br>12—15<br>15—18<br>18—21<br>über 21 ℳ | B:<br>10<br>20<br>30<br>35<br>40<br>45<br><br>E: 50 | 52 | Keine Karenzzeit | 1…<br>1…<br>1… |

**ng.**

| …ür …d …er …d- …on …en | Höhe … unterstützung: Betrag pro Woche (in ℳ) W, pro Tag (in ₰) T | Umzugs-unterstützung | Reise-unterstützung | Bemerkungen |
|---|---|---|---|---|
| …04<br>…56<br>…08<br>…60 | W:<br>6<br>7<br>8<br>9<br>10 | 20 ℳ<br>25<br>30<br>35<br>40<br>falls die Entfernung mehr als 20 km beträgt und nicht mehr als die Hälfte der Kosten aufgebracht wird. | 4 ₰ pro km.<br>Max. 36 ℳ<br>„ 42<br>„ 48<br>„ 54<br>„ 60 | |
| | Keine Arbeitslosenunterstützung | Keine Umzugsunterstützung. | Nach 40 Beitragszahlungen in den Wintermonaten tägl. 1 ℳ, doch nicht über 40 ℳ. | Nur Streikunterstützung. |
| .04<br>.56<br>208<br>260<br>260 | bei einem Beitrag von / T:<br>10 / 0,66<br>20 / 1,00<br>30 / 1,33<br>35 / 1,66<br>40 / 2,00<br>45 / 2,33 | Eisenbahnfahrgeld letzter Klasse für das Mitglied und dessen Familienangehörige bis zu ℳ 50,—. | Nach Maßgabe der Arbeitslosenunterstützung. | Die Dauer der Unterstützung ist von der Dauer der Mitgliedschaft, die Höhe von der Beitragsklasse abhängig. |

| | | | | | | | |
|---|---|---|---|---|---|---|---|
| Verband der Schmiede | 85 | I<br>II<br><br>I<br>II | d. Beitragsklasse wird n. eigen. Ermessen gewählt, ist also statut. nicht v. der Lohnh. abhg. | B:<br>60<br>40<br><br>E:<br>50<br>30 | 52 | 1 | Keine<br><br>dafür Fe…<br>eines W…<br>unterstü…<br>betra…<br>(siehe …<br>Bemerk… |
| Verband der Schuhmacher | 117 | Kl. I Jugendliche<br>II<br>III | d. Mitglied. steht d. Wahl frei | B:<br>20<br>wird weiterhin nicht berücksichtigt<br>35<br>50<br><br>E: 50 | 52 | Keine Karenzzeit | 6 W…<br>(40 … |
| Verband der Transportarbeiter | 1024 | I<br>II<br>III | W:<br>unter 18 M<br>18—21<br>über 21 | B:<br>30<br>35<br>40<br><br>E: 100 | 52 | 1 | 1… |
| Verband der Zimmerer | 236 | I<br>II<br>III<br>IV<br>V | S:<br>bis 30<br>„ 40<br>„ 50<br>„ 60<br>mehr als 60 | B:<br>35<br>45<br>60<br>70<br>80<br><br>E: 50 | 52 | 1 | 6 W… |

| | I. Kl. | II. Kl. | I. Kl. | II. Kl. | I. Kl. | II. Kl. | Sämtl. Unterstütz. werden gegeneinander aufgerechn. Innerh. eines Jahres darf d. Gesamtsumme n. übersteigen: in der I. Kl. | in der II. Kl. |
|---|---|---|---|---|---|---|---|---|
| | T: | T: | | | pro Tag 50 ₰ bis zu: | | | |
| 2 | — | — | — M | — M | 30 M | 15 M | | |
| | | | | | pro Tag 100 ₰ bis zu: | | | |
| 04 | 100 | 66 | 25 „ | 15 „ | 60 M | 30 M | 60 M | 40 M |
| 56 | | | 30 „ | 18 „ | | | | |
| 08 | 150 | 100 | 35 „ | 21 „ | 90 „ | 45 „ | 90 „ | 60 „ |
| 60 | | | 40 „ | 24 „ | | | | |
| 12 | | | 45 „ | 27 „ | | | | |
| 2 | 200 | 133 | 50 „ | 30 „ | 120 „ | 60 „ | 120 „ | 80 „ |

| | | | | |
|---|---|---|---|---|
| T:<br>Kl. II Kl. III<br>75 130 | je nach der Entfernung 10 bis 35 M | Je nach 1, 2, 4, 6, 8, 10=jähriger Mitgliedschaft: 14, 16, 20, 25, 30, 35 ₰ pro km. Insgesamt nicht unter 10 M, nicht über 35 M innerhalb 52 Wochen. | | |

| | W: I Kl. | II Kl. | III Kl. | | | |
|---|---|---|---|---|---|---|
| 04 | 4 | 4.50 | 5 | — | — | Außerdem eine von Fall zu Fall festzusetzende Notfallunterstützung. |
| 56 | 5 | 5.50 | 6 | | | |
| 60 | 6 | 6.50 | 7 | | | |
| 16 | 7 | 7.50 | 8 | | | |
| 20 | 8 | 8.50 | 9 | | | |
| m. | 9 | 9.50 | 10 | | | |

| | T: 1.—2. Kl. | 3.—5. Kl. | | | |
|---|---|---|---|---|---|
| 04 | 75 | 100 | — | 75 ₰ pro Tag bis zu 27 M innerhalb 52 Wochen. | |
| m. | 100 | 75 | | | |

## X. Darstellung der Unterstützungseinrichtungen der in Ch
## und de

| Name des Verbandes | Mitgliederzahl in Charlottenburg 1. Oktober 1908 | Beitragsleistung in einer Lohnklasse | bei einem Stundenverdienst in ₰ (S) | Wochen-Beitrag in ₰ (B) Jahresbeitrag in ℳ (J B) Eintrittsgeld in ₰ (E) | Voraussetzung der Unterstützung: Dauer der Mitgliedschaft in Wochen | Karenzzeit in Wochen | Höch... |
|---|---|---|---|---|---|---|---|
| G.-V. der deutschen Fabrik und Handarbeiter | 40 | | | B: 10<br>E: 50 | 104 | 1 | |
| G.-V. der deutschen Maschinenbau- und Metallarbeiter | 247 | | | B: 35<br>E: 50 | 52 | 1 | |
| G.-V. der deutschen Bauhandwerker | 12 | I<br>II<br>III | (S)<br>unt. 35<br>35—50<br>über 50 | B:<br>35<br>45<br>55<br>E: 50 | 104 | — | |
| G.-V. der deutschen Kaufleute | 619 | | | J. B.:<br>9 bei Eintritt nach dem 40. Lebensj.<br>12 | 52 | 2 | (90 |

**…hauptsächlich vertretenen Gewerkvereine (Hirsch-Duncker) …eine.**

| …s- der - …gen | Höhe …unterstützung | Umzugs-unterstützung in ℳ | Reise-unter-stützung | Bemerkungen |
|---|---|---|---|---|
| …ner …er …ied- …ft | Betrag in ℳ<br>pro Woche: W<br>pro Monat: M<br>pro Tag: T | | | |
| 4<br>6<br>6 | „In außerordentlichen Notfällen beschließt der Generalrat auf Antrag der Ortsausschüsse eine Unterstützung aus der Kasse des G.-V.<br>W: 5,50<br>8,50<br>10,00 | Entfernung: ℳ<br>10— 30 km 8,00<br>30— 60 „ 12,00<br>60—120 „ 18,00<br>für jede weiteren 10 km 0,50 bis zu 30,00 | Unverheiratete erhalten bei Umzügen die Hälfte der Umzugsunterstützung | |
| 2<br>4<br>6<br>8<br>0<br>0 | W:<br>6,00<br>7,50<br>9,00<br>} 10,50 | Nach 26 wöchentlich. Mitgliedschaftsdauer in festzusetzender Höhe | Nach 26 wöchentlich. Mitgliedschaftsdauer pro km 2 ₰ bis zu 300 km = 6,00 ℳ<br>Nach 52 wöchentlich. Mitgliedschaftsdauer pro km 2 ₰ bis zu 1000 km = 20,00 ℳ innerhalb 52 Wochen | |
| 4<br>…mehr | W:<br>Beitr.-Kl.<br>I II III<br>3,60 4,80 6,00 | Entfern. / Betrag pro km<br>10—50km 0,20 nicht unter 5,00<br>für jede angef. 10 km 10 ₰ bis zu 30,00 | pro km 2 ₰ bis zu 1000 km = 20,00 ℳ innerhalb 52 Wochen | Nur in den Monaten April bis November finden Unterstützungen statt.<br>In 52 Wochen werden 40 Beiträge gezahlt |
| -259<br>-519<br>520 | T.:<br>1,10<br>1,35<br>1,60 | | | Außerdem bes. Stellenlosenunterstützung für Mitglieder unt. 50 Jahren bei Zahl. von 110 oder 150 ₰ monatlich für 3 Monate bei einer Zugehörigkeit von 1 Jahr |

| | | | | | | | |
|---|---|---|---|---|---|---|---|
| | | | | | | | |

**S o n st i**

| | | | | | | | |
|---|---|---|---|---|---|---|---|
| Deutsch-nationaler Handlungsgehilfen-Verband | 520 | | | J. B.: 10 | 104 | 2 | 1<br>1<br>steigt m<br>vollendet<br>fünft d<br>gliedsch<br>4 Woc<br>zu 52 |
| Kaufmännischer Verband für weibliche Angestellte | ? | | | J. B.: 6 | 52 | 2 | bis |

i n e.

| | | | | |
|---|---|---|---|---|
| <br>56<br>08<br>60<br>12<br>64<br>16<br>68<br>20 | M.:<br>30<br>31<br>32<br>33<br>34<br>35<br>36<br>37<br>steigt mit jedem vollendeten Jahre der Mitgliedschaft um 1 ℳ bis zu 75 ℳ | | | §§ 72 und 73 der Satzung:<br>Bildung eines Reservefonds bis zur 10fachen Höhe der durchschn. jährlichen Unterstützung. Vom Jahresbetrag wird 1/5 (ℳ 2,—) an den Reservefonds abgeführt. |
| | T.:<br>1,— bis 1,25 je nach Beschluß. | | | |

**Krankheitstage in den Gewerk-Vereinen (Hirsch-D**
**vom 1. Oktober 1907 bi**

| a. Berufs-Gewerkverein | Mitglieder (z. Z.) in Charlotten-* burg |
|---|---|
| Maschinenbau- u. Metallarbeiter | 247 |
| Fabrik- und Handarbeiter | 40 |
| Kaufleute (Handlungsgeh.) | 619 |
| Holzarbeiter | 31 |
| Schneider | 4 |
| Graph. Berufe und Maler | 1 |
| Bauhandwerker | 12 |
| Handelshilfsarbeiter | 4 |
| Zigarren- und Tabakarbeiter | 1 |
| Konditoren | 3 |
| Zusammen | 962 |
| b. Sonstige Vereine. | |
| Deutsch-nationaler Handlungsgehilfenverband | etwa 520 |
| Kaufmännischer Verband für weibl. Angestellte | |

* Hierin ist die Zahl der Arbeitslosen des Gewerkvereins der

** Desgl. die Zahl der arbeitslosen Tage.

## XI. Übersicht über die arbeitslosen bezw. erkrankten Mitglieder, sowie über … in Charlottenburg während der Jahre 190…

| Verband | Mitgliederzahl in Charlottenburg | | | Zahl der arbeitslosen Mitglieder | | |
|---|---|---|---|---|---|---|
| | 1906 | 1907 | 1908 bis 30. VI | 1906 | 1907 | 1908 bis 30. VI |
| Bauhilfsarbeiter . . . . . . . . . | 760 | 540 | 321 | 200 | 140 | 160 |
| Buchdrucker . . . . . . . . . | 81 | 78 | 90 | 20 | 19 | 18 |
| Fabrikarbeiter . . . . . . . . . | 499 | 413 | 404 | — | 89 | 41 |
| Gastwirtsgehilfen . . . . . . . . | 49 | 60 | 65 | 17 | 19 | 21 |
| Gemeindebetriebsarbeiter . . . . | 310 | 325 | 319 | — | — | 6 |
| Handelsangestellte . . . . . . . . | 60 | 80 | 69 | 8 | 10 | 6 |
| Holzarbeiter . . . . . . . . . | 430 | 348 | 335 | 116 | 149 | 156 |
| Maschinisten und Heizer . . . . . | 213 | 133 | 134 | 10 | 22 | 8 |
| Maurer* . . . . . . . . . . . . | 1 020 | 550 | 495 | 191 | 125 | 123 |
| Sektion der Gips- u. Zementbranche* | 170 | 120 | 85 | 54 | 62 | 45 |
| Porzellanarbeiter . . . . . . . . | 62 | 61 | 62 | 5 | 4 | 2 |
| Schmiede . . . . . . . . . . . | 110 | 100 | 85 | 5 | 9 | 12 |
| Schuhmacher . . . . . . . . . . | 167 | 127 | 117 | 17 | 20 | 11 |
| [illegible] | [illegible] | [illegible] | [illegible] | [illegible] | [illegible] | [illegible] |

**…itglieder, sowie über die Zahl der arbeitslosen bezw. …uncker) und sonstigen Vereinen in Charlottenburg …s 30. September 1908.**

| In der Zeit vom 1. Oktober 1907—30. September 1908 | | | | |
|---|---|---|---|---|
| betrug d. Zahl d. arbeitslosen | | wurden Unterstützungen gezahlt | | |
| Versicherten | Tage | an ..... Versicherte | an ..... Tagen | in Höhe von ℳ ..... |
| 41 | 1439 | 28 | 835 | 1494,19 |
| 6 | 203 | 4 | 98 | 81,00 |
| ? | ? | 17 | 1016 | 1498,30 |
| 15 | 311 | 9 | 119 | 189,50 |
| — | — | — | — | — |
| — | — | — | — | — |
| 3 | 48 | 3 | 48 | 48,00 |
| 2 | 4 | — | — | — |
| — | — | — | — | — |
| — | — | — | — | — |
| 67* | 2005** | 61 | 2116 | 3310,99 |
| 8 | 536 | 8 | 416 | 453,60 |

…konnte nicht ermittelt werden.

…Kaufleute nicht enthalten.

**die Zahl der arbeitslosen bezw. Krankheitstage in den freien Gewerkschaften …–1908, nach Berufsorganisationen geordnet.**

| Zahl der arbeitslosen Tage insgesamt | | | Zahl der erkrankten Mitglieder | | | Zahl der Krankheitstage insgesamt | | | Zahlt der Verband | | |
|---|---|---|---|---|---|---|---|---|---|---|---|
| 1906 | 1907 | 1908 bis 30. VI | 1906 | 1907 | 1908 bis 30. VI | 1906 | 1907 | 1908 bis 30. VI | Arbeitslosen-Unterst. | Krank.-Unterst. | Reise-Unterst. |
| — | — | — | — | — | — | — | — | — | nein | ja | ja |
| 522 | 810 | 564 | 25 | 9 | 16 | 726 | 426 | 348 | ja | ja | ja |
| — | 1 772 | 806 | — | 117 | 54 | — | 2 564 | 1 090 | ja | ja | ja |
| 4 437 | 4 959 | 2 731 | 1 | 6 | 6 | 70 | 157 | 235 | nein | ja | ja |
| — | — | .116 | — | 14 | 41 | — | 364 | 1 165 | ja | ja | ja |
| 224 | 351 | 263 | — | — | — | — | — | — | ja | nein | nein |
| 2 298 | 4 428 | 4 506 | 77 | 81 | 74 | 3 606 | 3 690 | 2 730 | ja | ja | ja |
| 142 | 600 | 194 | — | 14 | 14 | — | 354 | 334 | ja | ja | nein |
| 2 958 | 3 984 | 3 828 | — | — | — | — | — | — | nein | ja | ja |
| 1 028 | 988 | 720 | — | — | — | — | — | — | nein | ja | ja |
| 165 | 58 | 67 | 2 | 8 | 7 | 38 | 227 | 62 | ja | ja | ja |
| 85 | 266 | 323 | — | 11 | 14 | — | 331 | 249 | ja | ja | ja |
| 155 | 275 | 123 | 20 | 22 | 16 | 288 | 445 | 389 | ja | ja | ja |

## XIII. Die Entwickelung der kommunalen

| Jahr | Zahl der Fonds | Zahl der angeschlossenen Gemeinden | Zuschüsse an Fachverbände: Zahl der angeschlossenen Verbände | Arbeitslosenunterstützung durch die Verbände Frcs. | Zuschüsse absolut Frcs. | Zuschüsse in Prozent der Zahlungen der Verbände | Zahl der Unterstützten | Zahl der Unterstützungstage | an … Betrag der Zuschüsse Frcs. |
|---|---|---|---|---|---|---|---|---|---|
| 1 | 2 | 3 | 4 | 5 | 6 | 7 | 8 | 9 | 10 |
| 1901 | 2 | 2 | 26 | 17 895 | 6 254 | 36 | 2 089 | 6 676 | — |
| 1902 | 6 | 8 | 98 | 65 274 | 29 167 | 44 | 3 211 | 32 220 | |
| 1903 | 9 | 14 | 129 | 67 137 | 36 517 | 54 | 2 835 | 39 891 | 5 |
| 1904 | 11 | 15 | 128 | 81 150 | 46 362 | 57 | 2 825 | 50 605 | 10 |
| 1905 | 14 | 18 | 131 | 66 368 | 35 497 | 53 | 3 400 | 55 735 | 2 |
| 1906 | 14 | 25 | 229 | 89 716 | 46 663 | 52 | 5 019 | 71 970 | 3 |
| 1907 | *14 | 27 | 284 | 159 957 | 74 199 | 46 | 9 750 | 113 726 | 24 |

Gewerbegruppen 1907:

| | Unterstützten (8) | Unterstützungstage (9) |
|---|---|---|
| Metallindustrie | 1 432 | 16 005 |
| Nahrungsmittelindustrie | 60 | 1 034 |
| Textilindustrie | 2 254 | 17 453 |
| Bekleidungsindustrie | 32 | 729 |
| Bureauangestellte | 46 | 1 082 |
| Baugewerbe | 1 154 | 14 290 |
| Holzindustrie | 764 | 9 840 |
| Lederindustrie | 437 | 8 855 |
| Tabakindustrie | 1 122 | 10 663 |
| Papierindustrie | 6 | 135 |
| Buchgewerbe | 368 | 6 516 |
| Fabrikation von Instrumenten, Apparaten und kunstgewerblichen Gegenständen | 1 517 | 22 191 |
| Verkehrsgewerbe | 333 | 1 306 |
| Arbeiter ohne nähere Angabe | 59 | 1 028 |
| Friseure | 4 | 54 |
| Verschiedene | 162 | 2 545 |

* Mitteilungen des Statistischen Amts der Stadt Magdeburg. Nr. 19. Die bisherigen

** Solche Fonds sind gebildet in Alost, Antwerpen, Berchem, Brügge, Brüssel, Gent,

## onds in Belgien 1901 bis 1907*.

| Zuschüsse n Vereinssparkassen | | | Zuschüsse an einzelne Arbeitslose | | Bei-hilfen an Fach-ver-bände | Der kommunalen Arbeitslosenfonds | | | |
|---|---|---|---|---|---|---|---|---|---|
| etrag der Zu-chüsse | Zahl der Unter-stützten | Zahl der Unter-stüt-zungs-tage | Betrag der Zu-schüsse | Zahl der Unter-stützten | | Ein-nahmen (Bewilli-gungen der Ge-meinden) | für Zuschüsse | Ausgaben für Ver-waltungs-kosten | Zu-sammen |
| 'rcs. | | | Frcs. | | Frcs. | Frcs. | Frcs. | Frcs. | Frcs. |
| 13 | 14 | 15 | 16 | 17 | 18 | 19 | 20 | 21 | 22 |
| — | — | — | — | — | — | 11 500 | 6 254 | 2 100 | 8 354 |
| — | — | — | — | — | — | 41 500 | 29 174 | 5 061 | 34 235 |
| 2 243 | — | — | — | — | 1 000 | 58 150 | 39 816 | 4 772 | 44 588 |
| 2 483 | — | — | — | — | 1 000 | 60 800 | 49 945 | 5 787 | 55 732 |
| 2 826 | — | — | 2 562 | — | 1 000 | 69 776 | 41 913 | 4 762 | 46 675 |
| 2 557 | 170 | 3 829 | 2 279 | 217 | 1 000 | 83 983 | 52 537 | 7 560 | 60 097 |
| 2 444 | 136 | 3 551 | 2 538 | 202 | — | 101 367 | 79 426 | 10 373 | 89 799 |
| | — | | | | | | | | |
| | — | | | | | | | | |
| | — | | | | | | | | |
| | 65 | 2 057 | | | | | | | |
| | — | — | | | | | | | |
| | 29 | 616 | | | | | | | |
| | — | — | | | | | | | |
| | — | — | | | | | | | |
| | — | — | | | | | | | |
| | — | — | | | | | | | |
| | — | — | | | | | | | |
| | — | — | | | | | | | |
| | — | — | | | | | | | |
| | 42 | 678 | | | | | | | |
| | — | — | | | | | | | |
| | — | — | | | | | | | |
| | — | — | | | | | | | |

dem Gebiet der Arbeitslosenversicherung.
Mecheln, Molenbeeck, Ostende, Renaix, St. Nikolas, St. Gilles

| Nr. | Verband | 1. I. 1908 | 1. I. 1909 | Unterstützten | Gewerkschaft | Stadt | Gewerkschaft ℳ | Stadt ℳ | …stützung pro Person und Tag ₰ |
|---|---|---|---|---|---|---|---|---|---|
| 1 | Bäcker und Konditoren . . . | 11 | 43 | 1 | 188 | 15 | 206,60 | 9,— | 60 |
| 2 | Bildhauer . . . . . . . . . | 20 | 31 | 5 | 550 | 137 | 722,25 | 82,41 | 60 |
| 3 | Buchbinder . . . . . . . . . | 54 | 51 | 2 | 159 | 59 | 175,25 | 32,42 | 55 |
| 4 | Buchdrucker . . . . . . . . | 676 | 704 | 31 | 1656 | 780 | 3 115,75 | 763,56 | 98 |
| 5 | Buchdruckereihilfsarbeiter . . . | 131 | 141 | 9 | 355 | 210 | 399,45 | 110,48 | 53 |
| 6 | Handlungsgehilfen Zentralverb. | 93 | 73 | 2 | 75 | 57 | 99,— | 38,25 | 67 |
| 7 | Handlungsgehifen, Deutschnat. | 278 | 308 | 2 | 217 | 27 | 237,65 | 14,62 | 54 |
| 8 | Handschuhmacher . . . . . . | 9 | 10 | 1 | 115 | 21 | 155,50 | 14,70 | 70 |
| 9 | Holzarbeiter . . . . . . . . | 672 | 560 | 60 | 1 521 | 968 | 2 229,82 | 731,65 | 75 |
| 10 | Christliche Holzarbeiter . . . . | 68 | 25 | 1 | 42 | 20 | 21,— | 5,— | 25 |
| 11 | Lederarbeiter . . . . . . . . | 40 | 10 | 1 | 12 | 10 | 12,— | 5,— | 50 |
| 12 | Metallarbeiter . . . . . . . | 1 115 | 1 141 | 60 | 2 662 | 1 479 | 3 313,— | 966,66 | 65 |
| 13 | Porzellanarbeiter . . . . . . | 3 | 3 | 1 | 35 | 27 | 93,33 | 27,— | 100 |
| 14 | Schmiede . . . . . . . . . | 57 | 29 | 3 | 43 | 32 | 47,50 | 20,75 | 65 |
| 15 | Senefelderbund (Lithogr.) . . | 56 | 69 | 3 | 337 | 39 | 471,— | 32,25 | 83 |
| 16 | Tapezierer . . . . . . . . . | 34 | 44 | 3 | 93½ | 64 | 119,25 | 42,56 | 66 |
| 17 | Transportarbeiter . . . . . . | 752 | 434 | 4 | 331 | 40 | 313,66 | 18,96 | 47 |
| 18 | Zimmerer . . . . . . . . . | 308 | 270 | 58 | 1 845 | 1 004 | 2 128,75 | 592,09 | 60 |
| 19 | Böttcher . . . . . . . . . . | 18 | 18 | — | 18 | — | 18,— | — | — |
| 20 | Fabrikarbeiter . . . . . . . | 290 | 250 | — | — | — | — | — | — |
| 21 | Gärtner . . . . . . . . . . | 10 | 10 | — | — | — | — | — | — |
| 22 | Glaser . . . . . . . . . . . | 6 | 8 | — | — | — | — | — | — |
| 23 | Gemeinde- und Staatsarbeiter | 395 | 414 | — | 24 | — | 16,— | — | — |
| 24 | Hut- und Filzwaren . . . . | 10 | 18 | — | 175 | — | 280,— | — | — |
| 25 | Christliche Metallarbeiter . . . | 18 | 25 | — | 131 | — | 131,— | — | — |
| 26 | Mühlenarbeiter . . . . . . . | 107 | 51 | — | — | — | — | — | — |
| 27 | Schuhmacher . . . . . . . . | 82 | 80 | — | 24 | — | 21,30 | — | — |
| 28 | Christl. Schuh- u. Lederarbeiter | 15 | 8 | — | — | — | — | — | — |
| 29 | Tabakarbeiter . . . . . . . . | 44 | 44 | — | — | — | — | — | — |
| | Summe 1908 | 5 372 | 4 872 | 247 | 10 608½ | 4 989 | 14 327,06 | 3 507,36 | 70 |
| | 1907 | — | — | 153 | — | 2 618 | 7 726,64 | 1 889,35 | 72 |

* Berichte an den Gemeinderat betr. Arbeitslosenversicherung der Stadt Straßburg, 1907, 1908, 1909.

## XIV. Die Unterstützung der Arbeitslosen in Straßburg 1907*.

| Verband | Mittlere Mitgliederzahl | Unterstützungen durch die Stadt. Zahl der Unterstützungsfälle | unterstützten Personen | Unterstützungstage | Höhe der Unterstützungen seitens des Verbandes ℳ | der Stadt ℳ | Höhe der städtischen Unterstützung pro Person und Tag ℳ |
|---|---|---|---|---|---|---|---|
| 1 | 2 | 3 | 4 | 5 | 6 | 7 | 8 |
| Bildhauer | 23 | 7 | 2 | 88 | 294 | 55 | 0,63 |
| Buchbinder | 51 | 7 | 5 | 77 | 273 | 59 | 0,71 |
| Buchdrucker | 672 | 62 | 31 | 795 | 3145 | 780 | 0,98 |
| Buchdruckereihilfsarbeiter | 137 | 10 | 7 | 115 | 204 | 49 | 0,42 |
| Holzarbeiter | 639 | 67 | 39 | 600 | 1215 | 380 | 0,63 |
| Christliche Holzarbeiter | 61 | 1 | 1 | 18 | 78 | 5 | 0,25 |
| Lithographen | 63 | 6 | 5 | 60 | 386 | 55 | 0,91 |
| Metallarbeiter | 1057 | 63 | 39 | 498 | 1255 | 308 | 0,62 |
| Schmiede | 68 | 1 | 1 | 12 | 43 | 6 | 0,50 |
| Tabakarbeiter | 33 | 5 | 2 | 78 | 77 | 23 | 0,30 |
| Tapezierer | 36 | 11 | 5 | 143 | 248 | 90 | 0,63 |
| Zimmerer | 305 | 24 | 16 | 134 | 441 | 79 | 0,59 |
| Zusammen | 3145 | 264 | 153 | 2618 | 7659 | 1889 | 0,72 |
| Außerdem: Arbeiterverbände ohne städtische Unterstützungsfälle | 325 | — | — | — | — | — | — |

## C. Gemeindebeschlüsse, Satzungen usw. betreffend Arbeitslosenversicherung.

Um einen Überblick darüber zu gewähren, wie sich die Ausführung einer Arbeitslosenversicherung mit kommunalen Zuschüssen im einzelnen gestaltet, und welche Wege neben den von uns vorgeschlagenen zur Verfügung stehen, lassen wir im folgenden eine Anzahl Beispiele von Satzungen usw. über Arbeitslosenunterstützungen folgen. Wir geben zunächst unter A die beiden bisher auf deutschem Boden erlassenen Gemeindebeschlüsse nach dem gemischten oder Zuschuß-System (Genter System) — Straßburg, Erlangen —, sowie ferner die selbständige kommunale Versicherungskasse in Bern, sodann unter B das hauptsächlichste Beispiel einer gemeinnützigen Versicherungskasse, die „stadtkölnische" (deren Namen nur die geographische Begrenzung auf den Stadtkreis Cöln, nicht eine kommunale Veranstaltung bezeichnen soll), gleichzeitig Beispiel für die Beschränkung der Versicherungsleistungen auf den Winter. Endlich lassen wir unter C eine Anzahl von Satzungen und sonstigen Bestimmungen von Arbeiterorganisationen folgen, die so ausgewählt sind, daß die verschiedenen Richtungen der Arbeiterorganisationen und insbesondere die für Charlottenburg wichtige vertreten sind. Die Reihe wird eröffnet durch die Vorstandsbeschlüsse des Verbandes der deutschen Buchdrucker, weil diese Organisation die ältesten und am meisten zusammenhängenden Erfahrungen auf diesem Gebiete hat und hier ein Fall vorliegt, wo neben den allgemeinen Bestimmungen auch besondere für Charlottenburg zur Berücksichtigung gelangen. Ebenso wie dieser Verband gehören den sog. „freien Gewerkschaften" an: die Organisation der Porzellanarbeiter (also aus einer für Charlottenburg wichtigen Industrie), der Transportarbeiter (Beispiel einer Organisation überwiegend ungelernter Arbeiter), sowie der Zimmerer (als der einzigen Bauarbeiterorganisation, die bisher die Arbeitslosenunterstützung grundsätzlich geregelt hat). Von den Gewerkvereinen Hirsch-Dunckerscher Richtung sind ausgewählt die stärksten der Organisationen dieser Richtung: die Maschinenbau- und Metallarbeiter, sowie die „Kaufleute". Eine andere Richtung innerhalb des Handelsgewerbes ist durch den Deutschnationalen Handlungsgehilfen-Verband vertreten, endlich die christlichen Gewerkschaften durch den christlich-sozialen Metallarbeiter-Verband Deutschlands.

## A. Kommunale Einrichtungen.

### 1. Arbeitslosenversicherungs-Ordnung der Stadt Straßburg. Vom 27. Dezember 1906.

1.

Die Stadt Straßburg bewilligt zunächst versuchsweise für die Dauer eines Jahres eine Summe von höchstens 5000 M, um die Versicherung gegen Arbeitslosigkeit zu begünstigen.

2.

Die Verwendung dieser Summe erfolgt in der Weise, daß jedem Arbeitslosen, welcher einer Arbeitslosen-Unterstützungskasse eines Berufsvereins von Arbeitern und Angestellten angehört, ein Zuschuß gezahlt wird zu dem Unterstützungsbetrage, den er von seiner Kasse erhält.

3.

Der Zuschuß tritt nur ein für Ortsunterstützung im Fall unfreiwilliger Arbeitslosigkeit. Ist die Arbeitslosigkeit eine Folge von Streiks und Aussperrungen oder deren Folgen, von Unfall oder Invalidität, so tritt die Gewährung des städtischen Zuschusses nicht ein. Das Gleiche gilt, wenn für den ursprünglich unterstützungsberechtigten Arbeitslosen nachträglich der Fall des Streiks oder Aussperrung eintritt.

4.

Der Zuschuß wird nur an solche Arbeitslose gezahlt, die beim Eintritt der Arbeitslosigkeit mindestens seit 1 Jahr ununterbrochen in Straßburg wohnhaft sind.

5.

Der Zuschuß beträgt 50% des Unterstützungensatzes, den der betreffende Arbeitslose jeweils von seinem Verein bezieht; der Höchstbetrag des städtischen Zuschusses ist jedoch 1 M pro Unterstützungstag. Sobald sich ergibt, daß bei Gewährung von 50% der Gesamtjahresbetrag des städischen Zuschusses 5000 M übersteigen würde, tritt eine verhältnismäßige Kürzung des Zuschusses ein.

6.

Der Zuschuß hört auf, wenn dem Arbeitslosen passende Arbeit im Beruf nachgewiesen wird. Ledige müssen auch auswärts Arbeit annehmen, wenn nicht besondere Umstände vorliegen.

7.

Anspruch auf diesen städtischen Zuschuß haben diejenigen Vereine von Arbeitern und Angestellten, welche ihren Mitgliedern Arbeitslosenunterstützung gewähren, sofern sie bei dem Bürgermeisteramt einen entsprechenden Antrag stellen und sich den Bestimmungen dieser Ordnung unterwerfen.

8.

Diese Vereine haben dem Bürgermeisteramt ihre Statuten und die jeweilige Ordnung ihrer Arbeitslosen-Unterstützungskasse einzureichen und diese Kasse von den übrigen Vereinszwecken getrennt zu verwalten. Sie haben ein laufendes Register zu führen, in welches regelmäßig eingetragen wird:

a) Name, Vorname, Wohnung, Beruf aller Mitglieder, die Arbeitslosenunterstützung erhalten.

b) Der Betrag der Unterstützung, die von der Kasse des Vereins dem Betreffenden statutengemäß geleistet wird.
c) Der Betrag, der seitens der Stadt pro Tag und Kopf des betreffenden Arbeitslosen zugeschossen wird.
d) Datum des Beginns der Arbeitslosigkeit sowie des Beginns der Unterstützungsberechtigung.
e) Die Anzahl der Tage der Arbeitslosigkeit sowie der Tage, für welche ein Unterstützungs-Anspruch besteht.

9.

Die Vereine verpflichten sich mit allen Kräften auf die möglichste Einschränkung der Arbeitslosigkeit bedacht zu sein. Die Mitglieder müssen sich deshalb im Fall der Arbeitslosigkeit spätestens am 1. Werktag nach Eintritt derselben auf dem städtischen Arbeitsnachweis eintragen lassen und sich dort täglich in der festgesetzten Stunde zur Kontrolle melden.

Von dem Tag der 1. Eintragung beim städtischen Arbeitsnachweis beginnt die eventuelle statutarische Karenzfrist.

Nur für diejenigen Tage, an denen die Meldung im Arbeitsnachweis nachgewiesen ist, wird der städtische Zuschuß bezahlt.

10.

Die Vereine zahlen ihren Mitgliedern den Betrag des städtischen Zuschusses vorschußweise aus. In der ersten Hälfte jedes Monats reichen sie dem Bürgermeisteramt die Rechnung des vergangenen Monats mit der Abschrift ihrer Arbeitslosenliste ein.

Wird die Rechnung nicht rechtzeitig eingereicht, so ist der städtische Zuschuß erst im folgenden Monat zu zahlen.

11.

Die Vereine gestatten dem Beauftragten des Bürgermeisteramts die Kontrolle ihrer Buchführung zum Zwecke der Beobachtung der Bestimmungen dieser Ordnung.

12.

Jeder Betrug eines Vereinsmitgliedes, um unberechtigter Weise Zuschuß zu erhalten, bewirkt den Ausschluß des Betreffenden von der Zuschußgewährung auf die Dauer eines Jahres.

Wird nachgewiesen, daß ein Beamter des Vereins im Einverständnis mit dem Betrüger gehandelt hat, so kann der Verein für ein Jahr von dem Bezug des städtischen Zuschusses ausgeschlossen werden.

13.

Über Streitigkeiten aus dieser Ordnung entscheidet als Schiedsgericht ein Ausschuß aus der Aufsichtskommission der städtischen Arbeitsnachweisstelle. Derselbe besteht aus dem Vorsitzenden dieser Kommission und je einem der von dem Gemeinderat in diese Kommission gewählten Arbeitgeber und Arbeitnehmer.

Die letzteren Mitglieder werden von der Gesamtkommission gewählt.

14.

Diese Ordnung tritt am 1. Januar 1907 in Kraft. Zum 1. Dezember 1907 ist dem Gemeinderat über die gemachten Erfahrungen eingehend zu berichten.

## 2. Arbeitslosen-Versicherung und -Unterstützung der Stadtgemeinde Erlangen.

**Vom 20. Dez. 1908 / 5. Jan. 1909.**

§ 1. Zur Unterstützung arbeitsloser gelernter Arbeiter, die sich mit Rücksicht auf ihren Beruf und ihre körperliche Beschaffenheit zu den üblichen Notstandsarbeiten nicht eignen, wird aus Anlaß der zurzeit besonders mangelnden Arbeitsgelegenheit versuchsweise für das Jahr 1909 der Betrag von höchstens 1200 ℳ bewilligt.

§ 2. Davon erhalten die hier heimatberechtigten und wohnenden verheirateten und unverheirateten und hier seit mindestens 3 Jahren wohnenden verheirateten Arbeitslosen, wenn sie einer hiesigen Arbeitslosenversicherung (Unterstützungs-) Kasse angehören, zu dem Unterstützungsbetrag ihrer Kasse einen gemeindlichen Zuschuß.

§ 3. Der gemeindliche Zuschuß wird nur gewährt, wenn die Arbeitslosigkeit unverschuldet durch Mangel an Arbeit, und nicht etwa durch Streiks, Aussperrungen und deren Folgen, Krankheit, Unfall oder Invalidität verursacht ist. Der gemeindliche Zuschuß wird auch dann nicht gewährt, wenn für den ursprünglich unterstützungsberechtigten Arbeitslosen nachträglich der Fall des Streiks oder der Aussperrung eintritt.

§ 4. Der gemeindliche Zuschuß beträgt die Hälfte des Unterstützungssatzes, den der Arbeitslose von seiner Arbeitslosenversicherungs- (Unterstützungs-) Kasse erhält, darf aber den Betrag von 60 ₰ für den Unterstützungstag nicht überschreiten.

§ 5. Der gemeindliche Zuschuß dauert höchstens 6 Wochen und endigt, sobald dem Arbeitslosen passende Arbeit im Beruf nachgewiesen wird.

§ 6. Einen Anspruch auf diesen gemeindlichen Zuschuß erhalten die Angehörigen der bezeichneten hiesigen Kassen dann, wenn deren Verwaltung es beim Magistrat generell beantragt und sich den Bestimmungen dieser Ordnuug unterwirft.

§ 7. Diese Kassen haben dem Stadtmagistrat ihre Statuten und ihre Kassenordnung vorzulegen und müssen gesondert von sonstigen Zwecken verwaltet werden. Sie haben ein laufendes Register zu führen, worin regelmäßig eingetragen wird:

a) Name, Vorname, Wohnung, Beruf aller Mitglieder, die Arbeitslosenunterstützung erhalten.

b) Der Betrag der Unterstützung, die von der Kasse dem einzelnen Arbeitslosen statutengemäß geleistet wird.
c) Der Betrag, der von der Stadt täglich dem einzelnen Arbeitslosen zugeschossen wird.
d) Tag des Beginns der Arbeitslosigkeit sowie des Beginns der Unterstützungsberechtigung.
e) Die Anzahl der Tage der Arbeitslosigkeit sowie der Tage, für die ein Unterstützungsanspruch besteht.

§ 8. Jeder Arbeitslose, der den gemeindlichen Zuschuß beansprucht, muß sich spätestens am 1. Werktag nach Eintritt der Arbeitslosigkeit auf dem städtischen Arbeitsamt eintragen lassen und sich dort täglich in der festgesetzten Stunde zur Kontrolle melden. Von dem Tag der Eintragung beim städtischen Arbeitsamt läuft eine 7 tägige Karenzfrist. Nur für diejenigen Tage, für welche die Meldung im städtischen Arbeitsamt nachgewiesen ist, wird der gemeindliche Zuschuß bezahlt.

§ 9. Die Kassen zahlen ihren Mitgliedern den Betrag des städtischen Zuschusses vorschußweise aus. Bis zum 15. jeden Monats reichen sie dem Magistrat die Rechnung des vergangenen Monats mit der Abschrift ihrer Arbeitslosenliste ein.

Wird die Rechnung nicht rechtzeitig eingereicht, so ist der städtische Zuschuß erst im folgenden Monat zu zahlen.

§ 10. Die Kassen gestatten dem Beauftragten des Magistrats die Kontrolle ihrer Buchführung zum Zwecke der Beobachtung der Bestimmung dieser Ordnung.

§ 11. Wer es versucht, unberechtigterweise den gemeindlichen Zuschuß zu erhalten, wird vorbehaltlich strafrechtlicher Ahndung von der Zuschußgewährung auf die Dauer eines Jahres ausgeschlossen.

Wird nachgewiesen, daß ein Beamter einer Kasse im Einverständnis mit dem Betrüger gehandelt hat, so kann diese auf ein Jahr von dem

Bezug des städtischen Zuschusses ausgeschlossen werden.

§ 12. Der in den vorstehenden Paragraphen festgesetzte gemeindliche Zuschuß wird in der gleichen Höhe und Dauer auch solchen arbeitslosen gelernten Arbeitern, die nicht einer Arbeitslosenversicherungs- (Unterstützungs-) Kasse angehören, gegeben, wenn von ihnen im übrigen die in den vorstehenden Paragraphen festgesetzten Voraussetzungen, Bedingungen und Auflagen erfüllt sind und werden. Kommen dabei für die Berechnung des Zuschusses verschiedene Unterstützungs-Sätze und -Zeiten in Betracht, so wird die Durchschnittsziffer hiervon angenommen. Der gemeindliche Zuschuß wird in diesen Fällen von der Stadtkämmerei ausbezahlt.

§ 13. Über Streitigkeiten aus dieser Ordnung entscheidet ein aus drei Personen bestehendes Schiedsgericht. Vorsitzender ist der Magistratsvorstand oder der von diesem bestimmte Stellvertreter, der eine Beisitzer wird vom Magistrat gewählt und der andere Beisitzer wird aus der Zahl der Arbeitsnehmer von dem Kollegium der Gemeindebevollmächtigten gewählt.

§ 14. Diese Ordnung tritt am 1. Januar 1909 in Kraft.

### 3. Auszug aus dem Reglement für das Städtische Arbeitsamt in Bern. Vom 4. Mai 1900.

Art. 1. Das städtische Arbeitsamt hat zur Aufgabe die Vermittlung von Arbeitsnachfrage und Arbeitsangebot und die Verwaltung einer besonderen Versicherungskasse gegen Arbeitslosigkeit.

### III. Bestimmungen betreffend die Versicherungskasse gegen Arbeitslosigkeit

Art. 11. Die Versicherungskasse gegen Arbeitslosigkeit wird gespiesen:

1. durch den Beitrag der Gemeinde;
2. durch die Mitgliederbeiträge;
3. durch die Beiträge der Arbeitgeber;
4. durch freiwillige Gaben usw.

Die Gemeinde zahlt einen jährlichen Beitrag von 12000 Frcs., in dem Sinne, daß ein allfälliger Überschuß der Kasse verbleibt und auf das folgende Rechnungsjahr vorzutragen ist. Dagegen haftet die Gemeinde nicht für ein Mehreres und sind allfällige Ausgabenüberschüsse von der Kasse selbst zu bestreiten.

Art. 12. Jeder in der Gemeinde Bern sich aufhaltende oder niedergelassene Bürger, welcher arbeitsfähig ist und das 60. Altersjahr nicht überschritten hat, kann der Versicherungskasse gegen Arbeitslosigkeit beitreten.

Der Beitritt geschieht durch Anmeldung bei seinem Arbeitgeber oder beim Präsidenten seines Fachvereins oder direkt beim Vorsteher der Anstalt.

Jeder Gemeindearbeiter ist unter den im Abs. 1 genannten Voraussetzungen verpflichtet, Mitglied der Versicherungskasse zu werden.

Art. 13. Vom 1. April jeden Jahres an haben die Anmeldestellen dem Vorsteher der Anstalt jeweilen monatlich die Verzeichnisse der neu eingetretenen Mitglieder einzureichen.

Art. 14. Jeder in die Kasse eingetretene Arbeiter ist verpflichtet, vom Datum der Anmeldung an, monatlich 70 Cts. als Beitrag an die Kasse zu leisten. Die im Laufe eines Monats eingetretenen Arbeiter haben auf Ende dieses Monats den ganzen Monatsbeitrag zu bezahlen.

Art. 15. Jede Anmeldestelle übermittelt monatlich an die Kasse mit dem monatlichen Verzeichnisse der betreffenden Mitglieder den Betrag ihrer Monatsprämien.

Art. 16. Die Verwaltung der Anstalt sucht bei eintretender Arbeitslosigkeit, in Verbindung mit den Stadtbehörden, den Arbeitslosen Arbeit zu verschaffen. Zu diesem Zwecke wird die städtische Baudirektion aufschiebbare Arbeiten, wenn immer tunlich, während der Winterszeit und durch arbeitslose Mitglieder der Versicherungskasse ausführen lassen. Bei faktisch eingetretener Arbeitslosigkeit setzt die Kommission den täglichen Beitrag an die Arbeitslosen monatlich fest.

Derselbe beträgt im Maximum 1½ Frcs. täglich für den alleinstehenden Arbeitslosen und 2 Frcs. täglich für denjenigen, welcher für weitere Familenglieder zu sorgen hat. Die Ausrichtung dieses Tagegeldes tritt jedoch erst nach einer Woche wirklich konstatierter Arbeitslosigkeit und nach mindestens achtmonatlicher Zugehörigkeit zur Kasse und vollständiger Bezahlung der acht Monatsbeiträge in Kraft.

Der Zeitpunkt, auf welchen die Ausrichtung des Tagegeldes beginnen und aufhören soll, wird von der Kommission festgesetzt.

Art. 17. Die Ausrichtung der Beiträge an die Mitglieder der Kasse erfolgt unter Berücksichtigung von Art. 16 unter folgenden Bedingungen:

1. die Mittel der Versicherungskasse dürfen nicht zur Unterstützung solcher Mitglieder verwendet werden, welche ihre Arbeitslosigkeit durch Faulheit oder Liederlichkeit selbst verschuldet oder angebotene Arbeit ohne genügenden Grund abgelehnt haben;
2. sie dürfen auch nicht verwendet werden zur Unterstützung von Streikenden;
3. allfällige Anstände wegen Ausrichtung der Arbeitslosenunterstützung werden von der Kommission erledigt.

Die Subkommission der Versicherungskasse unterstützt das Anstaltspersonal in seinen Funktionen.

Art. 18. Sollten sich zwischen der Verwaltung und Mitgliedern der Kasse Anstände erheben, so entscheidet dieselben das Gewerbegericht der Stadt Bern als Schiedsgericht endgültig.

## IV. Schluß- und Übergangsbestimmungen.

Art. 19. Dieses Reglement tritt auf 1. Juni 1900 in Kraft. Auf diesen Zeitpunkt wird das vom

Stadtrate unterm 8. März 1895 aufgestellte Reglement aufgehoben.

Für das Jahr 1900 genügt es, wenn ein Mitglied, um bezugsberechtigt zu sein, während sechs Monaten der Kasse angehört hat.

## Ausführungsbestimmungen zum Reglement der Versicherungskasse gegen Arbeitslosigkeit in der Gemeinde Bern.

Vom 3. Juli 1900.

Zu dem vom Stadtrate aufgestellten Reglement für die Versicherungskasse gegen Arbeitslosigkeit werden von der bestellten Verwaltungskommission die nachstehenden Ausführungsbestimmungen erlassen.

Art. 1. Die Mitglieder der Versicherungskasse gegen Arbeitslosigkeit in der Gemeinde Bern sind verpflichtet, regelmäßig ihre monatlichen Beiträge zu entrichten.

Die Mitgliedschaft beginnt mit Anfang desjenigen Monats, in welchem der erste Beitrag entrichtet wird.

Art. 2. Die Mitglieder der Versicherungskasse gegen Arbeitslosigkeit erhalten beim Eintritt ein besonderes Mitgliederbüchlein. Dasselbe enthält das Reglement, die Ausführungsbestimmungen und den nötigen Raum zum Einkleben der Versicherungsmarken.

Art. 3. Die Entrichtung des Beitrages geschieht vermittels Ankauf von Versicherungsmarken zu 70 Cts. per Monat und Einkleben derselben in die Mitgliederbüchlein.

Art. 4. Die Marken der Versicherungskasse gegen Arbeitslosigkeit in der Gemeinde Bern können gekauft werden:

a) im Bureau des städtischen Arbeitsamtes,
b) im Bureau des Arbeitersekretärs und bei den Ablagen des Handlangerbundes,

c) bei denjenigen Arbeitgebern, welche Anmeldungen zum Beitritt entgegennehmen,
d) bei den Fachvereinen, deren Mitglieder der Versicherungskasse beigetreten sind.

Art. 5. Auf dem städtischen Arbeitsamt können die Marken an Wochentagen von 9—11 Uhr vormittags bezogen werden.

An Sonntagen ist das Arbeitsamt zum Ankauf von Marken und zur Kontrollierung der Mitgliederbüchlein geöffnet, und zwar von 10—11 Uhr vormittags.

Allfällige Abweichungen von dieser Verfügung werden im Stadtanzeiger bekannt gemacht.

Art. 6. Spätestens alle 2 Monate müssen die Mitgliederbüchlein zur Kontrollierung und Abstempelung der Marken auf dem Städtischen Arbeitsamt vorgewiesen werden. Bei jährlicher oder halbjährlicher Vorausbezahlung der Versicherungsbeiträge wird von obiger Bestimmung eine Ausnahme gemacht.

Mitglieder, welche wegen Nichtbezahlung der Monatsbeiträge von der Mitgliederliste gestrichen worden sind, haben bei ihrem Wiedereintritt vollständige Nachzahlung zu leisten, insofern nicht der während dieser Zeit erfolgte Wegzug aus der Gemeinde Bern nachgewiesen werden kann.

Art. 7. Diejenigen Mitglieder, welche ihre Versicherungsbeiträge regelmäßig entrichten und sich darüber ausweisen können, daß sie während des Jahres wenigstens 6 Monate im Lohn eines anderen (Arbeitgebers) gearbeitet haben (nur Krankheit und Militärdienst gelten als Entschuldigung), sind berechtigt, bei eingetretener Arbeitslosigkeit während der Monate Dezember, Januar und Februar Taggelder aus der Versicherungskasse zu beziehen, immerhin höchstens auf die Dauer von 10 Wochen eines Winters.

Die Bezugsberechtigung, welche jeweilen am 1. Dezember beginnt, tritt erst nach achtmonatlicher Zugehörigkeit zur Versicherungskasse in Kraft und richtet sich im übrigen nach §§ 15 und 16 des Reglements. Arbeitslosigkeit infolge Arbeitsunfähigkeit wird von der Versicherungskasse nicht berücksichtigt.

Mitglieder, welche mit der Bezahlung der Beiträge mit mehr als 5 Monate im Rückstande sind, werden für das betreffende Jahr vom Bezuge des Tagegeldes ausgeschlossen.

Die Verwaltungskommission setzt den Zeitpunkt fest, auf welchen die Ausrichtung des Tagegeldes aufhören soll.

Art. 8. Behufs Kontrollierung der Bezugsberechtigung wählen die arbeitslosen Mitglieder zwei Delegierte. Diese haben jeweilen die richtige Auszahlung der Tagegelder zu bescheinigen.

Art. 9. Die Auszahlung der Tagegelder nach § 16 des Reglements findet jeweilen am Ende der Woche an die Berechtigten statt.

Art. 10. Für die ersten 30 arbeitslosen Werktage beträgt das Tagegeld das im Reglement vorgesehene Maximum, nämlich 1,50 Frs. für alleinstehende Mitglieder und 2 Frs. für solche, welche für weitere Familienglieder zu sorgen haben.

Für die übrige Zeit wird das Tagegeld je nach dem Stand der Kasse durch die Verwaltungskommission bestimmt.

Art. 11. Die als arbeitslos Angemeldeten müssen sich täglich zweimal zum Appell melden. Zeit und Lokal werden jeweilen von der Verwaltungskommission bestimmt. Ausbleiben beim Appell oder unrichtige Angaben haben den Entzug des Tagegeldes zur Folge, ebenso die Verweigerung genügend bezahlter Arbeit.

Art. 12. Der Beitritt zur Versicherungskasse ist unentgeltlich.

Tritt ein Mitglied aus, so verliert dasselbe alle Rechte an die Versicherungskasse. Wiedereintretende haben die Beiträge für das ganze Jahr zu leisten.

Art. 13. Das Geschäftsjahr der Versicherungskasse beginnt jeweilen mit dem 1. April und endigt mit dem 31. März des folgenden Jahres. Auf 1. Mai jeden Jahres wird die Verwaltungskommission dem Gemeinderat nach § 6 des Reglements über ihre Tätigkeit sowie über den Stand der Versicherungskasse ausführlich Bericht erstatten.

Der Bericht und die Rechnung sind den Mitgliedern in öffentlicher Versammlung, an welcher auch allfällige Wünsche entgegengenommen werden, zur Kenntnis zu bringen.

Der Jahresbericht nebst einem Auszug aus der Jahresrechnung werden den Mitgliedern gedruckt zugestellt.

Art. 14. Abänderungen dieser Ausführungsbestimmungen können durch die Verwaltungskommission vorgenommen werden.

## B. Gemeinnütziger Verein.

### 4. Satzung der Stadtcölnischen Versicherungskasse gegen Arbeitslosigkeit im Winter.

#### I. Zweck, Name, Sitz und Geschäftsbereich.

§ 1.

Die Versicherungskasse bezweckt, in Anlehnung an die Allgemeine Arbeitsnachweisanstalt, eine Versicherung gegen unverschuldete Arbeitslosigkeit für die männlichen Arbeiter in der Stadtgemeinde Cöln, und zwar für die Zeit vom 1. Dezember eines jeden Jahres bis einschließlich 1. März des folgenden Jahres.

Die Kasse führt den Namen:

„Stadtcölnische Versicherungskasse gegen Arbeitslosigkeit im Winter".

Die Kasse hat ihren Sitz in Cöln; ihr Geschäftsbereich beschränkt sich auf das Gebiet der Stadt Cöln.

#### II. Mittel.

§ 2.

Die Geldmittel der Kasse setzen sich zusammen aus:

a) den Beiträgen der Patrone und Ehrenmitglieder,
b) den Beiträgen der Versicherten,
c) dem Beitrage der Stadtgemeinde Cöln,
d) den Zuwendungen von Behörden, Vereinen, Gesellschaften, Arbeitgebern und sonstigen Personen.

## III. Patrone.

§ 3.

Patron wird jeder für seine ganze Lebenszeit durch einmalige Zahlung von mindestens 300 M. Korporationen, Vereine, Aktien- und Handelsgesellschaften können ebenfalls Patrone der Kasse werden.

## IV. Ehrenmitgliedschaft.

§ 4.

Die Ehrenmitgliedschaft, mit welcher kein Recht auf Versicherung verbunden ist, wird erworben, durch Zahlung eines Beitrages von mindestens 5 M für das Geschäftsjahr (vgl. § 39).

Wer mit Zahlung der Beiträge nach erfolgter Mahnung länger als drei Monate im Rückstande bleibt, geht der Ehrenmitgliedschaft verlustig.

## V. Rechte und Pflichten der Versicherten.

### a) Mitgliedschaft.

§ 5.

Als Versicherte können der Kasse unselbständige männliche Arbeiter beitreten, welche mindestens 18 Jahre alt sind, wenigstens ein Jahr ihren Wohnsitz in der Stadtgemeinde Cöln haben und nicht dauernd arbeitsunfähig sind; für solche Arbeiter, die in dem letzten Geschäftsjahre ihre aktive Militärdienstzeit beendigten, genügt ein halbjähriger Wohnsitz in Cöln. Personen, die eine regelmäßige Beschäftigung nicht nachzuweisen vermögen, und sogenannte Gelegenheitsarbeiter können der Kasse nicht beitreten.

Vormerkungen von Versicherungsanträgen für das demnächstige Geschäftsjahr sind zulässig gegen eine Hinterlegung von zwei Wochenbeiträgen (vgl. § 8); sie werden nach Maßgabe ihrer Reihenfolge, falls die Voraussetzungen des Absatzes 1 erfüllt sind und nicht ein Einstellungsbeschluß des Vorstandes (§ 17) ergeht, berücksichtigt.

Mit Beginn des Geschäftsjahres (vgl. § 39) müssen die Versicherungsnehmer, auch die vorgemerkten, einen förmlichen Versicherungsantrag stellen und demselben den Betrag von mindestens zwei Wochenbeiträgen beifügen, sofern sie diese nicht als vorgemerkte Versicherungsnehmer hinterlegten.

Bei Ablehnung des Versicherungsantrages erhält der Antragsteller den eingezahlten Beitrag zurück, bei Annahme des Versicherungsantrages erhält er als Zeichen seiner Mitgliedschaft eine auf seinen Namen lautende Zahlkarte und die Satzung der Kasse.

Die Frist zur Einreichung von Versicherungsanträgen läuft mit dem ersten Samstag im Monat Juni ab. Den bis dahin gestellten nachträglichen Versicherungsgesuchen ist der Betrag für so viele Wochenbeiträge beizufügen, als Wochen seit dem 1. April verstrichen sind.

Für die Vorbemerkung, Stellung und Untersuchung eines Versicherungsantrages wird keine Gebühr erhoben.

Die Mitgliedschaft sämtlicher Versicherter beginnt mit dem ersten Montage im April. Der Versicherungsvertrag bezieht sich lediglich auf das laufende Geschäftsjahr. Die Rechte aus dem Vertrage sind nicht übertragbar.

### b) Erlöschen der Mitgliedschaft.

### § 6.

Die Mitgliedschaft eines Versicherten erlischt:

1. durch den Tod,
2. durch freiwilligen Austritt, welcher der Kassenverwaltung schriftlich anzuzeigen ist,

3. infolge Nichterfüllung der Verpflichtungen (vgl. § 10 und § 16).

§ 7.

Ausgeschiedene Versicherte haben keinen Anspruch an die Kasse oder an das Vermögen derselben.

Eine Rückzahlung der in dem laufenden Geschäftsjahre gezahlten Wochenbeiträge erfolgt bis zum 1. März des jeweiligen Geschäftsjahres, wenn der Versicherte vor dem Beginn seiner Bezugsberechtigung für die Dauer des Geschäftsjahres — also bis 31. März (§ 39) — arbeitsunfähig wird oder stirbt. Im letzteren Falle erfolgt die Rückzahlung nur an die Witwe oder Kinder.

c) Beiträge der Versicherten.

§ 8.

Jeder Versicherte hat zur Kasse im ganzen 34 Wochenbeiträge zu leisten. Außer den bei dem Versicherungsabschluß geleisteten zwei Wochenbeiträgen sind also noch 32 Wochenbeiträge zu entrichten, letztere bei rechtzeitigem Versicherungsabschluß in der Zeit nach dem dritten Montage im April während 32 aufeinanderfolgenden Wochen. Die Höhe der Wochenbeiträge beträgt:

für ungelernte Arbeiter 35 ₰

für gelernte Arbeiter 45 ₰.

Die Erhebung von Nachschuß und die Verteilung von Überschuß ist im Hinblick auf die im § 17 Absatz 3 getroffene Bestimmung ausgeschlossen.

§ 9.

Die Zahlung der Wochenbeiträge ist während der Geschäftsstunden, die gemäß § 40 bekannt zu machen sind, zu leisten. Über dieselben wird Quittung erteilt.

§ 10.

Jeder Versicherte ist verpflichtet, regelmäßig seinen Wochenbeitrag zu leisten. Er darf damit nicht länger als 4 Wochen im Rückstande bleiben, andernfalls verliert er alle seine Anrechte an die Kasse.

Ist nachgewiesenermaßen ohne grobes Verschulden des Versicherten die Zahlung unterblieben, so ist der Ausschuß der Versicherten (vgl. § 26) befugt, die Zahlkarte trotzdem als gültig anzuerkennen.

Vorauszahlung von Wochenbeiträgen ist statthaft.

d) Leistungen der Kasse.

§ 11.

Diejenigen Versicherten, welche ihre Pflichten gegenüber der Kasse vollständig erfüllt haben, sind berechtigt, bei eingetretener unverschuldeter Arbeitslosigkeit, sofern und solange ihnen nicht Arbeit nachgewiesen wird, während der Zeit vom 1. Dezember bis einschließlich 1. März Tagegelder aus der Versicherungskasse zu beziehen.

§ 12.

Jeder Versicherte hat seine eingetretene unverschuldete Arbeitslosigkeit dem Kassenverwalter nachzuweisen.

§ 13.

Die gemäß § 12 als arbeitslos Angemeldeten müssen sich auf Verlangen des Kassenverwalters täglich zweimal in den von diesem angegebenen Stunden an der Geschäftsstelle der Kasse vorstellen.

Wird hierbei dem Versicherten Arbeit nachgewiesen, welche seinem Berufe und seinem bisherigen Verdienste tunlichst entspricht, so ist er zu deren Annahme verpflichtet; er ist jedoch nicht verpflichtet, in eine durch Ausstand freigewordene Stelle einzutreten.

Unverheiratete Versicherte, die in Cöln für keine Angehörigen zu sorgen haben, müssen auch Arbeit außerhalb Cölns annehmen, wenn ihnen solche unter Vergütung des Fahrgeldes nachgewiesen wird.

§ 14.

Der Bezug des Tagegeldes beginnt, sobald unverschuldete Arbeitslosigkeit festgestellt ist, mit dem dritten Werktage nach dem Anmeldungstage der Arbeitslosigkeit und dauert höchstens 8 Wochen.

Sonn- und Festtage sind in die Wartezeit einzurechnen.

Das Tagegeld beträgt für die ersten 20 Tage der Arbeitslosigkeit 2 ℳ, für die übrige Zeit 1 ℳ.

Für diejenigen Versicherten, die in den beiden letzten Geschäftsjahren 3/4 und mehr des zulässigen Gesamtbetrages an Tagegeldern bezogen haben, tritt in dem darauffolgenden Geschäftsjahre eine Beschränkung der Bezugsdauer der Tagegelder in der Weise ein, daß diese Versicherten für die ersten 20 Tage der Arbeitslosigkeit 2 ℳ, dagegen nur für weitere 14 Tage 1 ℳ erhalten.

Für Sonntage, die beiden Weihnachstage, den Neujahrstag und für die Fastnachtstage einschl. Aschermittwoch, werden Tagegelder nicht bezahlt, auch nicht für einzelne Feiertage, an denen der Arbeitgeber oder der Arbeitnehmer die Arbeit aussetzt. Diejenigen Versicherten, die mindestens sechs Arbeitstage vor Weihnachten oder vor den Fastnachtstagen als beschäftigungslos bei der Kasse vorgemerkt waren, erhalten auch für die Weihnachtstage bzw. die Fastnachtstage einschl. Aschermittwoch, Tagegelder.

Mehrmals in der Zeit vom 1. Dezember bis 1. März sich wiederholende Arbeitslosigkeit wird in bezug auf Gewährung der Tagegelder nur als Fortsetzung der ersten Arbeitslosigkeit angesehen.

## § 15.

Die Auszahlung der bis zum Donnerstag Abend fällig gewordenen Tagegelder findet am Samstage einer jeden Woche statt.

## § 16.

Der Versicherte hat keinen Anspruch auf Tagegelder:

a) wenn er die Wochenbeiträge nicht vollständig entrichtet hat,

b) wenn er schon zur Zeit des Versicherungsabschlusses dauernd arbeitsunfähig war,
c) so lange er durch Krankheit oder Arbeitsunfähigkeit arbeitslos ist,
d) wenn die Arbeitslosigkeit durch eigenes Verschulden oder infolge eines Ausstandes eingetreten ist,
e) wenn er nachgewiesene Arbeit (vgl. § 13) ablehnt oder nicht antritt,
f) wenn er von Cöln wegzieht,
g) wenn er der Versicherungskasse wissentlich falsche Angaben gemacht hat.

Ob einer der vorerwähnten Verlustfälle vorliegt, oder ob es nach den Umständen des Falles angemessen ist, die gezahlten Versicherungsbeiträge ganz oder teilweise zurückzuerstatten, entscheidet der Ausschuß der Versicherten (vgl. § 26). Gegen diese Entscheidung steht dem Versicherten wie auch dem Kassenverwalter die Berufung an den Kassenvorstand zu.

Schädigungen der Kasse kann die Kassenverwaltung zivil- und strafrechtlich verfolgen.

§ 17.

Dem Vorstande steht das Recht zu, den Abschluß von Versicherungsverträgen jederzeit einzustellen.

Zu einer solchen Beschlußfassung ist eine Mehrheit von zwei Dritteln der in beschlußfähiger Anzahl Anwesenden erforderlich.

Um jede Möglichkeit, daß die Kasse nicht allen Ansprüchen genügen könne, zu beseitigen, und um außerdem noch die Sicherheit einer Rücklage zu haben, ist der Vorstand verpflichtet, den Abschluß von Versicherungsverträgen einzustellen, sobald die bis dahin erfolgten Abschlüsse zwei Drittel des ganzen Vermögensbestandes einschließlich des städtischen Beitrages in Anspruch nehmen könnten, wobei von der Annahme ausgegangen werden soll, als ob die sämtlichen Versicherten ausnahmslos arbeitslos würden, ihnen auch keine Arbeit überwiesen werden könnte, und sie die in dem § 14 vorgesehenen Tagegelder in der vollen Höhe und während der ganzen Dauer beziehen würden.

## VI. Organe der Kasse.

§ 18.

Organe der Kasse sind der Vorstand, der Ausschuß, der Ausschuß der Versicherten und die Hauptversammlung.

### a) Vorstand.

§ 19.

Der Vorstand besteht aus:

a) dem Oberbürgermeister der Stadt Cöln oder dem von ihm benannten Beigeordneten,

b) dem zeitigen Vorsitzenden der allgemeinen Arbeitsnachweisanstalt in Cöln,

c) 24 Mitgliedern, nämlich 12 nach Maßgabe des § 26 gewählten Versicherten, also Arbeitnehmern, und 12 Patronen oder Ehrenmitgliedern, von denen die eine Hälfte dem Stande der Arbeitgeber angehört, die andere weder Arbeitgeber noch Arbeitnehmer ist, und welche in einer, der ordentlichen Hauptversammlung (vgl. § 28) vorausgehenden besonderen Versammlung der Patrone und Ehrenmitglieder für jedes Geschäftsjahr gewählt werden. Den Patronen steht in dieser Versammlung für je 300 *M* des eingezahlten Beitrages eine Stimme zu, jedoch darf kein Patron mehr als zehn Stimmen führen. Jedes Ehrenmitglied hat eine Stimme. Die Wahlen erfolgen nach Maßgabe des § 31. Ausscheidende sind wieder wählbar.

d) außer den in c vorgesehenen Vorstandsmitgliedern werden noch 6 Ersatzmitglieder aus dem Kreise der Patrone und Ehrenmitglieder und 6 Ersatzmitglieder aus dem der Versicherten gewählt, welche in Verhinderungsfällen der unter c Aufgeführten ihres Amtes walten und zwar in alphabetischer Reihenfolge.

§ 20.

Scheidet ein Vorstandsmitglied innerhalb seiner Amtszeit aus dem Vorstande aus, so ist für den Rest der Zeit eine Ergänzungswahl zu veranlassen.

Es bleibt jedoch dem Ermessen des Vorstandes überlassen, diese Wahl bis zu der nächsten ordentlichen Versammlung der Versicherten bzw. Patrone und Ehrenmitglieder zu verschieben. Auch steht dem Vorstande das Recht der Zuwahl bis zu dieser nächsten ordentlichen Versammlung zu.

Die Zahl der sämtlichen Vorstandsmitglieder darf nicht unter 18 heruntersinken.

§ 21.

Der Vorstand wählt aus seiner Mitte für jedes Geschäftsjahr den Vorsitzenden, seinen Stellvertreter und den Schriftführer, seinen Stellvertreter und den Schatzmeister und seinen Stellvertreter. Zum ersten Vorsitzenden kann nur ein Patron oder Ehrenmitglied gewählt werden.

Die Wahl geschieht durch Stimmzettel. Bei Stimmgleichheit entscheidet das vom Vorsitzenden zu ziehende Los. Nur wenn niemand Widerspruch erhebt, kann sie durch Zuruf erfolgen. Zum Vertretungsnachweis dieser Vorstandsmitglieder nach außen dient eine Bescheinigung des Oberbürgermeisters der Stadt Cöln, welchem zu dem Behufe die jedesmaligen Wahlverhandlungen mitzuteilen sind.

§ 22.

Der Vorstand versammelt sich auf Einladung seines Vorsitzenden nach dessen Ermessen oder wenn drei Mitglieder es schriftlich unter Angabe der Gründe beantragen. Zur Gültigkeit eines Beschlusses ist die Anwesenheit von sechs Versicherten und sechs Patronen oder Ehrenmitgliedern erforderlich.

Die bezüglichen Einladungen erfolgen schriftlich unter Mitteilung der Tagesordnung, in der Regel 8 Tage vorher.

Die Beschlüsse werden nach Stimmenmehrheit gefaßt, bei Stimmengleichheit entscheidet die Stimme des Vorsitzenden.

§ 23.

Der Schriftführer nimmt über die Verhandlungen des Vorstandes und der Hauptversammlung eine Niederschrift auf, welche von ihm und dem Vorsitzenden zu vollziehen und gleich den übrigen Schriftstücken der Versicherungskasse von ihm aufzubewahren ist.

§ 24.

Der Schatzmeister verwaltet mit Hilfe des von dem Vorstande angestellten Kassenverwalters und sonstigen Personals die Kasse. Ihm liegt zunächst die Überwachung der Geschäftsführung des Kassenverwalters ob.

In den ersten drei Monaten jedes Geschäftsjahres legt der Schatzmeister dem Vorstande Rechnung für das abgelaufene Jahr und eine Übersicht des Vermögensstandes vor, diese Aufstellungen werden von dem Vorstande und demnächst von den Rechnungsprüfern (vgl. § 30) geprüft, nach Richtigbefund wird ihre Abnahme bei der Hauptversammlung beantragt.

Mit der Abnahme seitens der Hauptversammlung ist die Entlastung des Schatzmeisters und des Vorstandes für das abgelaufene Rechnungsjahr ausgesprochen.

§ 25.

Dem Vorstande liegt die Oberleitung der Versicherungskasse ob, er vertritt sie in allen ihren Angelegenheiten, einschl. derjenigen, welche nach den Gesetzen eine Spezialvollmacht erfordern, soweit sie nicht der Hauptversammlung vorbehalten sind, und bringt die gefaßten Beschlüsse zur Ausführung.

Der Vorsitzende bzw. dessen Stellvertreter, in deren Verhinderung das anwesende älteste Vorstandsmitglied, beruft die Hauptversammlung.

Urkunden, welche die Versicherungskasse vermögensrechtlich verpflichten sollen, sind unter dem Namen der Kasse von dem Vorsitzenden und dem Schriftführer zu vollziehen, soweit nicht für den Abschluß von Versicherungsverträgen unten anderweitige Bestimmungen getroffen sind.

### b) Ausschuß der Versicherten.

§ 26.

Vor Tagung der ordentlichen Hauptversammlung (vgl. § 28) beruft der Kassenverwalter die sämtlichen Versicherten mittels öffentlicher Bekanntmachung behufs Wahl von 12 Personen aus ihrer Mitte und sechs Stellvertretern derselben. Diese vertreten die Versicherten in dem Vorstande und bilden in Gemeinschaft mit dem Kassenverwalter einen Ausschuß der Versicherten. Die Wahl erfolgt für die Dauer des Geschäftsjahres mit der Maßgabe, daß die Gewählten bis zu der im folgenden Jahre stattfindenden Neuwahl eines Ausschusses im Amte verbleiben, sofern sie sich auch für das neue Geschäftsjahr versicherten.

Die ausscheidenden Mitglieder sind wieder wählbar.

Scheidet im Laufe des Geschäftsjahres ein Mitglied des Ausschusses aus, so ist dieser befugt, sich durch Zuwahl aus den Versicherten zu ergänzen.

Der Ausschuß der Versicherten wählt selbst seinen Vorsitzenden und dessen Stellvertreter.

Im übrigen finden auf die Wahl des Ausschusses und seines Vorsitzenden, ferner auf die Versammlungen des Ausschusses die Bestimmungen der §§ 21, 22 und 31 sinngemäße Anwendung, der Ausschuß ist beschlußfähig, wenn drei der gewählten Ausschußmitglieder und der Kassenverwalter anwesend sind.

Jedes Mitglied des Kassenvorstandes hat das Recht, den Ausschußsitzungen mit beratender Stimme beizuwohnen. Dem Vorstande ist daher von jeder Sitzung des Ausschusses unter Angabe der zu beratenden Gegenstände Mitteilung zu machen. Die Zubilligung einer Entschädigung an die Vertreter der Versicherten für entgangenen Arbeitsverdienst ist zulässig und unterliegt der Beschlußfassung des Vorstandes.

c) Hauptversammlung.

§ 27.

Die Hauptversammlung besteht aus den im § 19 unter a und b Genannten, den Patronen, den Ehrenmitgliedern und den in dem jeweilig laufenden Geschäftsjahre Versicherten. Von dem Zutritte zur Hauptversammlung sind jedoch diejenigen Versicherten ausgeschlossen, welche mit der Zahlung der Beiträge im Rückstande sind.

Die zur Hauptversammlung zutrittsberechtigten Mitglieder derselben haben alle gleiches Stimmrecht.

Das Stimmrecht der als Patrone der Kasse beigetretenen Korporationen, Vereine, Aktien- und Handelsgesellschaften wird durch deren Bevollmächtigte ausgeübt.

Zur Beschlußfähigkeit ist die Anwesenheit von mindestens einem Fünftel der zutrittsberechtigten Mitglieder erforderlich.

Eine zweite, zur Verhandlung über denselben Gegenstand einberufene Hauptversammlung ist unter allen Umständen beschlußfähig.

§ 28.

Die Hauptversammlung wird gehalten in ordentlicher Sitzung alljährlich in der Zeit vom 1. April bis 1. Juli, in außerordentlicher Sitzung nach dem Ermessen des Vorstandes, oder wenn mindestens dreißig der in der Hauptversammlung zutrittsberechtigten Mitglieder schriftlich unter Angabe der Gründe sie beantragen und der Vorstand zur Einberufung seine Zustimmung gibt.

In dem letzteren Falle hat die Berufung innerhalb 20 Tagen zu erfolgen.

§ 29.

Die Einladung zur Hauptversammlung erfolgt durch öffentliche Bekanntmachung.

Dieselbe muß mindestens 10 Tage vorher unter Angabe der Beratungsgegenstände geschehen.

Nachträgliche Anträge zur Hauptversammlung sind mindestens 7 Tage vor deren Zusammentritt bei dem Vorstande anzumelden und ebenfalls bekannt zu machen.

§ 30.

Die Hauptversammlung wird von dem Vorsitzenden des Vorstandes oder dessen Stellvertreter, in deren Verhinderung von dem ältesten Vorstandsmitgliede geleitet. Die ordentliche Hauptversammlung nimmt den Jahresbericht des Vorstandes über die Wirksamkeit der Kasse in dem abgelaufenen Jahre, sowie den Bericht des Schatzmeisters und den Abschluß der Jahresrechnung entgegen, beschließt über die Entlastung des Schatzmeisters und des Vorstandes, wählt die Rechnungsprüfer und beschließt über etwaige von dem Vorstande vorgelegte oder von zutrittsberechtigten Mitgliedern rechtzeitig angemeldete Anträge.

§ 31.

Bei allen Beschlüssen entscheidet die einfache Mehrheit der anwesenden Stimmen mit Ausnahme der in den §§ 37 und 38 getroffenen Beschränkungen.

Bei Stimmengleichheit entscheidet die Stimme des Vorsitzenden. Vertretung durch Vollmacht auch in anderen als in den in § 27 aufgeführten Fällen ist zulässig. Die Wahlen erfolgen mittels Stimmzettel. Nur wenn niemand Widerspruch erhebt, können sie durch Zuruf geschehen.

Ergibt sich bei den Wahlen keine einfache Mehrheit, so findet eine enge Wahl zwischen denjenigen statt, welche die meisten Stimmen erhalten haben, es wird in diesem Falle die doppelte Zahl der zu Wählenden in die engere Wahl gebracht, bei Stimmengleichheit entscheidet das von dem Vorsitzenden des Vorstandes zu ziehende Los.

## VII. Laufende Verwaltung der Kasse.

### § 32.

Die laufende Verwaltung der Versicherungskasse wird einem Geschäftsführer (Kassenverwalter) übertragen, welchem die nötigen Angestellten beigegeben werden.

Sie stehen unter der unmittelbaren Aufsicht des Vorstandes, besonders des Schatzmeisters, und haben dessen Weisungen pünktlich und unweigerlich Folge zu leisten sowie die Kassengeschäfte genau nach den Vorschriften der von dem Vorstande erlassenen Geschäftsanweisung zu führen.

### § 33.

Der Kassenverwalter ist zum Abschluß von Versicherungsverträgen gemäß den ihm von dem Vorstande zu erteilenden allgemeinen Anweisungen bevollmächtigt.

### § 34.

Der Kassenverwalter erhebt die Beiträge der Patrone und Ehrenmitglieder, sowie die sonstigen der Kasse zufließenden Gelder und bescheinigt den Empfang derselben.

Er leistet die Zahlungen der Kasse und hat insbesondere die Auszahlung der Tagegelder an die Versicherten zu bewirken.

### § 35.

Der Kassenverwalter hat in der Zeit vom 1. Dezember bis zum 1. März wöchentlich, sonst monatlich, dem Schatzmeister der Kasse einen Bericht über den Bestand der Versicherungen und der Kasse einzureichen.

Außerdem hat er innerhalb des ersten Monats nach Schluß des Geschäftsjahres dem Vorstand einen schriftlichen Bericht über die Wirksamkeit der Kasse zu erstatten.

### § 36.

Die Anlegung der verfügbaren Bestände der Versicherungskasse erfolgt durch den Vorstand. Die Art der Anlegung unterliegt der Genehmigung der Aufsichtsbehörde.

## VIII. Änderung der Satzung.

§ 37.

Änderungen der Satzung sind nur zulässig, wenn sie von einer eigens hierzu berufenen Hauptversammlung beschlossen werden. Über dieselben muß getrennt, einerseits von den in § 19 unter a und b Genannten, den Patronen und Ehrenmitgliedern, und andererseits von den Versicherten Beschluß gefaßt werden. Sie gelten als beschlossen nur dann, wenn in jeder der beiden abstimmenden Gruppen zwei Drittel der Anwesenden dafür gestimmt haben.

Die beschlossenen Änderungen bedürfen der Genehmigung des Regierungspräsidenten und treten erst in Kraft, wenn sie diese Genehmigung erhalten haben und öffentlich bekannt gemacht worden sind.

## IX. Auflösung der Kasse.

§ 38.

Die Auflösung der Kasse tritt ein, sobald dieselbe in zwei außerordentlichen Hauptversammlungen, von denen die zweite nicht früher als sechs Wochen nach der ersten abgehalten werden darf, beschlossen worden ist. Dieser Beschluß muß getrennt erfolgen, einerseits von den im § 19 unter a und b Genannten, den Patronen und Ehrenmitgliedern, und andererseits von den Versicherten. Er hat nur dann Gültigkeit, wenn in jeder der beiden abstimmenden Gruppen drei Viertel der Anwesenden dafür gestimmt haben.

Diese beiden außerordentlichen Hauptversammlungen können nur in den ersten drei Monaten des Geschäftsjahres abgehalten werden.

In dem Falle der Auflösung der Kasse geht ihr gesamtes Vermögen in das Eigentum der Stadt Cöln über, welche dasselbe zur Verbesserung der Lage der Arbeitnehmer oder zu einem anderen sozialen Zweck zu verwenden hat.

## X. Allgemeine und Aufsichtsbestimmungen.

### § 39.

Das Geschäftsjahr der Kasse dauert vom 1. April eines jeden Jahres bis zum 31. März des nächstfolgenden Jahres einschließlich.

### § 40.

Bekanntmachungen der Kasse erfolgen in der Regel durch den Stadt-Anzeiger der Kölnischen Zeitung, den Kölner Lokal-Anzeiger, das Kölner Tageblatt und die Rheinische Zeitung.

### § 41.

Die Aufsicht über die Kasse wird im Auftrage des Regierungspräsidenten von dem Oberbürgermeister der Stadt Cöln wahrgenommen. Er überwacht die Befolgung der Vorschriften der Satzung, ist befugt, von allen Verhandlungen, Büchern und Rechnungen der Kasse Einsicht zu nehmen und die Kasse zu revidieren. Er kann die Berufung der Kassenorgane zu Sitzungen verlangen und, falls diesem Verlangen nicht entsprochen wird, die Sitzungen selbst anberaumen. In den auf seine Veranlassung anberaumten Sitzungen kann er die Leitung der Verhandlungen übernehmen. Solange der Vorstand oder die Hauptversammlung nicht zustande kommt oder die Organe der Kasse die Erfüllung ihrer satzungsgemäßen Obliegenheiten verweigern, kann er die Befugnisse der Kassenorgane selbst oder durch von ihm zu bestimmende Vertreter wahrnehmen.

Gegen Beschlüsse des Vorstandes und der Hauptversammlung kann er binnen 8 Tagen, nachdem sie gefaßt sind, mit verhindernder Wirkung Einspruch erheben.

Dem Vorsitzenden steht das Recht zu, gegen den Einspruch bei dem Regierungspräsidenten innerhalb zwei Wochen nach Zustellung Beschwerde einzulegen, richtet sich der Einspruch gegen Beschlüsse der Hauptversammlung, so ist der Vorstand zur Einlegung der Beschwerde bei dem Regierungspräsidenten verpflichtet.

§ 42.

Die Satzung vom 22. März 1903 wird aufgehoben. An ihrer Stelle tritt die vorstehende Satzung mit dem 1. April 1905 in Kraft.

Cöln, den 26. März 1905.

Der Vorsitzende Schmalbein.

---

Cöln, den 3. April 1905.

Genehmigt!

Der Regierungspräsident.

J. V.:

Ewald.

## Allgemeine Anweisungen gemäß §§ 32 und 33 der Satzung Nr. 4.

1. Denjenigen Arbeitern, die sich zu versichern gedenken, ist im Kassenlokale Gelegenheit zu geben, sich mit der Satzung bekannt zu machen.
2. Der Versicherungsantrag ist in der Regel vom Antragsteller persönlich zu stellen, Formulare dazu sind unentgeltlich zu verabfolgen. Der Antrag muß den Vermerk tragen, daß die Satzung und die Anweisungen für den Kassenverwalter dem Antragsteller bekannt sind und anerkannt werden.
3. Der Kassenverwalter hat den Antrag auf den § 5 der Satzung hin zu prüfen. Alle Anträge, die diesem und dem Zwecke der Kasse nicht entsprechen, sind zurückzuweisen.

   Gegen die Zurückweisung steht dem Antragsteller Berufung an den Ausschuß der Versicherten zu.

   Gegen die Entscheidung des Ausschusses steht sowohl dem Antragsteller wie auch dem Kassenverwalter weitere Berufung an den Kassenvorstand zu.

4. Meldet sich in der Bezugszeit ein Versicherter als arbeitslos, oder muß er seine Arbeit umständehalber aussetzen, so hat der Kassenverwalter gemäß § 12 einen Nachweis zu verlangen, aus dem sich die unverschuldete Arbeitslosigkeit mit Bestimmtheit ergibt.

5. Dem arbeitslosen Versicherten sind, nachdem er den in Abs. 4 vorgesehenen Nachweis erbracht hat, die Tage der Arbeitslosigkeit, an denen er sich gemäß § 13 dem Kassenverwalter vorzustellen hat, halbtäglich in eine Zahlkarte abzustempeln. Diese Abstempelung ist für die Auszahlung der Tagegelder maßgebend, sie hat mit dem halben Tage der Arbeitslosigkeit zu erfolgen, an welchem der in Abs. 4 vorgesehene Nachweis erbracht wurde, ohne Rücksicht darauf, daß die Arbeitslosigkeit schon älteren Datums ist. Dieses ist sowohl bei der ersten als auch bei jeder weiteren Arbeitslosigkeit zu beachten.

6. Die Ausstellung der Zahlkarte ist kostenfrei, für eine verloren gegangene oder verdorbene kann gegen Erstattung von 20 ₰ eine neue ausgestellt werden.

7. Die Auszahlung der Tagegelder hat gegen Quittung des Versicherten zu erfolgen.

In der Regel erfolgt die Auszahlung an den Versicherten persönlich. In Verhinderungsfällen muß der mit der Erhebung Beauftragte außer einem Ausweis über seine Person die Zahlkarte des Versicherten vorlegen.

Die Auszahlung erfolgt nur an Samstagen.

8. Der Kassenverwalter hat jederzeit für Ruhe und Ordnung streng Sorge zu tragen. Versicherte, die hiergegen verstoßen, und solche, die betrunken die Geschäftsräume betreten, sind zunächst zu verwarnen, im Wiederholungsfalle ist jedoch solchen Personen das Lokal zu verbieten.

## C. Arbeiterorganisationen.

### 5. Beschlüsse des Vorstandes des Verbandes der Deutschen Buchdrucker über die zu gewährenden Unterstützungen. (Freie Gewerkschaft.)

a) Reiseunterstützung.

§ 1. Verbandsmitglieder, die mindestens 6 Wochen konditioniert und Beiträge zu den Kassen des Verbandes der Deutschen Buchdrucker entrichtet haben, erhalten, wenn sie sich innerhalb Deutschlands auf der Reise befinden, um Arbeit zu suchen, eine Reiseunterstützung von 1 *M* pro Tag auf die Dauer von 280 Tagen.

Solche Verbandsmitglieder, die mindestens 75 Wochen konditioniert und Beiträge geleistet haben, erhalten eine Reiseunterstützung von 1,25 *M* pro Tag. Die Dauer der Unterstützung beträgt hier ebenfalls 280 Tage.

Verbandsmitglieder, welche infolge Einführung oder Aufrechterhaltung der vom Vorstande des Verbandes als maßgebend anerkannten Bestimmungen in bezug auf Arbeitspreise und Arbeitszeit oder wegen ihrer Verbandsmitgliedschaft arbeitslos werden, erhalten die Reiseunterstützung von täglich 1 *M* auch dann, wenn sie noch nicht 6 Wochenbeiträge geleistet haben.

Reiseunterstützung für eine Reisedauer von einem Tage wird nicht gewährt.

Unter der Voraussetzung der Gegenseitigkeit kann die Reiseunterstützung auch den Mitgliedern ausländischer Vereine gewährt werden, die vorstehend im Absatze 2 festgesetzte erhöhte Unterstützung jedoch erst dann, wenn dieselben an einen gegenseitigen Verein mindestens 50 und in Deutschland mindestens 26 Wochenbeiträge entrichtet haben.

§ 5. Mitglieder, welche 280 Tage lang Reisegeld erhielten, werden erst dann wieder bezugsberechtigt, wenn sie 13 bzw. 26 Wochen konditioniert und gesteuert haben.

§ 6. Die Reisenden sind verpflichtet, jede Zahlstelle zu besuchen. Bei Nichtbeachtung dieser Vorschrift werden nur die Tage von der auf der betreffenden Route nächstgelegenen Zahlstelle vergütet. Braucht ein Reisender von einem Erhebungsorte zum andern mehr Tage, den Tag zu 20 km gerechnet, als hiernach erforderlich, so kann von ihm der Nachweis verlangt werden, wo er sich während dieser Zeit aufgehalten hat.

§ 11. Kein Reisegeld resp. keine Reise-Legimation erhält: a) wer am Tage der Abreise noch irgendwelche in Kondition gemachte Reste zu Verbands- resp. Orts-, Bezirks- und Gaukassen schuldet; b) wer seine Arbeitslosigkeit in grober Weise selbst verschuldete; c) wer weniger als 6 Wochenbeiträge entrichtete.

b) Ortsunterstützung.

§ 1. Verbandsmitglieder, welche mindestens 75 Wochenbeiträge entrichtet haben, erhalten bei Arbeitslosigkeit Unterstützung am Orte.

Diese Ortsunterstützung dauert bis zu 10 Wochen (70 Tage) und beträgt bei 75 Wochenbeiträgen pro Tag 1,25 M. — Bei 100 in Arbeit geleisteten Wochenbeiträgen beträgt die Unterstützung pro Tag 1,50 M auf die Dauer bis zu 10 Wochen (70 Tage), bei 150 Wochenbeiträgen bis zu 20 Wochen (140 Tage) und bei 750 Wochenbeiträgen bis zu 40 Wochen (280 Tage).

Mitglieder des Verbandes der Deutschen Buchdrucker welche im Auslande konditionierten, treten nach ihrer Wiederzureise erst nach Leistung eines Wochenbeitrages in ihre früher erworbenen Rechte.

Zureisende und in Kondition tretende Mitglieder gegenseitiger Vereine, welche in ihrem Mutterlande zur Arbeitslosenunterstützung bereits bezugsberechtigt, haben nach Leistung von mindesten 26 Wochenbeiträgen in Deutschland ebenfalls Anspruch auf diese Unterstützung.

Für Solche, welche während oder nach dieser Zeit auf die Reise gehen, gelten die Reisebestimmungen, wobei jedoch die Tage, für welche die Ortsunterstützung bezogen wurde, bei der Reiseunterstützungszeit in Anrechnung kommen.

Gezahlt wird diese Ortsunterstützung wöchentlich postnumerando und zwar nach Ablauf der ersten Woche der Arbeitslosigkeit. Bei Konditionswechsel wird für Arbeitslosigkeit unter zwei Arbeitstagen keine Zahlung geleistet.

Befindet sich ein Mitglied bereits im Bezuge der Unterstützung und unterbricht dieselbe durch eine Aushilfskondition, welche jedoch 6 Wochen nicht überschreiten darf, so findet der Passus betreffs Arbeitslosigkeit unter zwei Arbeitstagen keine Anwendung.

Als Anfang der Arbeitslosigkeit und der dadurch begründeten Ansprüche gilt der Tag der Anmeldung.

§ 2. Wenn die Arbeitslosigkeit infolge Einführung oder Aufrechterhaltung der vom Vorstande des Verbandes als maßgebend anerkannten Bestimmungen in bezug auf Arbeitspreise und Arbeitszeit eingetreten und hierzu die vorherige Genehmigung des Gau- und Verbandsvorstandes eingeholt worden ist, so beträgt die Unterstützung für jedes an den Ort gebundene Mitglied ohne Berücksichtigung der Steuerzeit pro Tag 2 *M* und wird bis zu 10 Wochen (70 Tage) gezahlt. Jedoch hat jede Auszahlung sofort aufzuhören, wenn der Verbandsvorstand die Veranlassung derselben nicht anerkannt. Aushilfskonditionen unter 6 Wochen unterbrechen die laufende Unterstützung d. h. beim Wiedereintritt der Arbeitslosigkeit wird die frühere Unterstützung mit den späteren zusammengezählt. Nach Ablauf dieser Zeit tritt für die übrige Dauer der Bezugsberechtigung die gewöhnliche Orts- resp. Reiseunterstützung ein.

Die nicht an den Ort gebundenen Mitglieder erhalten ein von dem betreffenden Gauvorstande im Einvernehmen mit dem Verbandsvorstande festzusetzende einmalige Unterstützung zur Abreise.

§ 5. Wer die Annahme einer tarifmäßigen Kondition am Wohnorte verweigert oder deren Antritt versäumt, verliert die Unterstützung.

Nicht an den Ort gebundene Mitglieder dürfen eine Kondition auch außerhalb ihres Wohnortes ohne triftige Gründe nicht ablehnen, wenn sie der Unterstützung nicht verlustig gehen wollen.

§ 6. Unterstützung beziehende Mitglieder, welche zu einem anderen Berufe übergehen, erhalten vom Tage des Übertritts ab keine weitere Unterstützung.

Für die in die Arbeitslosigkeit fallende tageweise Beschäftigung, wenn auch in einem anderen Berufe, kommt die Unterstützung in Wegfall.

Verschweigung von auch nur tageweiser Beschäftigung zieht den Verlust der Unterstützung für die jeweilige Arbeitslosigkeit nach sich.

§ 7. Im Falle ein als arbeitslos unterstütztes Mitglied durch Krankheit usw. arbeitsunfähig wird, fällt die Arbeitslosenunterstützung für die Dauer der Arbeitsunfähigkeit weg.

§ 8. Mitglieder, welche nach § 1 ausgesteuert wurden, werden erst dann wieder bezugsberechtigt, wenn sie 26 Wochen von neuem konditioniert und gesteuert haben. Arbeitslose Wochen, zwischen denen nicht 10 Wochen Beschäftigung und Zahlung der Verbandsbeiträge liegen, werden hinsichtlich der Unterstützungszeit zusammengerechnet.

§ 9. Bei grober Selbstverschuldung der Arbeitslosigkeit, erwiesener Nichtbefolgung der durch diese Beschlüsse gemachten Vorschriften und auferlegten Pflichten, insbesondere, wenn noch Beiträge bei eintretender Konditionslosigkeit im Rückstande geblieben sind, wird die Unterstützung für die Dauer der jeweiligen Arbeitslosigkeit entzogen.

### 6. Statut des Ortsvereins Charlottenburger Buchdrucker.

§ 9.

Leistungen des Vereins.

Bei einer Mitgliedschaft von 52 Wochen kann die Ortskasse auf die Dauer von sechs Wochen eine Unterstützung von 1,50 ℳ pro Woche zahlen; jedoch wird diese nur bei sechs hintereinander folgenden arbeitslosen Tagen gezahlt.

Arbeitslose Wochen, zwischen denen nicht zehn Wochen Beschäftigung und Zahlung der Beiträge liegen, werden hinsichtlich der Unterstützungszeit zusammengerechnet.

Zum Wiederbezuge ist eine Steuerzeit von 20 Wochen notwendig.

Für Mitglieder, welche vom Militär entlassen sind und solche, welche Abreiseunterstützung erhielten und wieder zureisen, gilt dasselbe. Zureisende Mitglieder, welche bei ihrer Abreise noch nicht bezugsberechtigt waren, treten in ihre alten Rechte ein.

Beim Eintritt der Arbeitslosigkeit oder Krankheit muß der Betreffende dem Kassierer innerhalb acht Tagen davon Mitteilung machen, ebenso bei Abreise oder Wiederantritt der Kondition, widrigenfalls derselbe den Anspruch auf jede Unterstützung verliert.

### 7. Statut des Verbandes der Porzellan- und verwandten Arbeiter und Arbeiterinnen. (Freie Gewerkschaft.)

Arbeitslosenunterstützung am Ort und auf der Reise.

§ 14.

1. Mitglieder, welche 52 Wochen ununterbrochen dem Verbande angehören und für 52

Wochen Beiträge geleistet haben, können bei unfreiwilliger Stellenlosigkeit (ausgenommen die im § 20 Ziffer 1—4 genannten Fälle) unterstützt werden nach Maßgabe nachstehender Unterstützungstabelle:

| Beiträge | Arbeitslosen-Unterstützung pro Woche | pro Tag |
|---|---|---|
| 10 ₰ | 4,00 ℳ | 0,66 ℳ |
| 20 „ | 6,00 „ | 1,00 „ |
| 30 „ | 8,00 „ | 1,33 „ |
| 35 „ | 10,00 „ | 1,66 „ |
| 40 „ | 12,00 „ | 2,00 „ |
| 45 „ | 14,00 „ | 2,33 „ |

An Unterstützung wird der Satz derjenigen Unterstützungsklasse gewährt, für welche im vorhergehenden Jahre der Beitrag gezahlt wurde.

2. Nach 5 jähriger ununterbrochener Mitgliedschaft wird die Unterstützung um 2 ℳ, nach 10jähriger Mitgliedschaft um 3 ℳ wöchentlich erhöht.

3. Die Unterstützung wird gewährt nach einer Beitragsleistung von

| | |
|---|---|
| 52 Wochen bis zu | 6 Wochen |
| 104 „ „ „ | 8 „ |
| 156 „ „ „ | 10 „ |
| 208 „ „ „ | 12 „ |
| 260 „ „ „ | 14 „ |

4. Mitglieder, welche Anspruch auf Unterstützung erheben, haben die Arbeitslosigkeit sofort dem Zahlstellenkassierer zu melden und sich schon während der eventuellen Kündigungszeit um Arbeit zu bemühen.

5. Der Antrag auf Unterstützung ist seitens des Zahlstellenkassierers nach vorheriger Prüfung und Unterschrift der Zahlstellenverwaltung auf dem zu diesem Zwecke vorhandenen Formular sofort nach der Meldung des Mitgliedes an den Vorstand einzureichen.

6. Diejenigen Mitglieder, welche sich auf wissentlich unrechtmäßige Art in den Besitz von Unterstützung setzen, insbesondere durch wissentlich wahrheitswidrige Angaben bezüglich des Grundes

der Stellungslosigkeit, werden ausgeschlossen. Mitglieder, welche solche Ausnutzung des Verbandes wissentlich begünstigen, erhalten, falls ihre Karenzzeit abgelaufen ist, ein Jahr Strafkarenzzeit vom Tage der Entscheidung zugesetzt; ist die Karenzzeit noch nicht abgelaufen, dann wird dieselbe um ein Jahr verlängert. Verwaltungsmitglieder, welche sich solcher Begünstigung schuldig machen, verlieren außerdem dauernd das Recht zur Bekleidung von Vertrauensämtern.

7. Der Anspruch auf Arbeitslosenunterstützung beginnt mit dem 1. Arbeitstage nach dem Tage der Meldung der eingetretenen Stellungslosigkeit beim Zahlstellenkassierer.

§ 15.

1. Die Unterstützung am Ort wird seitens der Zahlstellenkassierer wöchentlich nach Ablauf einer vollen Woche gegen Quittung gezahlt.

2. Für mehr als 6 Tage Unterstützung auf einmal zu zahlen ist unzulässig.

3. Rückständige sowie laufende Beiträge sind von der Unterstützung in Abzug zu bringen.

4. Will ein am Ort unterstütztes Mitglied seinen Wohnsitz verändern und seine Unterstützung weiter beziehen, so hat es einen dementsprechenden Antrag durch die Zahlstellenverwaltung beim Vorstand einzureichen. Besteht in dem betreffenden Ort, nach welchem das Mitglied übersiedeln will, eine Zahlstelle nicht, so hat es über seine Stellungslosigkeit wöchentlich eine glaubhafte Bescheinigung beizubringen. Die etwaige Übersendung der Unterstützung erfolgt in diesem Falle unter Abzug der Portokosten.

§ 16.

1. Den auf Reisen befindlichen unterstützungsberechtigten Mitgliedern wird die Unterstützung ebenfalls gemäß den Bestimmungen des § 14 gewährt, jedoch darf dieselbe nur gegen Vorzeigung des Quittungsbuches und an solche Mitglieder

gezahlt werden, welche sich im Besitz der Reisemarke (diese muß im Quittungsbuch eingeklebt sein) und der Invalidenkarte befinden.

§ 17.

1. Mitglieder, deren Karenzzeit für eine höhere Unterstützungsklasse während des Bezuges von Unterstützung abläuft, erhalten von dem Tage des Ablaufs an die höhere Unterstützung. (Siehe auch § 6 Ziffer 5).

2. Hat ein Mitglied für die nach § 14 Ziffer 3 zulässige Dauer Unterstützung erhalten, so gewinnt es erst nach 52 Wochen wieder Anrecht auf Unterstützung, sofern es in dieser Zeit wieder gearbeitet und die Beiträge für 52 Wochen entrichtet hat und bei Eintritt der Stellungslosigkeit diese 52 Wochen abgelaufen sind. Geringere Unterstützungsdauern werden bis zur statutarischen Höchstdauer zusammen gerechnet, sofern die neue Stellungslosigkeit innerhalb der vorgenannten 52 Wochen fällt. In gleicher Weise werden die Arbeitswochen auf die 52 Wochen Karenzzeit in Anrechnung gebracht, jedoch darf die Unterstützung innerhalb 52 Wochen die Höchstdauer nicht überschreiten.

3. Mitgliedern, welche einen Streik mitgemacht und ihre statutengemäße Unterstützung bezogen haben, kann, wenn sie in ihrer neuen Stelle arbeitslos werden, in einzelnen besonderen Fällen vom Vorstand für eine gewisse Dauer weitere Unterstützung gewährt werden.

4. Jede Art von Erwerb hat das als stellenlos gemeldete Mitglied dem Zahlstellenkassierer sofort anzuzeigen, widrigenfalls der Anspruch auf Unterstützung für die jeweilige Stellungslosigkeit fortfällt.

5. Für die Zeit jedes Erwerbes, sofern derselbe ein festes Lohn- oder Arbeitsverhältnis darstellt (wenn auch nur tageweise), wird Unterstützung nicht gewährt.

6. Jedes Unterstützung beziehende arbeitslose Mitglied ist verpflichtet, sich um Arbeit zu bemühen und ihm angebotene auskömmliche in sein Fach

einschlagende Arbeit anzunehmen, bei Verlust der Unterstützung für die Dauer der betreffenden Stellungslosigkeit.

7. Angenommene nicht auskömmliche oder nicht in das Fach einschlagende Arbeit kann ohne Genehmigung des Vorstandes nur unter Verlust der Unterstützungsberechtigung freiwillig wieder aufgegeben werden.

Nichtanspruchsberechtigte arbeitslose Mitglieder.

§ 20.

Unterstützung kann nicht gewährt werden, wenn:

1. Mitglieder die Arbeit eigenmächtig, das heißt ohne Genehmigung des Verbandsvorstandes eingestellt oder gekündigt haben; es sei denn, daß in den vorhandenen Umständen eine Beschränkung ihrer freien Willensäußerung liegt, oder daß ihnen unverschuldete Ehr- oder Körperverletzung widerfährt; in diesem Falle behalten dieselben nur dann Anrecht auf Unterstützung, wenn sie für die erlittene Unbill Genugtuung auf gerichtlichem Wege fordern.

2. Mitglieder bei Eintritt der Stellungslosigkeit noch nicht 52 Wochen ununterbrochen dem Verbande angehören und für 52 Wochen Beiträge nicht gezahlt haben. (Ausgenommen sind die in § 21 und 22 genannten Fälle).

3. Mitglieder, infolge Natur- und anderer Ereignisse, welche eine Betriebsstörung hervorrufen, zeitweilig die Arbeit aussetzen müssen.

4. Mitglieder die Stellungslosigkeit durch grobes Selbstverschulden herbeigeführt haben.

**8. Statut des Deutschen Transportarbeiter-Verbandes (Freie Gewerkschaft).**

Arbeitslosenunterstützung.

§ 5.

1. Mitgliedern, welche ein Jahr dem Verbande angehören, d. h. 52 Wochenbeiträge gezahlt

haben und arbeitslos werden, kann nach dem siebenten Tage der Arbeitslosigkeit eine Unterstützung gezahlt werden. Dieselbe beträgt:

a) **Für männliche Mitglieder:**

Beitragsklasse 1.

| | | | | | | | | |
|---|---|---|---|---|---|---|---|---|
| Nach | 1 | jähr. | Mitgliedschaft | 5,00 | ℳ | auf | 5 | Wochen |
| „ | 2 | „ | „ | 6,00 | „ | „ | 6 | „ |
| „ | 3 | „ | „ | 7,00 | „ | „ | 7 | „ |
| „ | 5 | „ | „ | 8,00 | „ | „ | 8 | „ |
| „ | 8 | „ | „ | 9,00 | „ | „ | 9 | „ |
| „ | 10 | „ | „ | 10,00 | „ | „ | 10 | „ |

Beitragsklasse 2.

| | | | | | | | | |
|---|---|---|---|---|---|---|---|---|
| Nach | 1 | jähr. | Mitgliedschaft | 4,50 | ℳ | auf | 5 | Wochen |
| „ | 2 | „ | „ | 5,50 | „ | „ | 6 | „ |
| „ | 3 | „ | „ | 6,50 | „ | „ | 7 | „ |
| „ | 5 | „ | „ | 7,50 | „ | „ | 8 | „ |
| „ | 8 | „ | „ | 8,50 | „ | „ | 9 | „ |
| „ | 10 | „ | „ | 9,50 | „ | „ | 10 | „ |

Beitragsklasse 3.

| | | | | | | | | |
|---|---|---|---|---|---|---|---|---|
| Nach | 1 | jähr. | Mitgliedschaft | ,00 | ℳ | auf | 5 | Wochen |
| „ | 2 | „ | „ | 5,00 | „ | „ | 6 | „ |
| „ | 3 | „ | „ | 6,00 | „ | „ | 7 | „ |
| „ | 5 | „ | „ | 7,00 | „ | „ | 8 | „ |
| „ | 8 | „ | „ | 8,00 | „ | „ | 9 | „ |
| „ | 10 | „ | „ | 9,00 | „ | „ | 10 | „ |

b) **Für weibliche und jugendliche Mitglieder.**

| | | | | | | | | |
|---|---|---|---|---|---|---|---|---|
| Nach | 1 | jähr. | Mitgliedschaft | 2,50 | ℳ | auf | 5 | Wochen |
| „ | 2 | „ | „ | 3,00 | „ | „ | 6 | „ |
| „ | 3 | „ | „ | 3,50 | „ | „ | 7 | „ |
| „ | 5 | „ | „ | 4,00 | „ | „ | 8 | „ |
| „ | 8 | „ | „ | 4,50 | „ | „ | 9 | „ |
| „ | 10 | „ | „ | 5,00 | „ | „ | 10 | „ |

2. Die Unterstützung darf jedoch nur einmal im Jahre in Höhe des für die betreffende Mitgliedsdauer vorgesehenen Betrages gezahlt werden.

3. Hat ein Mitglied während einer Arbeitslosigkeit die volle Unterstützung (Abs. 1) erhalten, so kann es erst wieder nach 52 Wochen vom ersten Erhebungstage an gerechnet, weitere Unterstützung beziehen. Ist ein Mitglied innerhalb eines Zeitraumes von 52 Wochen wiederholt arbeitslos, so erhält es insgesamt nur Unterstützung bis zum Höchstbetrage der für die entsprechende Mitgliedsdauer vorgesehenen Summe. Hat ein Mitglied fünf Jahre hintereinander die volle Unterstützung bezogen, dann beginnt die Berechtigung zum Bezuge weiterer Unterstützung erst wieder nach Entrichtung von 104 Wochenbeiträgen.

4. Dem Verbandsvorstande steht das Recht zu, im Einverständnis mit dem Ausschuß die Unterstützung nach dem jeweiligen Kassenbestande zu erhöhen oder zu erniedrigen.

5. Mitglieder, welche sich, ohne triftige Gründe anzugeben, weigern, ihnen nachgewiesene Arbeit anzunehmen, oder solche, durch deren Verschulden ihnen nachgewiesene Arbeiten verloren geht, erhalten für die Dauer der Arbeitslosigkeit keine Unterstützung.

## 1. Arbeitslosenunterstützungs-Reglement.

1. Bei Arbeitslosigkeit kann den Mitgliedern eine Unterstützung entsprechend den in § 5 festgesetzten Bedingungen gewährt werden. Für den Bezug der Unterstützung kommen nachstehende Bestimmungen in Betracht:

Unterstützung erhält:

a) wer ein Jahr Mitglied des Verbandes ist, d. h. 52 Wochenbeiträge gezahlt hat und arbeitslos wird, nach der ersten Woche der Arbeitslosigkeit, entsprechend der in § 5 Abs. 1 festgesetzten Skala.

b) Hat ein Mitglied während einer Arbeitslosigkeit die volle Unterstützung (Abs. 1) bezogen, so kann es erst wieder nach 52 gezahlten

Wochen, vom ersten Erhebungstage an gerechnet, weitere Unterstützung erhalten.

c) Ist ein Mitglied innerhalb eines Zeitraumes von 52 Wochen wiederholt arbeitslos, so erhält es insgesamt nur Unterstützung bis zum Höchstbetrage der für die entsprechende Mitgliedsdauer vorgesehenen Summe.

d) Hat ein Mitglied fünf Jahre hintereinander die volle Unterstützung bezogen, dann beginnt die Berechtigung zum Bezuge weiterer Unterstützung erst wieder nach Entrichtung von 104 Wochenbeiträgen.

Anmerkung: Im voraus gezahlte Wochen kommen nicht in Anrechnung.

2. Das Mitglied hat sich sofort nach Eintritt der Arbeitslosigkeit bei der Ortsverwaltung zu melden; erfolgt die Meldung später, so ist der Tag der Meldung als Beginn der Arbeitslosigkeit zu betrachten.

3. Die Auszahlung der ersten Unterstützung erfolgt am 14. Tage nach dem Tage der Meldung. Die Auszahlung der weiteren Unterstützung erfolgt wöchentlich. Unterstützungen, welche länger als zwei Wochen nach Beendigung der Bezugsberechtigung nicht erhoben werden, gelangen nicht mehr zur Auszahlung.

4. Bei Unterbrechung der Arbeitslosigkeit durch Aushilfsarbeit werden die betreffenden Tage bei Berechnung der Unterstützungen in Abzug gebracht; Sonntage kommen bei der Unterstützung nicht in Anrechnung.

Diejenigen Mitglieder, welche ständig als sogenannte Gelegenheitsarbeiter tätig sind, erhalten, wenn sie innerhalb einer Woche 3 Tage und mehr arbeiten, für die betreffende Woche keine Unterstützung. Eine Zusammenzählung der Tage der Arbeitslosigkeit von aufeinanderfolgenden Wochen ist in derartigen Fällen unzulässig.

5. Die Bezugsberechtigung erlischt, wenn die Aushilfsarbeit länger als vier Wochen dauert, und tritt dann wieder die statutengemäße Karenzzeit

in Kraft. Mitglieder, welche sich weigern, ihnen nachgewiesene Arbeit anzunehmen, oder solche, denen die ihnen nachgewiesene Arbeit durch eigenes Verschulden verloren geht, erhalten für die Dauer der Arbeitslosigkeit keine Unterstützung.

6. Macht ein Mitglied über die Dauer seiner Arbeitslosigkeit oder Aushilfsarbeit unwahre Angaben oder entzieht es sich der vom Vorstand angeordneten Kontrolle, so erhält es für die Dauer der Arbeitslosigkeit keine Unterstützung, außerdem kommen hierbei die Bestimmungen des § 3 Abs. 7 in Anwendung.

7. Zum Zweck der Kontrolle erhält jedes Mitglied beim Beginn der Arbeitslosigkeit eine auf den Inhaber lautende Karte.

8. Dieselbe ist während der Dauer der Arbeitslosigkeit jeden Tag einmal im Bureau der Verwaltungsstelle oder bei dem betreffenden Ortsbeamten zur Abstempelung vorzulegen und nach Beendigung der Arbeitslosigkeit genau ausgefüllt der Ortsverwaltung zu übergeben.

9. Die Ortsverwaltungen sind befugt, die hier vorgeschriebene Kontrolle den jeweiligen örtlichen Verhältnissen entsprechend abzuändern resp. zu ergänzen.

10. Die Auszahlung der Unterstützung darf nur gegen Unterschrift des Empfängers erfolgen.

## 9. Statut des Zentralverbandes der Zimmerer und verwandten Berufsgenossen Deutschlands. Sitz Hamburg (freie Gewerkschaft).

Arbeitslosenunterstützung.

§ 10.

1. Wer dem Verbande ununterbrochen ein Jahr (52 Wochen) lang angehört und für diese Zeit seine statutarischen Beiträge (40 Wochen hindurch) geleistet hat, erhält im zweiten Jahre, wenn er länger als sechs Tage hintereinander wegen Mangels an Arbeit oder ungünstiger Witterung arbeitslos

ist, vom siebenten Arbeitstage ab auf die Dauer von sechs Wochen Unterstützung, und zwar:

| Beitragskl. | pr. Tag | pr. Woche | pr. Jahr |
|---|---|---|---|
| | ₰ | ℳ | ℳ |
| 1 | 75 | 4,50 | 27 |
| 2 | 75 | 4,50 | 27 |
| 3 | 100 | 6,— | 36 |
| 4 | 100 | 6,— | 36 |
| 5 | 100 | 6,— | 36 |

2. Wer dem Verbande ununterbrochen zwei Jahre (104 Wochen) lang angehört und für diese Zeit seine statutarischen Beiträge (zweimal 40 Wochen hindurch) geleistet hat, erhält im dritten Jahre, wenn er länger als sechs Tage hintereinander wegen Mangels an Arbeit oder ungünstiger Witterung arbeitslos ist, vom siebenten Arbeitstage ab auf die Dauer von sechs Wochen aus der Zentralkasse eine höhere Unterstützung, und zwar:

| Beitragskl. | pr. Tag | pr. Woche | pr. Jahr |
|---|---|---|---|
| | ℳ | ℳ | ℳ |
| 1 | 1,— | 6,— | 36 |
| 2 | 1,— | 6,— | 36 |
| 3 | 1,25 | 7,50 | 45 |
| 4 | 1,25 | 7,50 | 45 |
| 5 | 1,25 | 7,50 | 45 |

Feiertage, welche auf einen Wochentag fallen, gelten als Arbeitstage; für solche wird Unterstützung gezahlt.

3. Entscheidend über die Höhe der zu zahlenden Unterstützung ist die Mehrzahl der letzten 40 (Abs. 1) resp. 80 (Abs. 2) geklebten Beitragsmarken.

4. Arbeitslosenunterstützung wird nur in der Zahlstelle ausgezahlt, wo das Mitglied arbeitslos wurde.

5. Mitglieder, welche in einer anderen Zahlstelle zureisen, müssen erst vier Wochen am Ort gearbeitet haben, ehe sie Unterstützung beziehen können.

6. Wer sich im Falle der Arbeitslosigkeit der Kontrolle nicht unterziehen kann, weil er vielleicht zu weit abwohnt vom Orte der Zahlstelle, kann,

wenn er seine Arbeitslosigkeit nachweist, mit der Unterstützung von zwölf Tagen, wenn er für das laufende Jahr Unterstützung noch nicht bezogen und mit der Unterstützung von sechs Tagen, wenn er für das laufende Jahr Unterstützung bezogen hat, aber noch nicht ausgesteuert ist, abgefunden werden. Öfter als einmal im Jahre werden solche Abfindungen jedoch nicht gezahlt.

7. Die Rechte der Mitglieder werden unterbrochen (sie ruhen), wenn dieselben nach vorhergehender Abmeldung vom Verbande

a) zum Militär eingezogen werden,
b) ins Ausland reisen,
c) zu einer Strafhaft eingezogen werden, auf welche der Abs. 11 keine Anwendung findet,
d) die Bauschule absolvieren.

8. Die im Abs. 7 bezeichneten Mitglieder treten, wenn die Wiederanmeldung zum Verbande innerhalb vier Wochen erfolgt, wieder in die Rechte, die sie vor ihrer Abmeldung hatten, wenn es sich dabei

a) um einen Aufenthalt im Auslande bis zur Dauer von drei Monaten handelt,
b) wenn die Bauschule absolviert ist,

9. Handelt es sich jedoch

a) um die Ableistung der militärischen Dienstzeit, (auf zwei resp. drei Jahre),
b) um eine Auslandsreise von längerer Dauer als drei Monate,
c) um die Verbüßung einer Strafe, auf welche der Abs. 11 keine Anwendung gefunden,

dann müssen auf alle Fälle, erst wieder acht Wochenbeiträge geleistet sein, ehe Arbeitslosenunterstützung bezogen werden kann. Vorbedingung ist, daß das Mitglied bei seiner Abmeldung bereits bezugsberechtigt war oder mindestens 32 Wochenbeiträge geleistet hatte.

10. Voraussetzung in den unter Abs. 7, 8 und 9 bezeichneten Fällen ist, daß auch die in den Abs. 1 und 2 auferlegten Pflichten erfüllt sind.

11. Durch Verbüßung von Gefängnisstrafe usw., welche infolge einer Tätigkeit in der Arbeiter-

bewegung verhängt worden ist, und durch militärische Übungen bis zu acht Wochen erleiden die Rechte der Betreffenden keine Unterbrechung.

Die Zeit dieser Strafhaft wird gleichgerechnet der Zeit, für welche Beiträge geleistet sind.

12. Die Gesamtunterstützung in dem Zeitraum eines Jahres darf den Betrag von sechs Wochen, gleich 36 Arbeitstagen, nicht übersteigen. Wer in dem Zeitraum eines Jahres für 36 Tage Arbeitslosenunterstützung bezogen hat, ist ausgesteuert.

13. Ein ausgesteuertes Mitglied wird wieder bezugsberechtigt, sobald seit dem ersten Unterstützungstage der voraufgegangenen Unterstützungsperiode 52 Wochen verstrichen und 40 Wochenbeiträge geleistet sind.

Bei Mitgliedern, welche die Unterstützung nicht hintereinander, sondern mit Unterbrechungen bezogen, verschieben sich dementsprechend die Daten des Bezugsjahres.

14. Die Vorausbezahlung oder Nachzahlung der Beiträge zu dem Zweck, früher bezugsberechtigt zu werden, ist unzulässig.

15. An arbeitslose Mitglieder wird auf alle Fälle nur dann Unterstützung gezahlt, wenn sie sich der vorgeschriebenen Kontrolle unterziehen. Die Kontrollzeit ist von der Zahlstelle festzusetzen und muß innerhalb der ortsüblichen Arbeitszeit liegen. Als arbeitslos gilt ein Mitglied erst von dem Tage ab, wo es sich arbeitslos meldet. Als arbeitslose Tage gelten nur solche, an welchen sich das arbeitslose Mitglied den Anweisungen gemäß kontrollieren läßt. Wer sich länger als drei Tage der Kontrolle entzieht, gilt als in Arbeit getreten. Er hat, wenn er sich wieder meldet, die vorgeschriebene Karenzzeit von sechs Tagen erst wieder durchzumachen.

16. Erhalten Mitglieder, welche die Arbeitslosenunterstützung beziehen, vorübergehende Beschäftigung, so ist dieses der Kontrollstelle bzw. dem Zahlstellenvorstand sofort, spätestens aber tags nach Annahme dieser Beschäftigung zu melden.

17. Handelt es sich dabei um Arbeiten, die nicht über zwölf Arbeitstage währen, so wird dadurch der Bezug der Arbeitslosenunterstützung nur unterbrochen; also nach Beendigung solcher vorübergehenden Beschäftigung ist der Betreffende gleich wieder bezugsberechtigt; dauert hingegen diese Beschäftigung länger als zwölf Tage, so muß die Karenzzeit von sechs Tagen erst wieder durchgemacht werden.

18. Für den Tag des Arbeitsantritts wird keine Unterstützung gezahlt.

19. Werden arbeitslose Mitglieder krank, so hört mit dem Tage der Krankmeldung der Bezug der Arbeitslosenunterstützung auf.

20. Das Verschweigen der unter 16 beschriebenen Unterbrechungen der Arbeitslosigkeit zieht den Verlust der Unterstützung für die jeweilige Dauer der Arbeitslosigkeit nach sich. Dasselbe gilt auch dann, wenn die angebotene Annahme von Arbeit im Berufe verweigert wird.

21. Die Leistung der Arbeitslosenunterstützung kann für die Mitglieder ganzer Zahlstellen von seiten des Zentralvorstandes des Verbandes verweigert werden, wenn

1. die betreffende Zahlstelle sich weigert, die Kontrolle über die Arbeitslosen zu übernehmen oder
2. die vom Zentralvorstand für unzureichend befundene Kontrolle auf dessen Weisung hin nicht ergänzt wird oder
3. wenn Unklarheiten in der Rechnungsführung bestehen und die Zahlstelle bzw. deren Vorstand auf eine dahingehende Weisung des Zentralvorstandes keine Remedur schafft.

Solche Fälle sind jedoch den Mitgliedern durch den „Zimmerer“ bekannt zu machen.

## Reiseunterstützung.

## § 11.

1. In der Zeit vom 1. Dezember bis zum 31. März kann in allen vom Zentralvorstande

benannten Zahlstellen Reiseunterstützung gewährt werden.

2. Für Mitglieder, welche dem Verbande ein Jahr (52 Wochen) angehören, 40 Wochenbeiträge geleistet haben und zum Bezuge von Arbeitslosenunterstützung berechtigt sind, wird Reiseunterstützung in Höhe der Arbeitslosenunterstützung gewährt.

3. Entscheidend für die zu zahlende Unterstützung ist die Mehrzahl der geklebten Beitragsmarken.

4. Bei der Festsetzung der zu beziehenden Unterstützung ist die nach dem 31. März bezogene Arbeitslosenunterstützung in Anrechnung zu bringen.

**10. Statut des Gewerkvereins der deutschen Maschinenbau- und Metallarbeiter. Nach den Beschlüssen des Delegiertentages 1908 (Hirsch-Duncker).**

Reglement zur Ausführung der Unterstützung bei Arbeitslosigkeit.

§ 1. Der Gewerkverein der deutschen Maschinenbau- und Metallarbeiter gewährt seinen Mitgliedern außer den im Statut direkt enthaltenen Rechten noch folgende Unterstützungen, wenn die Mitglieder nicht über 6 Wochen mit den Beiträgen im Rückstand sind, hierzu Stundung beantragt und erhalten haben.

§ 8. Nach halbjährlicher Mitgliedschaft erhalten Mitglieder, die mindestens 26 Wochenbeiträge gezahlt haben, im Fall der Arbeitslosigkeit eine Reiseunterstützung von 2 ₰ pro Kilometer bis zum Höchstbetrage von 300 Kilometern.

Nach einjähriger Mitgliedschaft werden folgende Unterstützungen gezahlt:

a) Mitglieder, welche dem Gewerkverein mindestens 52 Wochen angehören, arbeitslos werden und keine Reste haben oder die restierenden Beiträge sofort decken, erhalten Reise- und Ortsunterstützung.

b) Sobald ein arbeitsloses Mitglied an einem anderen Orte eine sichere Arbeitsstelle durch Bescheinigung des betr. Arbeitgebers nachweisen kann, Reisegeld pro Kilometer 2 ₰ bis höchstens 1000 Kilometer in 52 aufeinander folgenden Wochen, und ist dann das Mitglied nach Verlauf von 52 Wochen nach Schluß der letzten Unterstützung erst wieder berechtigt.

§ 9. a) Die Arbeitslosenunterstützung wird in 52 aufeinander folgenden Wochen von der zweiten Woche der Arbeitslosigkeit ab, und nur für volle Arbeitstage nach folgender Tabelle gezahlt:

| Nach ... jähr. Mitgliedschaft | ... Wochen lang | jede Woche ℳ |
|---|---|---|
| 1 | 6 | 6,— |
| 2 | 6 | 7,50 |
| 3 | 6 | 9,— |
| 4 | 8 | 10,50 |
| 5 | 10 | 10,50 |
| 10 | 13 | 10,50 |

b) Hat ein Mitglied innerhalb 52 aufeinander folgenden Wochen Arbeitslosenunterstützung in voller Höhe erhalten, so wird diese Unterstützung erst wieder nach Ablauf von 52 Wochen, vom Tage der letzten Zahlung an gerechnet, gezahlt.

c) Liegt zwischen zwei Arbeitslosigkeiten ein Zeitraum von weniger als 4 Wochen, so wird im zweiten Falle der Arbeitslosigkeit vom ersten Tage an die Unterstützung gezahlt, soweit das Mitglied dazu berechtigt ist.

d) Mitglieder, welche innerhalb 6 Wochen mindestens 6 volle Arbeitstage aussetzen müssen, erhalten dann vom 7. Aussetzungstage an die im Absatz a festgesetzte Unterstützung.

Anspruch auf Unterstützung haben in diesem Falle nur diejenigen Mitglieder, welche sich an den Aussetzungstagen regelmäßig zur Kontrolle melden.

e) Mitglieder, welche nicht unserem Beruf angehören und Saisonarbeiter sind, erhalten innerhalb 52 Wochen nur 4 Wochen Unterstützung.

§ 10. Jedes Mitglied, welches arbeitslos ist, hat dies innerhalb 24 Stunden nach Lösung des Arbeitsverhältnisses durch Vorzeigung des Entlassungsscheines persönlich beim Ortskassierer anzuzeigen.

§ 11. Wird die Arbeitslosenunterstützung beantragt, so hat der Kassierer den Antrag auf Unterstützung durch Übersendung eines ausgefüllten und unterschriebenen Formulars sofort an den Generalsekretär einzusenden. Der Beginn der Arbeitslosigkeit wird vom Tage der Meldung beim Kassierer ab berechnet.

Wird ein Antrag betreffs Arbeitslosenunterstützung nicht binnen 14 Tagen nach Eintritt der Arbeitslosigkeit an den Generalsekretär eingesandt, so wird die Arbeitslosigkeit vom Tage des Einganges des Antrages beim Generalsekretär gerechnet.

§ 12. Arbeitslose Mitglieder haben sich wöchentlich mindestens dreimal während der regelmäßigen Arbeitszeit bei einer vom Ausschuß bestimmten Person zu melden, um nachzuweisen, daß sie sich um Arbeit bemüht haben, außerdem sind die Ortsvereinsausschüsse verpflichtet, die nach den örtlichen Verhältnissen nötigen Kontrollmaßregeln zu treffen.

§ 13. Ebenso ist die Wiederaufnahme der Arbeit innerhalb zweier Tage nach Antritt derselben dem Ortskassierer mündlich oder schriftlich mitzuteilen. Wer dies unterläßt, verliert auf zwei Jahre sein Anrecht an diese Unterstützung.

§ 14. Die Beamten wie der gesamte Ausschuß haben sich von der Richtigkeit der von dem arbeitslosen Mitgliede gemachten Angaben zu überzeugen und die arbeitslosen Mitglieder dem zuständigen Bezirksleiter mitzuteilen.

§ 15. Wenn ein Mitglied wissentlich falsche Angaben macht, um dadurch Unterstützung zu beziehen, oder die Arbeit aufnimmt und trotzdem die Unterstützung weiter erhebt, so kann dasselbe aus dem Gewerkverein ausgeschlossen werden. Die Entscheidung trifft der Generalrat.

§ 16. Jedes arbeitslose Mitglied ist verpflichtet, die ihm in seinem Berufe nachgewiesene Arbeit zum normalen Lohn anzunehmen, im Weigerungsfalle hört die Unterstützung auf.

## 11. Satzungen des Vereins der Deutschen Kaufleute. Unabhängige Handlungsgehilfen - Organisation. (Hirsch-Duncker).

### Bestimmungen über die Unterstützung der Stellenlosen.

Gemäß Beschluß der allgemeinen Mitglieder-Abstimmung vom April 1891 tritt die im § 2 al. 2 der Vereins-Satzungen vorgesehene Unterstützung gegen Stellenlosigkeit am 1. Juli 1891 unter nachfolgenden Bestimmungen in Kraft.

§ 1.

Jedes Mitglied des Vereins der Deutschen Kaufleute erhält, wenn es vor eingetretener Stellenlosigkeit dem Verein ein volles Jahr angehört hat, der Beitrittsmonat wird dabei voll gerechnet, eine tägliche Unterstützung von 1,10 ℳ auf die Dauer von 90 Tagen, einschließlich Sonn- und gesetzlicher Feiertage. Mitglieder, welche länger als 5 Jahre dem Verein angehören, erhalten bei eintretender Stellenlosigkeit 1,35 ℳ, nach 10 jähriger Mitgliedschaft 1,60 ℳ pro Tag Unterstützung. Lehrlinge erhalten nach vollendeter Lehrzeit bei eintretender Stellenlosigkeit nur dann Unterstützung, wenn sie mindestens zwei Jahre Mitglied des Vereins sind. Mitglieder, die ihre Stellung aufgeben, um einen Lehrkursus durchzumachen, sind vom Bezuge der Unterstützung während dieser Zeit ausgeschlossen.

Diese Unterstützung wird nach Ablauf jeder Woche gezahlt und ist bei Verlust des Anrechts innerhalb 4 Wochen vom Tage der Fälligkeit zu erheben.

§ 2.

Unterstützung für die ersten 15 Tage der Stellenlosigkeit wird nicht gezahlt. Wenn letztere länger dauert, erfolgt die Auszahlung wöchentlich und wird tageweis berechnet.

§ 3.

Innerhalb Jahresfrist, vom Beginn der jeweiligen Stellenlosigkeit an gerechnet, wird die Unterstützung nur für 90 Tage gewährt.

Bei selbständigen Mitgliedern, welche in Konkurs geraten, gilt der Tag der Konkursanmeldung als Beginn der Stellenlosigkeit. Unterstützung wird nur gewährt, wenn seitens der Konkursmasse eine solche nicht gezahlt wird, und die Anzeige über Eröffnung des Konkurses gemäß § 4 innerhalb 8 Tagen erfolgte.

Diejenigen Mitglieder, welche aus anderen Gründen gezwungen sind, ihr Geschäft aufzugeben, müssen dies am Tage der Aufgabe ihres Geschäfts anzeigen, und tritt die Bezugsberechtigung 15 Tage nach Eingang dieser Meldung ein.

Selbständige Mitglieder, welche außerdem noch als Arbeitnehmer anderweitig Gehalt beziehen, sind von der Unterstützung ausgeschlossen, wenn ihnen ihre Stellung gekündigt wird.

Mitglieder, welche ihrer Militärdienstpflicht genügen, haben nur dann Anspruch auf Unterstützung, wenn sie vier Wochen vor der Entlassung vom Militär dem Kassierer ihres bisherigen Ortsvereins oder Vertrauensmann der Zahlstelle, und wenn letztere nicht mehr bestehen sollten, dem Generalrat die Entlassung anzeigen. Außerdem haben sie dem Stellenvermittler die gleiche Anzeige zu machen. Nach Entlassung vom Militär haben sie innerhalb 8 Tagen dies den vorgenannten Personen gleichfalls anzuzeigen. Mitglieder, welche außerhalb Deutschlands wohnen, bzw. in Stellung sind, haben für die Zeit ihres Aufenthalts im Auslande keinen Anspruch auf Unterstützung gemäß § 1. Der Anspruch auf Unterstützung tritt jedoch sofort ein, sobald solche Mitglieder nach Deutschland zurückkehren und die Vorschriften des § 4 befolgt haben.

§ 4.

Innerhalb 8 Tage nach der Kündigung und außerdem bis zum 8. Tage nach dem Austritt bzw. der Entlassung hat das Mitglied dem Stellenvermittler unter genauer Angabe seiner Wohnung und Mitgliedsnummer, bei Verlust seiner Anrechte für die jeweilige Dauer der Stellenlosigkeit, hiervon schriftliche Mitteilung zu machen. Der Stellenvermittler hat dem Ortsvereinsausschusse von der Stellenlosigkeit sofort Kenntnis zu geben.

Mitglieder, welche die vorgeschriebenen Meldungen verspätet machen, haben nur Anspruch auf Erlaß der Beiträge für die Dauer der Stellenlosigkeit bis zu 3 Monaten.

Mitglieder, welche nach erfolgter Entlassung noch Gehalt beziehen, werden erst 15 Tage nach Beendigung des Gehaltsbezuges unterstützungsberechtigt.

Die Auszahlung der Unterstützungen erfolgt durch den Schatzmeister, nachdem diesem die vorgeschriebenen Meldungen an den Stellenvermittler eingesandt sind. Bei der ersten Auszahlung sind die Mitglieder verpflichtet, die letzte Quittung über den gezahlten Vereinsbeitrag dem Schatzmeister vorzulegen.

§ 5.

Stellenlose Mitglieder, welche Unterstützung bziehen, haben sich auf Verlangen täglich, falls die Betreffenden sich in einem Orte aufhalten, wo ein Ortsverein oder Zahlstelle ist, beim Kassierer resp. Vertrauensmann in Berlin und Nürnberg beim Stellenvermittler, in der Zeit von 9 bis 7 Uhr, zu melden. Im Weigerungsfalle wird Unterstützung nicht gezahlt und ist hierüber dem Generalrat sofort Bericht zu erstatten. Zu Arbeiten für den Verein dürfen die Mitglieder nur mit ihrem Einverständins verwendet werden.

§ 6.

Jeder Stellenlose, welcher seinen Wohnsitz verändern will, hat die Genehmigung des Ortsvereinsausschusses einzuholen. Wird ihm die Bewilligung von demselben verweigert, so entscheidet auf erhobene Beschwerde der Generalrat innerhalb 14 Tagen darüber.

§ 7.

Mitglieder, welche wegen ehrenrühriger Handlungsweise ihre Stellungen verlieren, sind von der Unterstützung für die Dauer der jeweiligen Stellenlosigkeit ausgeschlossen.

§ 8.

Jedes Mitglied, welches sich nicht um Stellung bemüht, eine ihm nachgewiesene Stellung, welche seinen Kenntnissen, Verhältnissen und bisherigem Einkommen entspricht, nicht annimmt oder durch sein Verschulden die Annahme versäumt, verliert die Unterstützung für die Dauer der jeweiligen Stellenlosigkeit. Gelingt es einem Mitgliede nicht, die ihm nachgewiesene Stellung zu erhalten, so hat dasselbe dem Stellenvermittler die näheren Umstände mitzuteilen.

Mitglieder, welche ihrer Meldepflicht laut § 4 genügt haben, jedoch die Vordrucke behufs Eintragung in die Bewerberliste weder fordern noch nach Erhalt einsenden, gehen der Unterstützung für die jeweilige Dauer der Stellenlosigkeit verlustig.

§ 9.

Rückständige Beiträge bei Eintritt der Stellenlosigkeit werden bei der ersten Auszahlung der Unterstützung in Abzug gebracht.

## 12. Aus der Satzung der Berufsgenossenschaft „Deutschnationaler Handlungsgehilfen-Verband."

Gültig vom 1. Januar 1908.

§ 13.

Versicherung gegen Stellenlosigkeit.

71. Von den Beiträgen der ordentlichen Mitglieder wird jährlich der fünfte Teil der Stellenlosenkasse

überwiesen. Über die Einnahmen und Ausgaben der Kasse wird getrennt Rechnung gelegt. Die Grundsätze, nach denen diese Trennung durchzuführen ist, sowie Abänderungen dieser Grundsätze bedürfen der Genehmigung des Kaiserlichen Aufsichtsamtes für Privatversicherung. Etwaige Überschüsse der Kasse sind dem Reservefonds und sodann dem Krisenreservefonds zuzuweisen, bis diese Fonds die satzungsmäßige Höhe (Abs. 72,73) erreicht oder nach Inanspruchnahme wieder erreicht haben. Über die Verwendung weiterer Überschüsse hat der Verbandstag zu beschließen; jedoch bedürfen dieselben nur entweder zur weiteren Erhöhung der Reserven oder zur Erhöhung der Kassenleistungen verwandt werden.

Das Vermögen der Kasse wird von dem übrigen Verbandsvermögen getrennt verwaltet und ist mindestens bis zur Höhe der Reservefonds nach Maßgabe der gesetzlichen Bestimmungen (§§ 59, 60 des Versicherungs-Aufsichtsgesetzes) anzulegen.

72. Von den regelmäßigen Einnahmen der Kasse muß zur Sicherstellung ihrer Leistungen mindestens der fünfte Teil jährlich zur Ansammlung eines Reservefonds benutzt werden, bis dieser den zehnfachen Betrag der Durchschnittsausgabe für Rentenzahlungen während der letzten fünf Kalenderjahre erreicht oder nach Inanspruchnahme wieder erreicht hat.

73. Sobald der Reservefonds die vorgeschriebene Höhe hat, muß mindestens der zehnte Teil der regelmäßigen Einnahmen zur Ansammlung eines Krisenreservefonds benutzt werden, bis dieser die Höhe des Reservefonds erreicht oder wieder erreicht hat.

74. Der Anspruch auf die Rente beginnt mit dem Tage der Vollendung des zweiten Mitgliedsjahres bei eintretender oder eingetretener Stellenlosigkeit. Er besteht unter der Voraussetzung, daß der Rentenberechtigte sofort, spätestens am achten Tage nach der von ihm oder seitens des Prinzipals erfolgten

Kündigung (bei einer Entlassung ohne Kündigung innerhalb desselben Zeitraumes nach der Entlassung) durch Einreichung der ausgefüllten Bewerbungsvordrucke eingetragener Bewerber bei der Stellenvermittlung des Verbandes in Hamburg geworden ist und es bis zur Annahme einer neuen Stellung bleibt. (Vgl. auch Abs. 63 Satz 2). Für überseeische Mitglieder, die nach Deutschland zurückkehren, beginnt die achttägige Frist am Tage des Eintreffens in Deutschland.

Die Bewerbung darf während einer Probe- oder Aushilfsstellung nicht ruhen.

75. Die Geltendmachung des Rentenanspruchs hat auf einem besonderen Vordrucke, der von der Verwaltung zu beziehen ist, innerhalb 15 Tage nach Eintritt der Stellenlosigkeit zu geschehen. Werden Ansprüche nach Ablauf dieser Frist erhoben, so beginnt die Bezugsberechtigung am Tage der Geltendmachung.

76. Die Höhe der Renten richtet sich nach der Dauer der Mitgliedschaft; sie beginnt mit 30 ℳ monatlich und steigt mit jedem vollendeten weiteren Mitgliedsjahre um eine Mark bis zum Höchstbetrage von 75 ℳ monatlich. Die Dauer der Rentenzahlung richtet sich nach der Dauer der Mitgliedschaft und den bereits empfangenen Renten. Die Mindestdauer beträgt bis zu drei Monaten. Je fünf Jahre der Mitgliedschaft verlängern die Dauer des Rentenbezuges um einen Monat bis zur Höchstdauer von zwölf Monaten; Mitgliedsjahre, in welchen Rente bezogen wurde, kommen nicht in Anrechnung.

Bei Berechnung von Tagesrenten wird für den Tag der dreißigste Teil einer Monatsrente angenommen.

77. Einkünfte, die den Mitgliedern während ihrer Stellenlosigkeit durch vorübergehende oder aushilfsweise Tätigkeit zufließen, Bezüge aus der Kranken-, Invaliden- oder Unfallversicherung, sowie sonstige Einnahmen aus Unterstützungs- oder Stellenlosenkassen werden um den Betrag, der die Summe von

25 ℳ für den halben Kalendermonat übersteigt, von den zu zahlenden Renten abgezogen.

78. Die vom Militärdienst Entlassenen erhalten die Rente, wenn sie die Bewerbungsvordrucke bis zum 15. August ausgefüllt eingereicht haben. Soldaten, die vorzeitig entlassen werden oder, zum Militär gezogen, aber bis zum 20. Oktober keinen Gestellungsbefehl erhalten haben, müssen die Bewerbungsvordrucke spätestens am achten Tage nach der Entlassung vom Militär bzw. bis zum 28. Oktober eingeliefert haben. Die Rente wird vom Tage der Geltendmachung, frühestens vom Tage der Entlassung ab gezahlt.

Der Militärdienst gilt in keinem Falle als Stellenlosigkeit.

79. Ausgeschlossen ist die Zahlung von Renten an Mitglieder, die

a) als Kranke einen gesetzlichen Anspruch auf Gehalt haben;
b) auf Kosten einer Invaliden- oder Unfallversicherungsanstalt sich einer Kur unterziehen;
c) infolge eines gesetzlich zulässigen Grundes vom Prinzipal ohne Einhaltung der Kündigungsfrist entlassen worden sind, auf Grund § 72 Handelsgesetzbuches;
d) bei ihrer Stellenlosigkeit für den Rest der vereinbarten gesetzlich zulässigen Kündigungsfrist oder während der Dauer eines Konkurrenzverbotes noch Gehalt beziehen oder sich ihres Anspruches darauf begeben haben;
e) eine ihnen angebotene Stellung, die ihren Kenntnissen und dem bisherigen Einkommen entspricht und deren Annahme ihnen unter Berücksichtigung ihrer Personen- und Familienverhältnisse billigerweise zugemute- werden kann, nicht annehmen oder die Annahme durch eigenes Verschulden versäumen;
f) mit ihrer Beitragszahlung an den Verband auch nach erfolgter Mahnung noch im Rückstande sind;

g) während ihrer Mitgliedschaft nicht mindestens zwölf Monate — wenn auch mit Unterbrechungen — als Handlungsgehilfe angestellt gewesen sind;

h) ihre Bewerbung nach je drei Monaten nicht verlängert haben, vom Tage der Streichung als Bewerber ab.

80. Frühere unterstützende Mitglieder werden bezugsberechtigt, nachdem sie nach Aufgabe ihres Geschäftes mindestens sechs Monate als Handlungsgehilfe angestellt gewesen sind.

81. Der Besuch einer Fortbildungsschule gilt nicht als Stellenlosigkeit. Nach Beendigung des Unterrichts können Renten bezogen werden, wenn die Bewerbungsvordrucke mindestens sechs Wochen vorher eingereicht worden sind.

82. Stellenlose, die erwerbsunfähig krank sind, haben, ohne Bewerber zu sein, Anspruch auf den Rentenbezug. Tritt Erwerbsfähigkeit ein, so sind die Bewerbungsvordrucke spätestens am achten Tage nach der Gesundschreibung einzuliefern. Beginn und Ende der Erwerbsunfähigkeit sind der Kasse durch ein Zeugnis eines approbierten Arztes oder einer Krankenkasse nachzuweisen.

83. Während eines Jahres können von einem Mitgliede nur einmal, wenn auch mit Unterbrechungen, die Renten bezogen werden, die ihm bei der ersten Zahlung in jenem Jahre bei nicht unterbrochener Stellenlosigkeit zugebilligt werden müßten.

84. Mitglieder, die Renten für die ganze ihnen zustehende Dauer erhalten haben, können erst dann wieder Renten beziehen, wenn sie inzwischen — vom Fälligkeitstage der ersten Rate ab gerechnet — mindestens neun Monate als Handlungsgehilfe angestellt gewesen sind.

85. Für die ersten 15 Tage der Stellenlosigkeit werden keine Renten gezahlt. Die Zahlungen erfolgen ausschließlich am 1. und 16. jedes Monats für den jeweilig verflossenen Teil der Stellenlosigkeit.

86. Bei Rentenanträgen von Mitgliedern, welche außerhalb des Deutschen Reiches stellenlos ge-

worden sind, wird eine einmonatige Kündigungsfrist für den Schluß des folgenden Monats angenommen, falls eine längere Kündigungsfrist nicht vereinbart gewesen ist.

87. Berechtigte und nicht geltend gemachte Ansprüche verjähren in zwei Jahren nach ihrer Fälligkeit.

88. Mit der Anerkennung des Rentenanspruchs wird den Versicherten seitens der Verwaltung in Hamburg eine Anzahl vorgedruckter Karten zugestellt, auf welchen die Auszahlung der Renten halbmonatlich zu beantragen ist.

Falls am Wohnorte des Versicherten eine Ortsgruppe des Verbandes besteht, sind die Rentenkarten vom Vorsitzenden der Ortsgruppe oder seinem Stellvertreter zu beglaubigen.

89. Für den Erwerb des Rentenanspruchs erhebliche wissentlich unwahre Angaben der Mitglieder über alle die Versicherung gegen Stellenlosigkeit betreffenden Angelegenheiten ziehen, vorbehaltlich weiterer Ansprüche des Verbandes, sofort den Verlust der Renten, unter Umständen den Ausschluß aus dem Verbande (§ 2 Absatz 8) nach sich.

90. Bei Meinungsverschiedenheiten zwischen der Verwaltung und den Mitgliedern über die Leistungen der Kasse kann das Mitglied unbeschadet des ihm zustehenden Anspruchs auf Entscheidung durch die ordentlichen Gerichte zunächst ein Schiedsgericht anrufen. Das Schiedsgericht besteht aus drei Mitgliedern des Verbandes; je ein Schiedsrichter wird von der Verwaltung und dem beschwerdeführenden Mitgliede gewählt, während der Obmann des Gerichtes von den beiden gewählten Schiedsrichtern zu ernennen ist. Die Teilnehmer des Gerichts müssen ihren Wohnsitz in Hamburg haben.

91. Sobald die Einnahmen und ein Drittel des gemäß Abs. 72 gebildeten Reservefonds zur Deckung der Ausgaben in einem Jahre nicht ausreichen, ist die Verwaltung berechtigt, die Leistungen der Kasse mit sofortiger Wirkung auch für die bereits laufenden Renten herabzusetzen. Derartige Be-

schlüsse unterliegen der Bestätigung des kaiserlichen Aufsichtsamts für Privatversicherung. Bezüglich der Inanspruchnahme des Krisenreservefonds verbleibt es bei den Bestimmungen in § 4 Abs. 22 letzter Satz.

Im übrigen können Änderungen über die Höhe der Beiträge und Leistungen nur durch den Verbandstag als Satzungsänderungen vorgenommen werden (§ 7, Absatz 46, 48) und zwar mit Wirkung für die bestehenden Versicherungsverhältnisse.

Eine Nachschußpflicht der Mitglieder ist ausgeschlossen.

92. Bei der Auflösung der Kasse fällt das vorhandene Vermögen, soweit nicht Mitglieder Sonderrechte daran besitzen, nach Erfüllung aller Verbindlichkeiten dem Verbande zu.

Die Liquidation hat die Verwaltung des Verbandes zu übernehmen.

## 13. Aus dem Statut des Christlich-sozialen Metallarbeiter-Verbandes Deutschlands (1902).

### III. Unterstützungen.

#### a) Wanderunterstützung.

#### § 7.

1. Mitglieder, welche arbeitslos werden und am Orte keine Arbeit finden, dementsprechend genötigt sind, auf die Wanderschaft zu gehen, erhalten, wenn das Mitglied ein Jahr dem Verbande angehört und seine Beiträge bezahlt hat, 15 ℳ Unterstützung. Mitglieder, welche 2 Jahre dem Verbande angehört haben und ihren Verpflichtungen nachgekommen sind, erhalten 20 ℳ,

bei 3 jähriger Mitgliedschaft 25 ℳ
„ 4 „ „ 30 „
„ 5 „ „ 35 „

Wanderunterstützung innerhalb eines Jahres.

2. Hat ein Mitglied die auf das Jahr fallende Wanderunterstützung erhalten, so hat dasselbe erst

wieder eine Karenzzeit von 52 Wochen zu bestehen und seine Beiträge zu bezahlen, ehe es weitere Unterstützung beziehen kann.

3. Die Wanderunterstützung wird pro Tag gerechnet und darf nicht niedriger als mit 75 ₰ und nicht höher als mit 1 ℳ für den Tag bemessen werden. Hat das Mitglied eine längere Strecke zurückgelegt, wo keine Ortsgruppen sich befinden oder versäumt, die Unterstützung zu erheben, so darf ihm auf der ersten Ortsgruppe, wo dasselbe passiert, 1 ℳ 50 ₰ ausgezahlt werden. Eine höhere Summe auf einmal auszuzahlen ist nicht zulässig.

4. Die Auszahlung der Unterstützung geschieht nach Einsichtnahme des Mitgliedsbuches. Die Unterstützung darf für einen und denselben Tag nur einmal bezahlt werden.

5. Ort und Datum der Auszahlung, sowie der Betrag der Unterstützung sind unter Beidrückung des Stempels und mit der Unterschrift des auszahlenden Ortsbeamten in das Mitgliedsbuch und in die Reiselegitimation einzutragen. Das reisende Mitglied hat den Empfang der Unterstützung auf einem Bon zu quittieren; letzterer dient dem Kassierer als Beleg und ist bei der Abrechnung an die Zentrale miteinzusenden.

6. Reisende Mitglieder, welchen annehmbare Arbeit nachgewiesen wird, sind gehalten, dieselbe anzunehmen, widrigenfalls verzichten sie auf weitere Unterstützung.

7. Die fälligen Beiträge sind von der Reiseunterstützung von dem auszahlenden Beamten jedesmal abzuziehen und werden durch Beitragsmarken im Mitgliedsbuch quittiert.

## Nachtrag.

Beschlossen auf der zweiten Generalversammlung in Cöln 1902.

Zu Punkt III „Unterstützungen“ wird dem § 8 folgender Zusatz eingefügt:

Jedes Mitglied, welches ein Jahr dem Verbande angehört und seine Beiträge voll gezahlt hat, erhält bei unverschuldeter resp. nicht absichtlich herbeigeführter Arbeitslosigkeit eine Arbeitslosenunterstützung. Dieselbe wird gewährt auf 7 Wochen oder 42 Tage im Jahre, und zwar:

Bei einjähriger Mitgliedschaft 6 ℳ pro Woche oder 42 ℳ pro Jahr; nach zweijähriger Mitgliedschaft 7 ℳ pro Woche oder 49 ℳ pro Jahr; nach dreijähriger 8 ℳ pro Woche oder 56 ℳ pro Jahr; nach 4 Jahren 9 ℳ pro Woche oder 63 ℳ pro Jahr; nach 5 Jahren 10 ℳ pro Woche oder 70 ℳ pro Jahr.

Weibliche Mitglieder erhalten von den angeführten Unterstützungen die Hälfte.

Für die erste Woche der Arbeitslosigkeit wird keine Unterstützung gewährt.

Hat ein Mitglied innerhalb eines Jahres die im Statut vorgesehene Unterstützung erhoben, so muß dasselbe wieder ein Jahr Beiträge geleistet haben, bevor dasselbe wieder Anspruch auf weitere Unterstützungen machen kann.

Vorstehende Statutenänderung nebst die für alle Mitglieder zu bestehenden Karenzzeiten treten mit dem 1. Juli 1903 in Kraft.

## 14. Statut des christlichen Holzarbeiter-Verbandes Deutschlands.

Beschlossen auf dem Verbandstage zu Düsseldorf 1904.

### III. Unterstützungen.

§ 8. Die Verbandsleitung gewährt in folgenden Fällen denjenigen Mitgliedern Unterstützung, welche 52 Wochen dem Verbande angehören und in dieser Zeit 52 Wochenbeiträge entrichtet haben.

a) auf der Reise,
b) bei Arbeitslosigkeit am Orte,
c) wenn verheiratete Mitglieder infolge unverschuldeter Arbeitslosigkeit gezwungen sind, nach einem anderen Arbeits- und Wohnort überzusiedeln,
d) bei Sterbefällen,

e) bei allen von der Verbandsleitung bewilligten Streiks,
f) bei Maßregelungen und Aussperrungen,
g) bei allen aus den Arbeiterschutz- und Versicherungsgesetzen, sowie bei den aus dem Arbeitsverhältnis entsprungenen, rechtlich begründeten Klagesachen und in solchen Fällen, wo Streitigkeiten entstehen, die auf die Tätigkeit eines Mitgliedes für den Verband zurückzuführen sind.

§ 9. Die Höhe der Unterstützung bestimmt der Zentralvorstand, doch darf dieselbe die in den folgenden Paragraphen enthaltenen Sätze nicht übersteigen.

§ 10. Reiseunterstützung nach § 8 Abs. a wird gezahlt innerhalb 12 Monaten nach einer Mitgliedschaftsdauer und Beitragsleistung von

| | | | | | |
|---|---|---|---|---|---|
| 52 | Wochen | bis zu | 30 | ℳ | Höchstbetrag |
| 104 | „ | „ „ | 35 | „ | „ |
| 156 | „ | „ „ | 40 | „ | „ |
| 208 | „ | „ „ | 45 | „ | „ |

§ 11. Die Reiseunterstützung beträgt pro Tag 75 ₰, wenn das betreffende Mitglied mindestens 25 Kilometer Reisestrecke an demselben Tage zurückgelegt hat. Für mehrere Tage gleichzeitig, jedoch höchstens für 4 Tage, gelangt die Unterstützung nur dann zur Auszahlung, wenn ein Mitglied nachweist, daß es bereits mehrere Tage die vorgeschriebene Kilometerzahl zurückgelegt hat an einer Strecke, wo eine Zahlstelle nicht besteht.

§ 12. Hat ein Mitglied auf einer Tour 7,50 ℳ erhalten, so darf eine weitere Unterstützung nur dann ausgezahlt werden, wenn demselben weder am Ort noch in der Umgebung Arbeit nach den ortsüblichen Bedingungen nachgewiesen werden kann.

§ 13. Keine Reiseunterstützung erhalten solche Mitglieder, die sich am letzten Arbeitsorte nicht abgemeldet haben, sowie diejenigen, die sich ohne stichhaltigen Grund weigern, Arbeit zu den ortsüblichen Bedingungen anzunehmen, vorausgesetzt, daß sie auf der letzten Tour 7,50 ℳ bezogen haben.

§ 14. Diejenigen Mitglieder, welche innerhalb 12 Monate den vollen Betrag der Reiseunterstützung bezogen haben, bekommen für die nächsten 24 Monate vom letzten Tage der Unterstützung an gerechnet keinen Reiseunterstützung mehr. Dieselbe wird erst dann wieder ausgezahlt, wenn vom letzten Unterstützungstage an wieder 104 Wochenbeiträge entrichtet sind.

§ 15. Bei Mitgliedern, die durch Streiks, Aussperrungen oder Maßregelungen zur Abreise genötigt sind, sind bezüglich der Karenzzeit bei der Reiseunterstützung Ausnahmen gestattet.

§ 16. Arbeitslosenunterstützung nach § 8 Abs. b wird innerhalb 12 Monate, vom ersten Unterstützungstage an gerechnet, auf die Dauer von 30 Tagen gewährt und zwar bei einer Mitgliedschaftsdauer und Beitragsleistung von

| | | | | | | | | | |
|---|---|---|---|---|---|---|---|---|---|
| 52 | Wochen | 1,— ℳ | pro | Tag | od. | 6 | ℳ | pro | Woche |
| 104 | „ | 1,17 | „ | „ | „ | 7 | „ | „ | „ |
| 156 | „ | 1,33 | „ | „ | „ | 8 | „ | „ | „ |
| 208 | „ | 1,50 | „ | „ | „ | 9 | „ | „ | „ |

§ 17. Wer Arbeitslosenunterstützung beanspruchen will, hat den Beginn der Arbeitslosigkeit sofort dem von der Lokalverwaltung dazu bestimmten Kollegen anzuzeigen. Einzelmitglieder müssen die Anzeige beim Zentralvorstand machen.

§ 18. Die Arbeitslosenunterstützung beginnt mit dem 7. Tag der Arbeitslosigkeit vom Tage der Meldung an gerechnet. Die Unterstützung darf entweder nur an dem Orte ausgezahlt werden, wo das Mitglied arbeitslos wurde, oder da, wo demselben Arbeit in Aussicht gestellt worden ist.

§ 19. Einzelmitglieder, die Anspruch auf Arbeitslosenunterstützung machen, können bei Verlust der Unterstützung gezwungen werden, ihren Aufenthalt an einem Verbandsorte zu nehmen, wenn dem Aufenthaltswechsel Familienverhältnisse nicht im Wege stehen.

§ 20. Bei Auszahlung der Arbeitslosenunterstützung kommen nur volle arbeitslose Tage in Anrechnung. Jeder während der Arbeitslosigkeit fallende Tag, der gegen Entgelt mit Beschäftigung ausgefüllt wird, kommt in Abzug. Für Krankheitstage und Sonntage gibt es ebenfalls keine Unterstützung.

§ 21. Bekommt ein Mitglied während der Unterstützungszeit neue Beschäftigung, die weniger wie 3 Wochen dauert, so tritt nach derselben die Unterstützung wieder mit dem ersten Tage der Meldung in Kraft. Bei längerer Beschäftigung als 3 Wochen wird die Unterstützung erst wieder vom 7. Tage an gezahlt.

§ 22. Hat ein Mitglied innerhalb 12 Monate den Höchstbetrag der im § 10 und 16 vorgesehenen Unterstützung

| | | | | | | | |
|---|---|---|---|---|---|---|---|
| von | also | 30 | ℳ | im | 1. | Jahr | der Unterstützberechtg. |
| „ | „ | 35 | „ | „ | 2. | „ | „ „ |
| „ | „ | 40 | „ | „ | 3. | „ | „ „ |
| „ | „ | 45 | „ | „ | 4. | „ | „ „ |

an Reise- oder Arbeitslosenunterstützung oder an beiden Unterstützungen zusammen gerechnet bezogen, so kann vom letzten Tage der Unterstützung an gerechnet eine weitere Unterstützung in den nächsten 24 Monaten nicht mehr erhoben werden. Erst nach dieser Frist und wenn wieder 104 Wochenbeiträge entrichtet sind, kann wieder die Unterstützung gewährt werden.

§ 23. Keinen Anspruch auf Arbeitslosenunterstützung haben Mitglieder, die 1. eine ihnen angebotene, ihren Fähigkeiten und den ortsüblichen Bedingungen entsprechende Arbeit anzunehmen sich weigern; 2. etwaigen Nebenverdienst während der Unterstützungszeit verschweigen.

§ 24. Während der Unterstützungszeit haben die Ortsverwaltungen für eine scharfe Kontrolle zu sorgen. Dem Zentralvorstand steht das Recht zu, entsprechende Anweisungen zu erteilen.

§ 25. Umzugsunterstützung nach § 8 Abs. c wird vom Zentralvorstand bis zur Hälfte der entstandenen Kosten gewährt, jedoch höchstens bis zu 25 ℳ, wenn die Entfernung mindestens 25 Kilometer beträgt.

# D. Nachtrag.

Während der Drucklegung dieser Arbeit ist die Frage der Arbeitslosenversicherung von dem Kgl. Bayrischen Staatsministerium des Innern und dem Großherzoglich Badischen Ministerium des Innern in Denkschriften behandelt worden.

## I. Bayern.

### A.

Die Verhandlungen in der Bayrischen Kammer der Abgeordneten. Im Febraur 1908 brachte der Abgeordnete Simon folgenden Antrag* ein:

„Es sei die Kgl. Staatsregierung zu ersuchen, dem Landtag baldmöglichst einen Gesetzentwurf vorzulegen, nach dem Vereine (Gewerkschaften), die bei eintretender Arbeitslosigkeit ihren Mitgliedern statutenmäßig Unterstützung gewähren, einen Zuschuß aus Staatsmitteln erhalten."

Der Antrag wurde nach längerer Debatte dem X. (sozialen) Ausschuß überwiesen. Der Ausschuß beschloß einstimmig:

Die Kgl. Staatsregierung sei zu ersuchen:

1. Die Herstellung einer ganz Bayern umfassenden fortlaufenden Arbeitslosenstatistik baldigst in Angriff zu nehmen,
2. ihre auf den Ausbau und die Neutralisierung des Arbeitsnachweises gerichteten Bestrebungen fortzusetzen,
3. bei den größten bayrischen Stadtgemeinden die Errichtung einer Arbeitslosenversicherung für ihre Gebiete anzuregen,
4. der Ausbau des Systems soll in einer Aussprache von Vertretern aller derjenigen Kreise, die ein Interesse an der Arbeitslosenversicherung nehmen, erörtert werden.

---

* Verhandl. d. Kammer der Abg. I. Sess. 1907/1908 Stenogr. Ber. 3 S. 567 ff.

Dieser Antrag des Ausschusses wurde vom Plenum nach längerer Debatte am 14. August 1908 angenommen.

B.

Die Aussprachen von Interessenten der Arbeitslosenversicherung. In Ausführung dieses Beschlusses der Bayrischen Kammer der Abgeordneten, lud das Kgl. Staatsministerium des Innern am 17. November 1908 Interessenten an der Arbeitslosenversicherung zu einer Aussprache ein, an der außer Vertretern der Regierung, Abgeordnete, Vertreter der größeren bayrischen Städte, der Handelskammern, des Landwirtschaftsrats und der Gewerkschaften teilnahmen*. Die Konferenz setzte einen Ausschuß zur weiteren Beratung der Frage ein. Für das Berner System sowohl wie für das Genter System fand sich im Ausschuß keine Mehrheit, dagegen erklärten sich 10 von 15 Mitgliedern für das Genter System in Verbindung mit einer Unterstützung der Unorganisierten. Das Ergebnis der Beratungen ist in dem folgenden Erlaß zusammengefaßt.

C.

München, den 17. Juni 1909.

K. Staatsministerium des Innern.
An die Stadtmagistrate München, Hof, Fürth, Nürnberg, Erlangen, Würzburg, Augsburg und die Bürgermeisterämter Kaiserslautern und Ludwigshafen.

Der von der Versammlung vom 17. November 1908 zur weiteren Beratung der Frage der Arbeitslosenversicherung eingesetzte Ausschuß hat am 30. März 1909 mit Mehrheit beschlossen,

„die Kgl. Staatsregierung zu ersuchen, bei den Gemeinden, in erster Linie und vor-

* Vergl. Roßhaupter „Zur Einführung der Arbeitslosenversicherung in Bayern" in „Der Arbeitsmarkt" 12. Jahrg., Nr. 11, S. 356 ff.

wiegend in den Städten, die Errichtung einer freiwilligen Arbeitslosenversicherung auf folgender Grundlage anzuregen:

„1. Die Gemeinden stellen zu gedachtem Zweck eine der ortsansässigen Arbeiterzahl entsprechende Summe zur Begünstigung der Arbeitslosenfürsorge aus Gemeindemitteln zur Verfügung.

2. Die Verteilung dieser Summe ist wie folgt einzurichten:

a) In erster Linie werden jene Arbeiterberufsverbände unterstützt, welche die Arbeitslosenversicherung betreiben.

b) Außerdem sind eigene Kassen zu bilden, in denen Unorganisierten gegen entsprechende Beitragsleistung die Möglichkeit zur Versicherung gegeben wird.

c) Ferner ist auch die Gewährung von Sparprämien an nicht organisierte und nicht versicherte Inhaber von Sparkassenbüchern zulässig.

d) Wo eine Versicherungskasse nicht errichtet wird, können auch nichtversicherte Personen Unterstützung erhalten."

Dieses Gutachten wurde ebenso wie die bei den Beratungen abgegebeneu abweichenden Erklärungen der übrigen Konferenzteilnehmer unter Würdigung der vorgebrachten Gründe und Gegengründe im Benehmen mit dem Kgl. Staatsministerium des Königlichen Hauses und des Äußern einer eingehenden Prüfung unterstellt, wogegen von nochmaliger Einberufung der Hauptversammlung im Einverständnis mit dem Ausschuß abgesehen wurde.

Nach dem Ergebnisse dieser Prüfung dürfte es am zweckmäßigsten sein, wenn bei Errichtung einer gemeindlichen Arbeitslosenfürsorgeanstalt im wesentlichen der mitfolgende Satzungsentwurf zugrunde gelegt werden würde. Hierzu wird im Anschluß an die Erörterungen in der früher mitgeteilten

„Übersicht über die Entwicklung und den Stand der Arbeitslosenversicherung" folgendes bemerkt:

In der Hauptversammlung wie im Ausschuß wurden gegen die Einrichtung einer öffentlichen Arbeitslosenversicherung mit Nachdruck Bedenken geltend gemacht. Dieselben erscheinen, wie seitens der Staatsregierung bereits bei den Verhandlungen bemerkt wurde, begründet, soweit sie sich gegen die Einführung einer allgemeinen Zwangsversicherung unter Heranziehung der Arbeitgeber zu Beiträgen richten.

Dagegen kann den Bedenken, die gegen die Einführung einer rein freiwilligen und auf einzelne Städte beschränkten Versicherung erhoben werden, nicht eine solche Bedeutung beigemessen werden, daß nicht ein Versuch in dieser Richtung angezeigt wäre.

Die Einwendungen gehen hauptsächlich dahin, daß von einer Arbeitslosigkeit als Gesamterscheinung, die erst das Eingreifen der Öffentlichkeit rechtfertigen würde, nicht gesprochen werden könne, daß die Arbeitslosenversicherung in jeder Form den Arbeits- und Sparsinn untergrabe und die Landflucht noch mehr fördere, daß ferner es allzu großen Schwierigkeiten begegne, die Fälle freiwilliger Arbeitslosigkeit auszuscheiden und einem Mißbrauche der Versicherung wirksam vorzubeugen.

Der erste Einwand läßt sich angesichts des großen Umfangs, den die Arbeitslosigkeit erst während des letzten Winters angenommen hat, sowie der großen und lang nachwirkenden Schäden, welche eine länger dauernde Arbeitslosigkeit in wirtschaftlicher, gesundheitlicher und sittlicher Hinsicht für den Arbeitslosen und seine ganze Familie zur Folge hat, nicht aufrecht erhalten.

Der Einwand, daß der Sparsinn durch eine Arbeitslosenversicherung gefährdet werde, ist unbegründet, da die freiwillige regelmäßige Beitragsleistung für eine Arbeitslosenversicherung tatsächlich nichts anderes ist, als ein Sparen für den Fall der Arbeitslosigkeit, nur daß es in anderer Form geschieht.

Größere Beachtung verdienen die anderen Einwendungen.

Daß eine Versicherung, die sich nicht in angemessenen Grenzen hält, zu einer Beeinträchtigung der Arbeitswilligkeit führen kann, ist nicht zu leugnen. Ebenso ist zuzugeben, daß eine Arbeitslosenversicherung an sich leichter wie eine andere Versicherungseinrichtung von einzelnen gewissenlosen und arbeitsscheuen Versicherten mißbraucht werden kann. Die Hauptfrage ist daher die, ob es möglich ist, durch Beschränkung der Versicherungseinrichtung auf ein eng begrenztes Gebiet und auf das Maß des unbedingt Notwendigen, durch ihre Anpassung an die bestehenden örtlichen Verhältnisse, durch die entsprechende Mitwirkung des gemeindlichen Arbeitsamtes und durch geeignete Vorsichts- und Kontroll-Maßregeln die Gefahren und Nachteile derart zu verringern, daß die Vorteile erheblich überwiegen und die Einrichtung im allgemeinen sich als segensreich erweist. Diese Frage wird wohl nicht verneint werden können. Ebenso wird es möglich sein, auch den Interessen der Landwirtschaft in entsprechendem Maße Rechnung zu tragen und einer weiteren erheblichen Förderung der Landflucht durch geeignete Maßnahmen vorzubeugen. Für die Wirkungen und den Erfolg der Arbeitslosenversicherung ist es demnach von wesentlicher Bedeutung, für das Eingreifen der Gemeinde die richtige Form und die richtigen Grenzen zu finden. Wie in der schon früher mitgeteilten Übersicht über die Entwicklung und den Stand der Arbeitslosenversicherung näher dargestellt ist, bieten sich für diese zurzeit hauptsächlich 2 Wege:

1. Die Durchführung der Versicherung als öffentliches Unternehmen (sog. Berner [Cölner] System),
2. die Förderung des Versicherungsbetriebes der Arbeiterorganisationen (sog. Genter System).

Daneben kommt noch die Förderung der privaten Spartätigkeit durch die Gewährung von Sparprämien in Betracht.

Das Berner System hat sich nach den bisherigen Erfahrungen nur in unvollkommenem Maße bewährt und es ist bei seiner praktischen Durchführung erheblichen Schwierigkeiten begegnet. Vor allem sind die Verhältnisse in den einzelnen Berufen so verschieden, daß es ungemein schwer hält, die Gefahr angemessen zu verteilen. Auch lehrt die Erfahrung, daß, solange es sich um eine freiwillige Einrichtung handelt, einer sich auf die Arbeitslosenversicherung beschränkenden gemeindlichen Anstalt nur die sogenannten schlechten Risiken, nämlich diejenigen beitreten, die mit ziemlicher Wahrscheinlichkeit damit zu rechnen haben, arbeitslos zu werden. Infolgedessen haben derartige öffentliche Versicherungskassen praktisch nicht die wünschenswerte Bedeutung erlangt.

Bei der von den Arbeiterorganisationen selbst geschaffenen Versicherung werden die erwähnten Schwierigkeiten zum großen Teile vermieden. Die Arbeitervereine sind fast durchweg beruflich gegliedert. Es kommen deshalb bei ihnen — von den nie zu beseitigenden individuellen Verschiedenheiten abgesehen — nur gleiche Gefahren zur Versicherung. Vor allem ist aber hier die Arbeitslosenversicherung mit der Mitgliedschaft meist derart verknüpft, daß jedes Mitglied des Vereins zugleich der Versicherung angehören muß. Auf diese Weise werden der Arbeitslosenversicherung kraft der Anziehung, welche die Organisationen in sonstiger Hinsicht üben, auch solche Berufsgenossen zugeführt, die nach ihren persönlichen Verhältnissen einer Arbeitslosenversicherung vielleicht weniger bedürfen würden und daher an sich vielleicht weniger hierzu geneigt wären. Dadurch wird die Durchschnittsgefahr erheblich gemindert und die Durchführung der Versicherung wesentlich erleichtert. Hieraus erklärt sich auch, daß diese Form der Versicherung vor jeder anderen Erfolge aufzuweisen hat.

Für sich allein können jedoch die Einrichtungen der Arbeitnehmerorganisationen dem Bedürfnise gleichfalls nicht genügen, da sie nur den orgasnisierten Arbeitern zugute kommen und zur Teilnahme an denselben der Anschluß an die sonstigen Bestrebungen der betreffenden Organisationen notwendig ist. Es ergibt sich daher, wenn man eine allgemeine Einrichtung schaffen und einen praktischen Erfolg erzielen will, von selbst als das zweckmäßigste, beide Systeme gleichzeitg nebeneinander zur Anwendung zu bringen und sich gegenseitig ergänzen zu lassen.

Es ließe sich nun daran denken, den Versicherungsbetrieb der Arbeitervereine mit dem einer Gemeindeanstalt derart zu verbinden, daß die Beiträge zum Vereine und seine Leistungen auf die Beiträge zur Anstalt und deren Leistungen angerechnet werden. Dahin zielte der Vorschlag des Berichterstatters, Rechtsrat Fleischmann. Der Vorschlag hat von vornherein nur für diejenigen Arbeitervereine Bedeutung, die eine geringere Unterstützung gewähren, als für die gemeindliche Anstalt vorgesehen ist. Ob aber diese Vereine überhaupt in nennenswerter Zahl von der Befugnis Gebrauch machen werden, erscheint sehr zweifelhaft, weil sie wohl mit geringeren Opfern, als ein solcher, Anschluß erheischen würde, und ohne Aufgabe ihrer Selbständigkeit ihre Unterstützungen auf die Höhe der Anstaltsunterstützungen zu bringen in der Lage wären. Es wurde deshalb in dem angefügten Satzungsentwurfe von einer weiteren Verfolgung des Vorschlages Umgang genommen und lediglich im Anhange eine Bestimmung über eine etwaige Teilversicherung der organisierten Arbeiter vorgesehen.

Nach dem Satzungsentwurfe ist demnach an erster Stelle eine allgemeine Versicherungskasse vorgesehen, die für alle nicht organisierten Arbeitnehmer und die Angehörigen jener Organisationen bestimmt ist, welche die Arbeitslosenversicherung nicht betreiben. Für die Angehörigen derjenigen Organisationen, welche die Arbeitslosenversicherung eingeführt haben, soll ausschließlich die Versicherungseinrichtung ihrer Organisation Platz greifen und die Versicherungskasse ersetzen. Die allgemeine Versicherungskasse wie die Versicherungseinrichtungen der Organisationen sollen voneinander vollständig unabhängig sein und jede für sich ihr Risiko tragen, also durch genügend hohe Beiträge ihre eigenen Ausgaben decken. Infolge des Nebeneinanderbestehens mehrerer Versicherungseinrichtungen werden auch die Schwierigkeiten, die der Errichtung einer allgemeinen Versicherungskasse entgegentreten, sich in geringerem Maße geltend machen, als wenn die Versicherungskasse für die Gesamtheit der Arbeiter ins Leben gerufen werden müßte.

Zur Förderung der öffentiichen und privaten Versicherungseinrichtungen wäre nach dem Satzungsentwurfe ferner eine besondere Zuschußkasse zu errichten, welche nicht durch Beiträge der Versicherten, sondern ausschließlich aus Mitteln der Gemeinde und sonstigen Zuwendungen gespeist werden und dazu dienen soll, die Leistüngen der allgemeinen Versicherungskasse und der Versicherungseinrichtungen der Organisationen gleichmäßig durch Zuschüsse zu den einzelnen Unterstützungen auf einen angemessenen Betrag zu ergänzen. Aus dieser Zuschußkasse wären auch die an etwa zugelassene Sparer zu zahlenden Sparprämien zu entnehmen. Die Zuschußkasse ist demnach als reine Wohlfahrtseinrichtung ohne Versicherungscharakter gedacht und nur dazu bestimmt, den Arbeitern, welche sich selbst um die Sicherstellung ihrer Zukunft bemühen und dafür Opfer bringen, die Sorge für die Zeit der Arbeitslosigkeit zu erleichtern. Die Gegenleistung der mit Zuschüssen Bedachten wäre darin zu erblicken, daß sie durch ihre eigene mitwirkende Tätigkeit die Gemeine in der Bekämpfung eines öffentlichen Notstandes entlasten.

Da die Mittel der Zuschußkasse im wesentlichen aus den Zuwendungen der Gemeinde bestehen, sollen nach dem Satzungsentwurfe nur solche Personen zur Teilnahme an der Zuschußkasse zugelassen werden, die der Gemeinde durch Heimatzugehörigkeit oder längeren Wohnsitz oder längere Beschäftigung rechtlich oder wirtschaftlich nahe stehen.

Ob und in welcher Weise bei der Zuwendung der Zuschüsse an die einzelnen Arbeitslosen eine Bevorzugung der in der Gemeinde Heimatberechtigten Platz greifen soll, muß dem Ermessen der einzelnen Stadtverwaltungen anheim gegeben werden. Im übrigen ist die Erlangung des Zuschusses für alle Arbeitnehmer an die Erfüllung der gleichen allgemeinen Bedingungen geknüpft.

Die Unterstützung aus der Versicherungskasse wie die Gewährung des Zuschusses aus der Zuschußkasse soll erst eintreten, wenn während eines längeren Zeitraumes (z. B. 1 Jahr) Beiträge entrichtet worden sind und nach Eintritt der Arbeitslosigkeit eine Wartezeit von mindestens 7 Tagen zurückgelegt ist. Auch dann soll bare Unterstützung nur gewährt werden, wenn und solange eine entsprechende Arbeit durch das gemeindliche Arbeitsamt nicht nachgewiesen werden kann. Letzteres soll die unterstützungsberechtigten Mitglieder der Versicherungskasse und der zugelassenen Vereine in erster Linie berücksichtigen.

Einer sorgfältigen Prüfung der Verhältnisse bedarf es bei Festsetzung des Betrages, der dem einzelnen Versicherten als Zuschuß zur Leistung der Versicherungskasse oder des Versicherungsvereins gewährt werden soll. Hier darf einerseits der Zweck, die arbeitslos Gewordenen vor den schweren und nachhaltigen Schädigungen einer länger dauernden Arbeitslosigkeit zu bewahren, nicht aus dem Auge verloren werden; andererseits muß aber, um der Gefahr einer Beeinträchtigung der Arbeitswilligkeit vorzubeugen, darauf geachtet werden, daß bei allen Formen der Arbeitslosenfürsorge der Gesamtbetrag der

Unterstützung einschließlich des gemeindlichen Zuschusses auf einen Betrag begrenzt wird, der nur den notdürftigen Unterhalt ermöglicht und den Anreiz zur Aufsuchung von Arbeit nicht erheblich schwächt. Wie hiernach der Gesamtbetrag der Unterstützung zu begrenzen ist, wird sich nach den örtlichen Verhältnissen, insbesondere den Preisen der notwendigsten Bedarfsgegenstände zu richten haben.

Bei der Gewährung von Zuschüssen an die Mitglieder von Arbeitnehmer-Organisationen muß ferner jede unmittelbare oder mittelbare Unterstützung der Organisation in der Verfolgung ihrer sonstigen Zwecke vermieden werden.

Die Arbeitervereine verfolgen neben dem Betrieb der Arbeitslosenversicherung durchweg noch andere Zwecke, die zum Teil ausschließlich dem wirtschaftlichen Kampfe mit dem Unternehmertum dienen. Es ist selbstverständlich, daß die gemeindliche Fürsorge nicht zu einer einseitigen Stellungnahme in diesem Kampfe führen darf. Um dies zu vermeiden, ist es geboten, daß die gemeindlichen Zuschüsse nicht der Organisation als solcher, sondern den einzelnen Arbeitslosen zugewendet werden. Ferner muß, damit nicht durch das Eingreifen der Gemeinde die bisher für Zwecke der Arbeitslosenunterstützung aufgegewendeten Mittel der Arbeitnehmerorganisationen für andere Zwecke frei werden, die Zuschußleistung derart geregelt werden, daß die gemeindlichen Zuschüsse nicht ganz oder teilweise an Stelle der bisherigen Leistungen der Organisation treten und dadurch letztere entlasten, sondern daß sie lediglich zu den bisherigen Leistungen der Organisation hinzu treten. Hierauf wird schon bei der Zulassung der einzelnen Vereine zur gemeindlichen Anstalt zu achten sein. Hierbei wäre auch in Betracht zu ziehen, ob und inwieweit bei den Leistungen der Gewerkschaften eine etwa durch Herabsetzung der bisherigen Einzelleistungen erzielte Ersparnis durch Verlängerung der Unterstützungsdauer auf den für die Versicherungskasse festgesetzten Zeitraum wieder aufgewogen wird.

Die gleichzeitige Anwendung der beiden Grundsätze, daß einerseits der Gesamtbetrag der Unterstützung eine gewisse Grenze nicht übersteigen darf, andererseits jede Unterstützung oder Entlastung der Arbeitnehmer-Organisationen vermieden werden soll, kann zwar dazu führen, daß die Zuschußleistung der Gemeinde für Mitglieder von Vereinen mit höheren Leistungen ganz oder teilweise in Wegfall kommt. Es dürfte dies jedoch, da solche Vereine doch schon ziemlich leistungsfähig und auf öffentliche Unterstützung weniger angewiesen sind, für die Gesamtheit der Arbeiter von geringerem Nachteil sein, als wenn durch die Entlastung solcher Vereine den grundsätzlichen Gegnern der Arbeitslosenversicherung Grund zu berechtigten Einwendungen gegeben und die Einführung der Arbeitslosenversicherung überhaupt gefährdet würde. Das Interesse der zahlreichen organisierten Arbeiter, die bisher eine Arbeitslosenunterstützung überhaupt noch nicht oder in ungenügendem Maße einführen konnten, dürfte hier zweifellos überwiegen.

Den Befürchtungen, welche hinsichtlich eines Mißbrauchs der zu schaffenden Einrichtungen gehegt werden, wird durch Festsetzung einer längeren Beitragszeit, einer angemessenen Wartezeit nach Eintritt der Arbeitslosigkeit sowie durch eine möglichst sorgfältige Kontrolle durch das gemeindliche Arbeitsamt und etwaige sonstige Organe zu begegnen sein. Namentlich wäre auch auf eine gegenseitige Kontrolle der Teilnehmer an der Zuschußkasse Wert zu legen, da jeder Teilnehmer ein Interesse daran hat, einer Ausbeutung und vorzeitigen Erschöpfung der Kasse durch Unberechtigte vorzubeugen.

Um eine Förderung der Landflucht zu vermeiden und gleichzeitig auch einen unerwünschten

Zuzug in die Stadt hintanzuhalten, erscheint es geboten, jene Arbeiter, die in der letzten Zeit in land- oder forstwirtschaftlichen Betrieben außerhalb der Stadt beschäftigt waren, auf die Dauer von 2–3 Jahren von der Aufnahme in die Versicherungskasse und der Teilnahme an der Zuschußkasse auszuschließen. Da nach der Aufnahme auch noch eine längere Wartezeit zurückgelegt werden muß, dürfte hierdurch jeder Anreiz zum Wegzug in die Stadt vermieden sein; Personen aber, die bereits in die Stadt abgewandert sind, sind nach Ablauf der mehrjährigen Ausschlußfrist wohl endgültig für das Land verloren.

Hinsichtlich der weiteren Einzelheiten wird auf die dem Statut angefügten Bemerkungen verwiesen.

Wie bereits früher erwähnt, handelt es sich bei der ganzen Sache nur um einen Versuch. Zur Durchführung eines solchen Versuches erscheinen in erster Linie die großen Städte berufen, da sie nicht nur an einer Versorgung ihrer arbeitslosen Bevölkerungsmassen in hohem Grade interessiert sind und durch eine entsprechende Versicherungseinrichtung auf anderem Gebiete wieder entlastet werden, sondern auch den Verhältnissen genügend nahe stehen und in verschiedener Hinsicht, insbesondere in ihrem Arbeitsamte und den vorhandenen Arbeitnehmer-Organisationen, die entsprechenden Vorbedingungen für die Durchführung einer Versicherung gegeben finden. Es wäre daher bei der Wichtigkeit der Sache und in Anbetracht der nicht ungünstigen, auf bayrische Verhältnisse allerdings ohne weiteres übertragbaren Erfahrungen, die man anderwärts gemacht hat, zu begrüßen, wenn die in Betracht kommenden Stadtverwaltungen sich zur versuchsweisen Einführung einer Arbeitslosenversicherung entschließen würden.

Die Arbeitslosenversicherung bildet nur ein Glied in der Kette der der Bekämpfung des großen sozialen Übels der Arbeitslosigkeit dienenden Maßnahmen. Wichtiger noch als die Versicherung gegen die Folgen der Arbeitslosigkeit ist es, dieser selbst vorzubeugen. Es sei deshalb auch bei dieser Gelegenheit darauf hingewiesen, wie notwendig es ist, durch eine entsprechende Vorbereitung und Verteilung der gemeindlichen Arbeiten rechtzeitig für die Bereitstellung der erforderlichen Arbeitsgelegenheit Sorge zu tragen und durch einen entsprechenden Ausbau des gemeindlichen Arbeitsnachweises auch die volle Ausnützung der jeweils gegebenen privaten Arbeitsgelegenheit zu ermöglichen. Namentlich ist auf eine möglichste Zentralisierung des Arbeitsnachweises hinzuwirken und zu diesem Zwecke, soweit nötig, auf die Angliederung paritätischer Facharbeitsnachweise Bedacht zu nehmen, damit das gemeindliche Arbeitsamt den Arbeitsmarkt auch wirklich zu überblicken und den Anforderungen der Beteiligten wie der öffentlichen Wohlfahrt zu entsprechen vermag. Es ist dies ein Ziel, das auch unabhängig von den neuen, mit der allenfallsigen Errichtung einer gemeindlichen Arbeitslosenfürsorgeanstalt an das Arbeitsamt herantretenden Aufgaben im Interesse der öffentlichen Wohlfahrt und des sozialen Friedens zu erstreben ist.

gez. von Brettreich.

## Satzung der Arbeitslosenfürsorgeanstalt der Gemeinde ..................

### I. Allgemeine Bestimmungen.

**§ 1.** Die Gemeinde ............. errichtet mit Wirksamkeit vom ........... zum Zwecke der Fürsorge für Arbeitnehmer (Arbeiter und Angestellte) im Fall der Arbeitslosigkeit eine öffentliche gemeindliche Anstalt mit dem Sitze in ..........

Die Anstalt umfaßt zwei Abteilungen:

1. die Versicherungskasse,
2. die Zuschußkasse.

§ 2. Als Arbeitslosigkeit im Sinne dieser Satzung gilt der unfreiwillige, nicht unmittelbar durch Erfüllung der Wehrpflicht, durch Arbeitsunfähigkeit, Ausstand, Aussperrung oder eigenes Verschulden verursachte Mangel von Arbeit und Verdienst.

Kündigung oder Verlassen der Arbeit durch den Arbeitnehmer sind im Zweifel als freiwillige Aufgabe der Arbeit anzusehen.

§ 3. Die Leistungen der Anstalt sind freiwiliig.

§ 4. Die Gemeinde .......... trägt die Kosten der Errichtung und Verwaltung der Anstalt und gibt an die Zuschußkasse jährlich einen vorauszahlbaren Beitrag von ............M.

Im übrigen sind die Leistungen jeder Kasse aus deren eigenem Vermögen zu bestreiten.

§ 5. Die Verwaltung der Anstalt erfolgt unter der Aufsicht des Stadtmagistrats (Stadtrats) durch einen besonderen Ausschuß. Demselben obliegt insbesondere die Entscheidung über alle bei der Ausführung dieser Satzung entstehenden Fragen und Streitigkeiten. Diese Entscheidungen sind für die Beteiligten bindend.

Der Ausschuß besteht aus einem vom Stadtmagistrat (Stadtrat) ernannten Gemeindebeamten als Vorsitzenden und aus ..... Beisitzern.

Die Beisitzer werden das erstemal vom Stadtmagistrat (Stadtrat) auf ( 6 ) Monate, in der Folge je zur Hälfte vom Stadtmagistrat (Stadtrat) einerseits und den Mitgliedern der Versicherungskasse sowie den zur Teilnahme an der Zuschußkasse zugelassenen Vereinen (§ 33) andererseits auf 3 Jahre gewählt.

Für den Vorsitzenden und die Beisitzer sind in gleicher Weise Vertreter aufzustellen.

Die Beisitzer und ihre Vertreter verwalten das Amt als Ehrenamt.

§ 6. Die laufenden Geschäfte der Anstalt, einschließlich der gesamten Kassen- und Rechnungsführung, werden nach näherer Anweisung des Ausschusses durch ............ (das gemeindliche Arbeitsamt) besorgt.

§ 7. Das Rechnungsjahr der Anstalt beginnt ........ und endet am ........

## II. Versicherungskasse.

§ 8. Zweck der Versicherungskasse ist die gegenseitige Unterstützung ihrer Mitglieder im Fall der Arbeitslosigkeit.

§ 9. Als Mitglieder der Versicherungskasse können alle in ............ wohnhaften oder beschäftigten regelmäßig erwerbstätigen Arbeitnehmer im Alter vom vollendeten (18.) bis zum vollendeten ( 60. ) Lebensjahr aufgenommen werden; weibliche Personen jedoch nur, wenn sie ledig oder verwitwet sind oder dauernd getrennt leben oder wegen Unfähigkeit des Ehemannes ihre Familie zu ernähren haben.

Arbeitnehmer, die dauernd erwerbsunfähig im Sinne des Invalidenversicherungsgesetzes sind oder deren regelmäßiger Jahresarbeitsverdienst an Lohn, Gehalt oder sonstigem Entgelt (2000) ℳ übersteigt, werden nicht aufgenommen. Ebenso sind vorbehaltlich der Bestimmung des § 23 Absatz 1 die in den letzten ( 3 ) Jahren in land- oder forstwirtschaftlichen Betrieben außerhalb der Gemeinde ............ beschäftigt gewesenen Arbeitnehmer von der Aufnahme ausgeschlossen. Das gleiche gilt für Arbeitnehmer, die bereits anderweit gegen die Folgen der Arbeitslosigkeit versichert sind.

§ 10. Der Antrag auf Aufnahme ist bei ..... .......... (dem gemeindlichen Arbeitsamt) persönlich zu stellen. Dabei ist die Erfüllung der für die Aufnahme vorgeschriebenen Bedingungen (§ 9) nachzuweisen.

Die Aufnahme darf erst erfolgen, wenn der Antragsteller die Satzung samt den hierzu erlassenen Ausführungsvorschriften unterschriftlich anerkannt hat.

Über die erfolgte Aufnahme wird eine auf den Namen lautende Bescheinigung ausgestellt.

Die Versicherung beginnt mit dem auf die Ausstellung der Bescheinigung folgenden Montag.

**§ 11.** Die Mitgliedschaft erlischt:

1. durch Wegfall der für die Aufnahme vorgeschriebenen Bedingungen (§ 9).
2. durch Austritt,
3. durch Ausschluß.

**§ 12.** Eine vorübergehende Entfernung, bei der aus den begleitenden Umständen erhellt, daß nicht beabsichtigt ist, den Wohnsitz oder die Beschäftigung in ............ aufzugeben, bewirkt das Erlöschen der Mitgliedschaft (§ 11 Ziffer 1) nicht.

Der Austritt ist jederzeit zulässig und erfolgt mittels schriftlicher oder mündlicher Anzeige beim (gemeindlichen Arbeitsamt).

**§ 13.** Mitglieder, die, ohne Stundung erwirkt zu haben, länger als ( 5 ) Wochen mit der Entrichtung der Beiträge (§ 16) im Rückstande bleiben, gelten als ausgetreten.

**§ 14.** Der Ausschluß k a n n erfolgen, wenn ein Mitglied eine ihm nach der Satzung oder den hierzu erlassenen Ausführungsvorschriften obliegende Verpflichtung vorsätzlich oder aus grobem Verschulden nicht erfüllt oder Handlungen begeht, die eine widerrechtliche Schädigung der Versicherungskasse bezwecken oder zur Folge haben.

**§ 15.** Ausgeschiedene Mitglieder haben keinen Anspruch an die Versicherungskasse und deren Vermögen.

Jedoch k ö n n e n Mitgliedern, die wenigstens ( 1 ) Jahr der Kasse angehört haben und wegen Wegfalls der für die Aufnahme vorgeschriebenen Bedingungen aus der Kasse ausscheiden (§ 11 Ziffer 1) oder aus triftigen Gründen austreten (§ 11 Ziffer 2), die entrichteten Beiträge (§§ 16 und 25) teilweise zurückerstattet werden. Die gleiche Rückerstattung kann an die hinterlassenen bisher unterhaltsberechtigten Angehörigen verstorbener Mitglieder erfolgen.

Die Rückerstattung geschieht nach Maßgabe der verfügbaren Mittel, und zwar regelmäßig nach einjähriger Mitgliedschaft mit (1/5), nach zweijähriger Mitgliedschaft mit (2/5), nach drei- oder mehrjähriger Mitgliedschaft oder im Falle dauernden Wegzugs behufs Annahme nachgewiesener auswärtiger Arbeit (§ 20 Absatz 3) mit (3/5).

Die empfangenen Unterstützungen (§§ 18 und 27), die erstatteten Beiträge (§ 15 Absatz 2 und 3) und die gewährten Beihilfen (§ 20 Absatz 3) sind dabei, soweit das nicht schon früher geschehen ist, von den Beiträgen in Abzug zu bringen.

**§ 16.** Die Mitglieder haben beim Eintritt ein Eintrittsgeld von (50 Pf.) und außerdem vorbehaltlich der Bestimmung des § 17 für jede Woche nach deren Ablauf einen Beitrag zu entrichten.

Die Beiträge sind nach dem Beruf und dem Familienstand der Mitglieder abgestuft und betragen

| wöchentlich in der | 1. | 2. | 3. | 4. Klasse |
|---|---|---|---|---|
| für Ledige | . . . . | . . . . | . . . . | . . . . |
| für Verheiratete | . . . . | . . . . | . . . . | . . . . |

Zur 1. Klasse gehören die ......... (gelernten Dauerarbeiter), zur 2. die .........(ungelernten in Dauerbetrieben beschäftigten Arbeiter), zur 3. die ......... (ungelernten in Saisonbetrieben beschäftigten Arbeiter), zur 4. die ......... (gelernten Saisonarbeiter).

Mit dem Wechsel des Berufes oder des Familienstandes ändern sich auch die Beiträge. Die Änderung tritt mit der auf den Wechsel folgenden Beitragswoche ein.

Den Ledigen werden die Verwitweten oder dauernd getrennt Lebenden ohne unterhaltsberechtigte Angehörige, den Verheirateten die Verwitweten oder dauernd getrennt Lebenden mit unterhaltsberechtigten Angehörigen gleichgeachtet.

Für Mitglieder, welche die Versicherungskasse wiederholt in einem den Durchschnitt ihrer Klasse übersteigenden Maße in Anspruch genommen haben, können die Beiträge entsprechend erhöht werden.

**§ 17.** Für Wochen, in denen eine Lohnbeschäftigung nicht wenigstens an ( 3 ) Tagen besteht, müssen Beiträge nicht entrichtet werden.

Jedoch ist auch für diese Zeit die Beitragsentrichtung gestattet, wenn sie spätestens ( 4 ) Wochen nach dem Wiederbeginn der Beitragspflicht erfolgt. Für mehr als ( 6 ) Wochen ist die nachträgliche Beitragsentrichtung nicht zulässig.

**§ 18.** Im Fall der Arbeitslosigkeit wird den Mitgliedern, die ihren Pflichten gegen die Versicherungskasse nachgekommen sind, vor den übrigen Angemeldeten Arbeitsgelegenheit durch das gemeindliche Arbeitsamt nachgewiesen.

Kann entsprechende Arbeit nicht nachgewiesen werden, so erhalten die bezeichneten Mitglieder, solange sie arbeitslos sind, jedoch frühestens vom ( 8. ) Tage nach dem Eintritt der Arbeitslosigkeit an und höchstens auf ( 60 ) Tage innerhalb 52 Wochen für jeden Tag, mit Ausnahme der Sonntage, Unterstützung.

Die Höhe der Unterstützung wird nach Maßgabe der verfügbaren Mittel von Monat zu Monat festgesetzt und darf

für Ledige ........ Pf.
für Verheiratete ..... „

täglich nicht übersteigen.

§ 16 Absatz 5 findet Anwendung.

**§ 19.** Unterstützung wird erstmals nur an solche Mitglieder gewährt, die wenigstens ( 52 ) Wochenbeiträge entrichtet haben.

Jede weitere Unterstützung ist davon abhängig, daß innerhalb der dem Unterstützungsfall vorhergehenden ( 52 ) Wochen ( 40 ) oder innerhalb der vorhergehenden ( 104 ) Wochen ( 80 ) Wochenbeiträge entrichtet worden sind.

Den in den ersten (26) Wochen nach der Errichtung der Anstalt in die Versicherungskasse aufgenommenen Mitgliedern werden diejenigen Wochen, während welcher sie vor der Aufnahme die Bedingungen für diese (§ 9) erfüllt hatten, jedoch höchstens (26) Wochen auf die Wartezeit nach Abs. 1 angerechnet, wenn sie hiefür binnen (6) Wochen nach der Aufnahme die treffenden Beiträge entrichten.

**§ 20.** Die Unterstützung wird eingestellt, wenn und solange ein arbeitsloses Mitglied nachgewiesene Arbeit unberechtigt verweigert.

Jede geeignete und entsprechend gelohnte Arbeit, auch solche nach auswärts und außerhalb des Berufs, muß angenommen werden. Eine Verpflichtung zur Annahme nachgewiesener Arbeit besteht nicht, wenn die Arbeit unverhältnismäßig schwerer als die geübte oder zu einer Beeinträchtigung der Arbeitsfähigkeit im geübten Berufe zu führen geeignet oder durch Ausstand oder Aussperrung freigeworden ist. Arbeit außerhalb der Gemeinde ............ muß von Verheirateten nur dann angenommen werden, wenn die Entfernung des Arbeitsortes die Obsorge für die Familie und den Verkehr mit ihr nicht erheblich erschwert.

Im Fall der Übersiedelung an einen anderen Arbeitsort k a n n die Versicherungskasse zur Bestreitung der Kosten der Übersiedelung, soweit sie nicht durch die nach § 15 Abs. 2 mit 4 erstatteten Beiträge gedeckt werden, Beihilfen gewähren.

**§ 21.** Für Mitglieder, die innerhalb (3) Wochen nach Annahme nachgewiesener Arbeit neuerlich arbeitslos werden, tritt die Unterstützung, sofern sie nicht bereits für die Höchstdauer (§ 18 Absatz 2) gewährt worden ist, sofort mit dem Beginn der Arbeitslosigkeit ein.

**§ 22.** Die Übernahme nachgewiesener auswärtiger Arbeit ist im Zweifel als vorübergehende Entfernung im Sinne des § 12 anzusehen.

**§ 23.** Mitglieder, die sich behufs Annahme nachgewiesener auswärtiger Arbeit aus .......... nicht bloß vorübergehend entfernt haben und damit aus der Versicherungskasse ausgeschieden sind, werden nach erfolgter Rückkehr, soferne sie die übrigen Bedingungen für die Aufnahme (§ 9) erfüllen, auch dann wieder in die Kasse aufgenommen, wenn sie in der Zwischenzeit auswärts in land- oder forstwirtschaftlichen Betrieben beschäftigt gewesen sind.

Die neuerliche Mitgliedschaft gilt als unmittelbare Fortsetzung der früheren, falls die Abwesenheit nicht länger als (2) Jahre gedauert hat.

Auch wird den wiederaufgenommenen Mitgliedern die auswärts in Arbeit zugebrachte Zeit bis zur Höchstdauer von (26) Wochen als Beitragszeit angerechnet, wenn und soweit sie hierfür binnen (13) Wochen nach der Wiederaufnahme die treffenden Beiträge entrichten.

Die nach § 15 Abs. 2 mit 4 erstatteten Beiträge und die nach § 20 Abs. 3 zur Übersiedelung gewährten Beihilfen können für die Bemessung einer neuerlichen nach der Wiederaufnahme zu gewährenden Arbeitslosenunterstützung in gleicher Weise wie eine nach § 18 gewährte Unterstützung angerechnet werden.

**§ 24.** Die in § 18 Abs. 2 vorgesehene (sieben-) tägige Wartezeit wird erst von dem Tage an gerechnet, an dem das Mitglied sich beim gemeindlichen Arbeitsamt als arbeitslos gemeldet hat.

Die arbeitslosen Mitglieder haben sich während dieser Wartezeit und solange sie Unterstützung beziehen, täglich zur festgesetzten Zeit beim (gemeindlichen Arbeitsamt) persönlich vorzustellen und die geforderten Aufschlüsse zu erteilen. Zuwiderhandlungen werden, soweit sie nicht nach § 14 den Ausschluß zur Folge haben, mit gänzlicher oder teilweiser Entziehung der Unterstützung geahndet.

**§ 25.** Arbeitnehmervereine, die mindestens (30) in ............ wohnhafte oder beschäftigte Mitglieder zählen und in ............ eine eigene Verwaltungsstelle besitzen, können ermächtigt werden, diejenigen ihrer Mitglieder, welche die Bedingungen für die Aufnahme in die

Versicherungskasse (§ 9) erfüllen, geschlossen zur Versicherung anzumelden.

**§ 26.** Der Antrag auf Erteilung der Ermächtigung ist bei (dem gemeindlichen Arbeitsamt) zu stellen. Dabei sind die Vereinssatzungen und die sonst etwa für die Mitglieder geltenden Bestimmungen vorzulegen.

Die Ermächtigung darf nur erteilt werden, wenn der Verein die Satzung der Anstalt samt den hierzu erlassenen Ausführungsbestimmungen anerkennt und sich verpflichtet, jede Änderung seiner Satzung und der etwa sonst für seine Mitglieder geltenden Bestimmungen alsbald anzuzeigen und die jeweils geforderten Aufschlüsse zu erteilen.

**27.** Die im § 25 bezeichneten Vereine können auch ermächtigt werden, die Beiträge zur Versicherungskasse von ihren Mitgliedern einzuheben und denselben die Kassenunterstützungen auszuzahlen. In diesem Falle haben sie über die für die Versicherungskasse vereinnahmten Beiträge und verausgabten Unterstützungen gesonderte Bücher und eigene Rechnung zu führen und unter Vorlage der erforderlichen Nachweisungen monatlich mit der Versicherungskasse abzurechnen. Den Beauftragten der Anstalt ist in die betreffenden Bücher und Rechnungen jederzeit Einsicht zu gewähren.

III. Zuschußkasse.

**§ 28.** Zweck der Zuschußkasse ist die Förderung der Arbeitslosenversicherung durch Gewährung von Zuschüssen und zwar an:

1. die Mitglieder der Versicherungskasse (§ 8 ff.)
2. die Mitglieder der zugelassenen Vereine (§ 25 ff.),
3. die zugelassenen Sparer (§ 39 ff.).

**§ 29.** An der Zuschußkasse nehmen jene der Versicherungskasse angehörenden Arbeitnehmer teil, die ............ beheimatet oder dort ununterbrochen seit wenigstens (2) Jahren wohnhaft oder beschäftigt sind.

**§ 30.** Eine vorübergehende Entfernung, bei der aus den begleitenden Umständen erhellt, daß nicht beabsichtigt ist, den Wohnsitz oder die Beschäftigung iu ............ aufzugeben, gilt nicht als Unterbrechung des Wohnsitzes oder der Beschäftigung.

Die Annahme nachgewiesener auswärtiger Arbeit ist im Zweifel als vorübergehende Entfernung im Sinne des vorstehenden Absatzes anzusehen.

**§ 31.** Die zur Teilnahme an der Zuschußkasse berechtigten Mitglieder der Versicherungskasse erhalten im Fall der Arbeitslosigkeit, solange sie von der Versicherungskasse Unterstützung beziehen, einen Zuschuß.

Die Höhe des Zuschusses wird nach Maßgabe der verfügbaren Mittel von Monat zu Monat festgesetzt und darf für

die Ledigen ..... Pf.
die Verheirateten ..... „

täglich nicht übersteigen.

Die Bestimmung des § 16 Abs. 5 findet Anwendung.

**§ 32.** Der Zuschuß wird gleichzeitig mit der Unterstützung der Versicherungskasse ausgezahlt.

Die Bestimmung des § 27 findet entsprechende Anwendung.

**§ 33.** Arbeitnehmervereine, welche die Arbeitslosenversicherung betreiben, mindestens (50) in ............ wohnhafte oder beschäftigte Mitglieder zählen und in ............ eine eigene Verwaltungsstelle besitzen, können mit Wirksamkeit vom ........ ..........* an zur Teilnahme an der Zuschußkasse zugelassen werden.

Die Erlangung des Zuschusses ist jedoch für die einzelnen Vereinsmitglieder an die gleichen Be-

* Nicht früher als auch die Mitglieder der Versicherungskasse Unterstützung und Zuschüsse erlangen können, also frühestens 26 Wochen nach Eröffnung der Anstalt (§§ 19 und 31).

dingungen geknüpft, welche nach den §§ 9, 29 und 30 von den Mitgliedern der Versicherungskasse zur Erlangung der Mitgliedschaft sowie der Unterstützung und des Zuschusses zu erfüllen sind.

**§ 34.** Im Fall der Arbeitslosigkeit wird den nach § 33 berechtigten Mitgliedern der zugelassenen Vereine gleich den Mitgliedern der Versicherungskasse durch das gemeindliche Arbeitsamt vor den übrigen bei diesem angemeldeten Arbeitsuchenden Arbeitsgelegenheit nachgewiesen.

Kann entsprechende Arbeit nicht nachgewiesen werden, so erhalten die bezeichneten Mitglieder, solange sie arbeitslos sind und von dem Verein Arbeitslosenunterstützung beziehen, jedoch frühestens vom (8.) Tage nach dem Eintritt der Arbeitslosigkeit an und höchstens auf (60) Tage innerhalb 52 Wochen für jeden Tag mit Ausnahme der Sonntage denselben Zuschuß wie die Mitglieder der Versicherungskasse. (§ 31).

**§ 35.** Bleibt die Arbeitslosenunterstützung des Vereins hinter der jeweiligen Unterstützung der Versicherungskasse zurück, so wird auch der Zuschuß in entsprechendem Verhältnis gekürzt.

Übersteigt die Arbeitslosenunterstützung des Vereins den in § 18 Abs. 3 vorgesehenen Höchstbetrag der Unterstützung der Versicherungskasse, so wird der Zuschuß um den übersteigenden Teil gekürzt.

Endet im Falle des zweiten Absatzes die Unterstützung des Vereins früher als die Unterstützung der Versicherungskasse, so kann nach Beendigung der Vereinsunterstützung bis zum Ablauf der für die Mitglieder der Versicherungskasse festgesetzten Unterstützungsdauer der volle Zuschuß für sich allein ausbezahlt werden; der Gesamtbetrag der Arbeitslosenunterstützung, der sich für die Mitglieder der Versicherungskasse ergibt, darf hierdurch jedoch in keinem Zeitpunkt überschritten werden.

**§ 36.** Mitglieder zugelassener Vereine können von der Teilnahme an der Zuschußkasse dauernd oder zeitweise ausgeschlossen werden, wenn sie eine ihnen nach dieser Satzung oder den hierzu erlassenen Ausführungsvorschriften obliegende Verpflichtung vorsätzlich oder aus grobem Verschulden nicht erfüllen oder Handlungen begehen, die eine widerrechtliche Schädigung der Kasse bezwecken oder zur Folge haben.

§ 37. Die Zulassung der Vereine ist widerruflich.

Sie kann insbesondere dauernd oder zeitweise zurückgenommen werden, wenn der Verein den übernommenen Verpflichtungen nicht nachkommt oder wenn Vertreter des Vereins schuldhafter Weise dazu beitragen oder beizutragen versuchen, daß Unberechtigte in die Versicherungskasse aufgenommen werden oder daß die Kassenunterstützung Unberechtigten zuteil wird.

§ 38. Die zugelassenen Vereine haben ihren arbeitslosen Mitgliedern, welche die Vorbedingungen zur Erlangung des Zuschusses erfüllt haben und der in § 24 festgesetzten Meldepflicht nachgekommen sind, den festgesetzten Zuschuß gleichzeitig mit der Vereinsunterstützung vorschußweise auszuzahlen.

Über die verausgabten Unterstützungen und Zuschüsse haben sie gesonderte Bücher und eigene Rechnung zu führen.

Mit der Zuschußkasse haben sie unter Vorlage der erforderlichen Nachweisungen monatlich abzurechnen.

Im übrigen finden auf die Vereine und deren Mitglieder die Bestimmungen der §§ 20 Abs. 1 und 2, 21, 24, 26 und 27 Satz 3 entsprechende Anwendung.

§ 39. Neben den in § 29 und 33 bezeichneten Personen können mit Wirksamkeit vom ...... ............* an auch solche in ......... beheimatete oder dort ununterbrochen seit wenigstens (2) Jahren wohnhafte oder beschäftigte Arbeit-

* Vgl. die Bemerkung zu § 33.

nehmer zur Teilnahme an der Zuschußkasse zugelassen werden, welche, ohne Mitglieder der Versicherungskasse oder eines zugelassenen Vereins zu sein, für den Fall der Arbeitslosigkeit aus eigenen Mitteln Spareinlagen bei (der gemeindlichen Sparkasse in ......... gemacht haben und auf ihren Antrag vom ............ (städtischen Arbeitsamt) in das Verzeichnis der Sparer eingetragen worden sind. („Sparer").

**§ 40.** Im Fall der Arbeitslosigkeit wird den Sparern gleich den Mitgliedern der Versicherungskasse und der zugelassenen Vereine vor den übrigen Angemeldeten Arbeitsgelegenheit durch das gemeindliche Arbeitsamt nachgewiesen.

Kann entsprechende Arbeit nicht nachgewiesen werden, so erhalten die Sparer, solange sie arbeitslos sind und von ihrem Sparkassenguthaben abheben, aus der Zuschußkasse einen Zuschuß in der gleichen Dauer, wie die Mitglieder der Versicherungskasse, jedoch nur in ............ (halber) Höhe.

**§ 41.** Der Zuschuß wird nur gewährt, wenn die erste Spareinlage, sowie die Eintragung in das Verzeichnis der Sparer seit mindestens 52 Wochen erfolgt ist und das Sparkasseguthaben seit mindestens (26) Wochen den Betrag von (20) ℳ, seit mindestens 13 Wochen den Betrag von (30) ℳ erreicht hat. Für die ersten 26 Wochen nach Errichtung der Anstalt können der Bestimmung des § 19 Abs. 3 entsprechende Erleichterungen gewährt werden.

Bleibt der von der Spareinlage abgehobene Betrag hinter der in § 18 Abs. 3 vorgesehenen Unterstützung zurück, so wird auch der Zuschuß in entsprechendem Verhältnis gemindert.

Übersteigt die Abhebung den in § 18 Abs. 3 vorgesehenen Unterstützungshöchstbetrag, so wird der Zuschuß um den übersteigenden Teil gekürzt, soweit die höhere Abhebung nicht lediglich dazu erfolgt, um die geringere Höhe des Zuschusses § 40 auszugleichen.

§ 42. Im übrigen finden auf die Sparer die Bestimmungen der §§ 9, 10, Abs. 1—3, 11, 20, 21, 24, 30 und 36 entsprechende Anwendung.

## IV. Schlußbestimmungen.

§ 43. Die zur Ausführung dieser Satzungen erforderlichen Vorschriften werden vom Anstaltsausschuß erlassen.

§ 44. Der Anstaltsausschuß hat nach Schluß jedes Rechnungsjahres über die Ergebnisse der Anstalt an den Stadtmagistrat (Stadtrat) zu berichten.

§ 45. Die Änderung der Satzung ist jederzeit, die Auflösung der Anstalt zum Schluß eines Rechnungsjahres zulässig.

Vor der Änderung der Satzung und der Auflösung der Anstalt ist der Anstaltsausschuß gutachtlich zu hören.

§ 46. Das im Zeitpunkt der Auflösung der Anstalt vorhandene Vermögen ist, und zwar das Vermögen der Versicherungskasse, zur Fortgewährung der bis dahin zugesprochenen oder fällig gewordenen Unterstützungen sowie zur Rückerstattung der Beiträge nach § 15, das Vermögen der Zuschußkasse zur Fortgewährung der bis dahin zugesprochenen oder fällig gewordenen Zuschüsse zu verwenden.

Reicht das Vermögen einer Kasse zur Erfüllung ihrer Obliegenheiten nicht aus und können diese nicht auch aus dem Vermögen der anderen Kasse bestritten werden, so sind die Auszahlungen verhältnismäßig zu kürzen.

Etwaige Überschüsse sind für andere Arbeiterwohlfahrtszwecke zu verwenden.

## Anhang.

### Etwaige weitere Bestimmungen über Zusatz- und Teilversicherung.

§ 24a. Mitglieder, die mehr als (2) unterhaltungsberechtigte Angehörige besitzen oder an der Zuschußkasse keinen Anteil haben, sind berechtigt, gegen Beitragszuschläge von wöchentlich

| | | | |
|---|---|---|---|
| in der | | | |
| 1. | 2. | 3. | 4. Klasse |
| .... | .... | .... | .... Pf. |

eine Zusatzversicherung zu nehmen.

Die Höhe der hierfür zu gewährenden Zusatzunterstützung wird nach Maßgabe der verfügbaren Mittel von Monat zu Monat festgesetzt und darf .....Pf. täglich nicht übersteigen.

Im übrigen finden auf die Zusatzversicherung die Bestimmungen über die allgemeine Versicherung Anwendung.

**§ 24b.** Arbeitnehmer, die bereits anderweit gegen die Folgen der Arbeitslosigkeit versichert sind, können, wenn sie die Bedingungen für die Aufnahme in die Versicherungskasse (§ 9) erfüllen, eine Teilversicherung auf den Betrag nehmen, um den der Höchstbetrag der den Mitgliedern der Versicherungskasse zustehenden Unterstützung nach §§ 18 bzw. 24a die anderweitige Arbeitslosenunterstützung übersteigt.

Für die Teilversicherung ist ein Wochenbeitrag zu bezahlen, der in dem gleichen Verhältnis zu dem Wochenbeitrag nach § 16 bzw. 24a steht, wie der Betrag des Unterschieds zwischen der anderweitigen Arbeitslosenunterstützung und der Kassenleistung zur letzteren.

Bruchteile eines Pfennigs werden auf ganze Pfennig abgerundet.

Im übrigen finden auf die Teilversicherung die Bestimmungen über die Allgemeine Versicherung Anwendung.

**§ 35b.** Gehören Mitglieder der nach § 33 zugelassenen Arbeitnehmervereine gleichzeitig nach § 24b auch der Versicherungskasse an, so erhalten sie den Zuschuß nur einmal.

## Besondere Bemerkungen zum Satzungsentwurf.

**Zu § 2:** Die Arbeitslosigkeit infolge Arbeitsunfähigkeit ist ausgeschlossen, weil hierfür andere Versicherungen zur Verfügung stehen, die Arbeitslosigkeit infolge Ausstands und Aussperrung, weil die Anstalt dem Streite der Parteien entzogen werden soll. Dagegen besteht zu einem Ausschlusse der sogenannten Saisonarbeitslosigkeit kein hinreichender Anlaß. Denn gerade gegenüber den Saisonarbeitern handelt es sich darum, Gelegenheit zu geben, aus dem verhältnismäßig hohen Arbeitseinkommen für die Tage der Verdienstlosigkeit zurückzulegen.

**Zu § 16:** Die Beitragsleistung ist nach der voraussichtlichen Inanspruchnahme der Kasse abzustufen. Die Einteilung mußte bei der Verschiedenheit der Verhältnisse der örtlichen Regelung überlassen bleiben. Im allgemeinen dürfte es wohl genügen, zwischen Dauer- und Saisonarbeitern, gelernten und ungelernten Arbeitern zu unterscheiden.

Im übrigen wird erst die Erfahrung mehrerer Jahre einen einigermaßen verlässigen Maßstab für die Festsetzung der Beiträge liefern. Für den Anfang sind nur wenige Anhaltspunkte gegeben. In Betracht kommen zunächst die seit 1903 vom Kaiserlichen Statistischen Amt vierteljährlich im Reichsarbeitsblatt veröffentlichten Berichte über die Arbeitslosigkeit in den deutschen Fachverbänden und die seit Dezember 1908 vom Statistischen Landesamt monatlich herausgegebenen Zusammenstellungen „Der Arbeitsmarkt in Bayern". Dazu ist jedoch zu bemerken, daß beide Veröffentlichungen die Hauptmasse der Saisonarbeiter, die eigentlichen Bauarbeiter (Maurer und Bautaglöhner) nicht berücksichtigten und daß die Verbände aus den schon in der Entschließung dargelegten Gründen eine erheblich günstigere Gefahrenziffer aufzuweisen haben, als für die Versicherungskasse erwartet werden darf. Daneben können die in der

Denkschrift des Kaiserlichen Statistischen Amts „Die bestehenden Einrichtungen zur Versicherung gegen die Folgen der Arbeitslosigkeit im Ausland und im Deutschen Reich", Teil I S. 361 ff., verarbeiteten Ergebnisse der veranstalteten Arbeitslosenzählungen verwertet werden. Vor allem aber muß, wenigstens was die Bauarbeiter anlangt, auf die mit diesen bei den Versicherungskassen in Bern und Cöln gemachten Erfahrungen zurückgegriffen werden.

Hiernach wird, wie das bereits für die seinerzeit von Dr. Singer für München vorgeschlagene Arbeitslosenversicherung der Bauarbeiter geschehen ist, davon auszugehen sein, daß die Saisonarbeiter, deren Hauptteil die Bauarbeiter ausmachen, zu ungefähr 70% auf etwa $^3/_4$ der vorgesehenen Unterstützungsdauer arbeitslos werden. Die Arbeitslosigkeit der Dauerarbeiter beträgt etwa $^1/_3$ der ersteren, während die Arbeitslosigkeit der ungelernten Arbeiter ungefähr die Mitte hält. Die Arbeitslosigkeit der in Dauerbetrieben beschäftigten ungelernten Arbeiter dürfte etwas höher als die der gelernten Dauerarbeiter anzuschlagen sein, weil letztere für den Arbeitgeber weniger leicht ersetzbar sind, die Arbeitslosigkeit der in Saisonbetrieben beschäftigten ungelernten Arbeiter aber etwas niedriger als jene der gelernten Saisonarbeiter, weil sie zwar ebenso wahrscheinlich wie diese arbeitslos werden, jedoch eher eine ihnen entsprechende Ersatzbeschäftigung zu finden in der Lage sind.

Danach würde der Wochenbeitrag ungefähr folgendermaßen festzusetzen sein:

| Bei einer auf die Dauer von 60 Tagen gewährten Unterstützung von täglich | in der 1. | 2. | 3. | 4. Klasse |
|---|---|---|---|---|
| Pf. | Pf. | Pf. | Pf. | Pf. |
| 60 | 15 | 24 | 36 | 45 |
| 80 | 20 | 32 | 48 | 60 |
| 100 | 25 | 40 | 60 | 75 |
| 120 | 30 | 48 | 72 | 90 |

Würde statt der hauptsächlich im Interesse der Bauarbeiter vorgesehenen Unterstützungsdauer von 60 Tagen = 10 Wochen eine solche von geringerer Dauer festgesetzt werden, so könnten selbstverständlich auch die Beiträge ermäßigt werden. Es würde dadurch ferner der Antrieb zum Aufsuchen von Arbeit verstärkt werden, es entstünde dann aber auch der Nachteil, daß bei längerer Arbeitslosigkeit gerade dann, wenn die Reserven verbraucht sind, und die Not am größten ist, die Unterstützung in Wegfall käme.

Die gesamte Rechnugsgrundlage ist übrigens zurzeit noch so unsicher, daß nach einem weiteren Ausgleiche gesucht werden mußte. Zu dem Behuf ist die Möglichkeit vorgesehen, einerseits Mitglieder, welche die Kasse wiederholt in einem den Durchschnitt übersteigenden Maße in Anspruch genommen haben, zu entsprechend erhöhten Beiträgen heranzuziehen, andererseits Mitglieder, welche der Kasse nicht oder nur wenig zur Last fallen, durch wenigstens teilweisen Rückersatz der Beiträge zu entschädigen. Dadurch wird die Versicherung zugleich zu einer Art Sparkasse, die namentlich im Sterbe- und Umzugsfalle schätzenswerte Dienste leisten kann.

**Zu § 18:** Nach dem Eintritte der Arbeitslosigkeit ist eine 7tägige Wartezeit vorgesehen, da die Arbeiter in der Regel nach Wochen oder nach längeren Zeiträumen entlohnt werden und daher nicht schon gleich mit dem Beginn der Arbeitslosigkeit hilfsbedürftig sind.

Das Maß der Unterstützung muß, um unter keinen Umständen den Arbeitstrieb zu unterbinden, derart bemessen werden, daß auch mit Einschluß des etwaigen Zuschusses der Zuschußkasse lediglich das zum Leben unbedingt Notwendige gereicht wird. Demzufolge darf die Höhe der Unterstützung nur nach dem Familienstande des Versicherten gestaffelt werden und muß auch von einer allmählichen Herabsetzung der Unterstützungssätze Umgang genommen werden.

**Zu §§ 25—27:** Diese Bestimmungen sind im Interesse jener Organisationen aufgenommen worden, die eine Arbeitslosenunterstützung noch nicht einführen können. Sie sollen derartigen Vereinen wenigstens eine beschränkte Betätigung auf dem Gebiete der Arbeitslosenversicherung ermöglichen. Von der vollständigen Gleichstellung dieser Vereine mit den in § 33 bezeichneten wurde abgesehen, da die von ihnen erhobenen Beiträge eigentlich zum Vermögen der Versicherungskasse gehören und eine Verfügungsbefugnis über letzteres nicht eingeräumt werden kann.

**Zu § 35:** Die Kürzung des Zuschusses in solchen Fällen, in denen die Arbeitslosenunterstützung eines Vereins hinter der Unterstützung der Versicherungskasse zurückbleibt, ist deshalb vorgesehen, weil es unbillig erscheint, den Mitgliedern jener Vereine, welche trotz ihres im allgemeinen günstigeren Risikos weniger leisten und von ihren Mitgliedern geringere Opfer fordern als die Versicherungskasse, die gleichen Zuschüsse wie den Mitgliedern der letzteren zu gewähren. Die Kürzung des Zuschusses in jenen Fällen dagegen, in denen die Vereinsunterstützung den Höchstbetrag der Unterstützung der Versicherungskasse übersteigt, bezweckt, die Gesamtunterstützung auf das gleiche Maß des unbedingt Notwendigen zurückzuführen und die Mitglieder der Vereine nicht von vornherein günstiger zu stellen als jene der Versicherungskasse.

**Zu § 38:** Die Bestimmung des § 38 Abs. 1 ist im Interesse einfacheren Gelchäftsganges und billigerer Verwaltung vorgesehen.

Damit ist aber nicht etwa dem Verbande die endgültige Entscheidung überlassen. Dieselbe bleibt vielmehr der Anstalt, mit welcher die Verbände fortlaufende Abrechnung zu pflegen haben, gewahrt, so daß die volle Unparteilichkeit in der Beurteilung des einzelnen Falles gesichert ist.

**Zu §§ 39—41:** Wird die Unterstützung von S p a r e r n eingeführt, so erscheint es angemessen, ihnen nur einen Teil des regelmäßigen Zuschusses zu gewähren, da sie einer Unterstützung meist weniger bedürftig sind und vor allem kein Risiko übernommen haben. Während nämlich die Mitglieder der Versicherungskasse und der zugelassenen Vereine auch für Andere Opfer bringen und damit rechnen müssen, daß sie für ihre Beiträge unter Umständen kein Entgelt erhalten, behält der Sparer seine Einlage vollständig für sich und bringt keine Opfer, sondern erhält seine Einlagen sogar noch verzinst. Es ist daher wohl angemessen, dem Zuschuß an die Sparer mehr die Eigenschaft einer zur Aufmunterung dienenden Sparprämie zu geben. Andernfalls würde auch der Anreiz entfallen, der Versicherungskasse beizutreten, da durch eine sichere Spareinlage von ausreichender Höhe das gleiche zu erreichen wäre. Im übrigen wurden die Bedingungen für die Sparer jenen der Versicherungskasse angepaßt. Von einer Sperrung des Guthabens wurde abgesehen, da sich diese Maßregel praktisch nicht bewährt hat.

**Zu § 45:** Was die Änderung der Satzung anlangt, so erschien es nicht angängig, den Beteiligten weitere Garantien zu gewähren, da die Entwicklung der Dinge nicht im voraus überblickt werden kann und zu den Stadtverwaltungen, die an der Versicherungskasse finanziell nicht interessiert sind, das Vertrauen gehegt werden muß, daß sie den Versicherten nachteilige Änderungen nur im Notfalle und in zweckmäßiger Weise vornehmen werden wird.

**Zum Anhange:** Die Zusatzversicherung soll den Ernährern größerer Familien sowie solchen Personen, die an der Zuschußkasse keinen Anteil haben, er ermöglichen, durch Leistung höherer Versicherungsbeiträge eine höhere Unterstützung aus der Versicherungskasse zu erlangen. Sie wird jedoch praktisch wohl ohne besondere Bedeutung bleiben, da die Ernährer größerer Familien nur schwer die weiteren Beiträge aufbringen werden und ein besonderer Zuschuß für dieselbe nicht gewährt wird.

Auch die in § 24b vorgesehene Teilversicherung dürfte praktisch kaum Anwendung finden, da sie auf einfache Weise durch Erhöhung der anderweitigen Versicherung ersetzt werden kann. Da die fraglichen Bestimmungen den Satzungsentwurf komplizieren würden, wurden sie lediglich in den Anhang aufgenommen, damit sie im Bedarfsfalle zur Anwendung gebracht werden können.

---

## II. Baden.

### Denkschrift über die Arbeitslosenversicherung

(Karlsruhe, Druck der G. Braunschen Hofbuchdruckerei 1909).

### Einleitung.

„Unter Arbeitslosigkeit als einer wirtschaftlichen Erscheinung wird stets unfreiwillige Arbeitslosigkeit verstanden. Der Begriff der (unfreiwilligen) Arbeitslosigkeit — chômage (involontaire), (involuntary)unemployment, disoccupazione(involontaria) (onvrywillige) werkloosheid — steht heute international so fest, daß es der Fragestellung und Erörterung darüber, welche Formen der Arbeitslosigkeit grundsätzlich einzubeziehen oder auszuschalten sind, nicht mehr bedarf.

Wo immer Arbeitslosigkeit den Gegenstand der Erörterung oder der privaten oder öffentlichen Fürsorge bildet, wird sie als vorliegend erachtet:

> „wenn ein arbeitswilliger und arbeitsfähiger Arbeitnehmer seine Beschäftigung verloren, eine andere angemessene Beschäftigung noch nicht gefunden hat und zurzeit nicht finden kann."

Die Sicherstellung gegen die Folgen vorübergehender Arbeitslosigkeit erfolgt in erster Linie auf dem Wege eigener Vorsorge und Selbsthilfe, insbesondere z. B. privater Spartätigkeit und gegenseitiger Unterstützung von Berufsgenossen.

Gegenstand öffentlichen Interesses und öffentlicher Fürsorge wird, wenn und soweit die Selbsthilfe nicht ausreicht, die als wirtschaftliche Massenerscheinung auftretende Arbeitslosigkeit.

Mit der zunehmenden Industrialisierung der Wirtschaft nimmt diese Arbeitslosigkeit zeitweise einen Umfang an, der vordem ungeahnt war. Länger andauernde Arbeitslosigkeit erzeugt neben schweren wirtschaftlichen und sittlichen Nachteilen für die Betroffenen auch Gefahren für die öffentliche Wohlfahrt und Ordnung. Daher tritt die Frage, wie diesem Übelstand zu begegnen sei, mehr und mehr in den Vordergrund des öffentlichen Interesses.

Dreierlei Maßnahmen sind möglich: Vorbeugung, Bekämpfung, Fürsorge.

Als Vorbeugungsmaßregeln sind zu nennen: Regelung der Produktion, Organisation, der Industrie, die Wirtschaftspolitik, die Regelung der Arbeitszeit und andere Vorkehrungen, die geeignet sind, zu einem gleichmäßigen Gang der Volkswirtschaft beizutragen; Verschiebungen der verschiebbaren Arbeiten auf die stilleren Zeiten, insbesondere den Winter; „gleiche Arbeitsverteilung auf den vorhandenen Arbeiterbestand", wozu die Abschaffung von Überstunden in solchen Zeiten, Arbeitsverkürzung statt Entlassung, auch Begrenzung des vom einzelnen Arbeiter zu leistenden Maßes von Arbeit gehört.

Die Bekämpfung der Arbeitslosigkeit findet statt durch Vermittlung von vorhandener oder die Schaffung neuer Arbeitsgelegenheit. Für Vermittlung vorhandener Arbeitsgelegenheit ist die Organisation des Arbeitsnachweises eine entscheidende Maßregel. Erst die Zentralisation des Angebotes und der Nachfrage schafft beständige Beziehungen zwischen beiden, indem sie zugleich mit den vorhandenen Arbeitskräften auch die vorhandene Arbeitslosigkeit in die Erscheinung treten läßt. Insofern er das Nichtvorhandensein von Arbeit zu bestätigen hat, ist der Arbeitsnachweis eine Voraussetzung des Eintritts der Unterstützung oder Versicherung und durch seine fortgesetzte Benutzung während der Dauer der Arbeitslosigkeit zugleich das Kontrollmittel der letzteren. Die Schaffung besonderer Arbeitsgelegenheit durch Staat oder Gemeinde ist stets nur in beschränktem Maße möglich. Subsidiär wird zu solchen Notstandsarbeiten in vielen Ländern gegriffen. Notstandsarbeiten sind teuer und unwirtschaftlich.

Zwischen Vorbeugung und Bekämpfung liegen die Fürsorgemaßnahmen, deren Ziel es sei, den Betroffenen vor den wirtschaftlichen Folgen der Arbeitslosigkeit, der Verschlechterung seiner Lebenshaltung, dem Herabsinken in die Armenpflege, vor Obdachlosigkeit und Bettel zu bewahren: die Arbeitslosenunterstützung und die Arbeitslosenversicherung. Beide wollen eine Grenze ziehen gegen öffentliche und private Wohltätigkeit. Der ohne sein Verschulden arbeitslos gewordene Arbeiter wünscht nicht Almosen zu erhalten, sondern, soweit er sich nicht zu helfen vermag, einen Anspruch auf Hilfe erheben zu dürfen. Während die Unterstützung nach freiem Ermessen und nach den vorhandenen Mitteln erfolgt, hat bei der Versicherung jeder Teilnehmer ein Recht auf die festgesetzten Leistungen. Da unsere Kenntnis der Verhältnisse noch beschränkt und die Möglichkeit ihrer zahlenmäßigen Berechnung noch wenig ausgebildet ist, so haben alle bisherigen Versuche einer Versicherung mehr den Unterstützungs- als den Versicherungscharakter, und wenn wir von Einrichtungen der Versicherung sprechen, so sind die Maßnahmen der organisierten Unterstützung mit inbegriffen.

Die Gründe der Arbeitslosigkeit können in der Person des Arbeitslosen oder in wirtschaftlichen Verhältnissen liegen.

Von Gründen in der Person sind insbesondere zu nennen Arbeitsscheu, Arbeitsunfähigkeit, Krankheit, Unfall, Invalidität, Streik, Aussperrung, freiwillige Aufgabe einer Arbeitsstelle, Nichtannahme angebotener Arbeit. Die Arbeitsscheuen und Arbeitsunfähigen gehören nicht hierher, doch bilden sie eine gewisse Gefahr für die Versicherung, da kein äußerlich erkennbares Merkmal sie von den Arbeitswilligen und Arbeitsfähigen unterscheidet. — Auch Kranke, Unfallbetroffene und Invalide kommen nicht in Betracht; sie sind in Deutschland Gegenstand besonderer Versicherung. Die aus Streik hervorgegangene Arbeitslosigkeit wird nicht einbezogen; das Arbeitsverhältnis ist nicht aufgegeben, sondern unterbrochen; der Arbeiter sucht nicht andere Arbeit, die er nicht finden kann; es liegt nicht ein Mißverhältnis von Angebot und Nachfrage auf dem Arbeitsmarkt vor. Der Zweck der Aussperrung ist nicht die dauernde Lösung des Arbeitsverhältnisses, sondern diese Maßregel erfolgt in Absicht auf eine Einigung. Zwar werden von mancher Seite bei Aussperrung die Bedingungen für Arbeitslosenunterstützung vom Standpunkt der Öffentlichkeit als gegeben erachtet, doch verdient den Vorzug die Ansicht, daß eine solche Unterstützung die Stärkung der einen Partei in der wirtschaftlichen Auseinandersetzung über die Arbeitsbedingungen bedeute und somit als eine unzulässige Parteinahme zu betrachten sei. Daher hat die Arbeitslosigkeit durch Aussperrung ebenfalls von der Fürsorge auszuscheiden. Da mit gutem Grund der Standpunkt eingenommen wird, daß nur unverschuldete Arbeitslosigkeit einen Anspruch auf Unterstützung rechtfertigen kann, so muß die durch freiwilliges Aufgeben einer Arbeitsstelle und Nichtannahme angebotener Arbeit entstandene Arbeitslosigkeit grundsätzlich von der Unterstützung ausgeschlossen bleiben. Durch Regelungen und Kasuistik ist hier jede Härte zu beseitigen.

Die wirtschaftlichen Ursachen der Arbeitslosigkeit können dauernder, vorübergehender oder periodisch wiederkehrender Natur sein. Dauernd durch Niedergang einer Industrie (z. B. Hanfweberei) oder durch Stillegung von Betrieben (z. B. Zechen); hier kann nur Übergang der Personen zu anderer Beschäftigung oder Wegzug helfen. Vorübergehend durch arbeitsparende Maschinen, wirtschaftliche Krisen, Wechsel der Mode, zeitweise Überfüllung des Berufes, Betriebsstörungen durch Beschädigung von Maschinen oder durch Feuer, Wetterverhältnisse und dgl. Periodisch wiederkehrend in den Saisonindustrien (z. B. Konfektion), wo arbeitsreiche und stille Zeiten wechseln; in Berufen, deren Ausübung von den Wetterverhältnissen abhängig ist (Landwirtschaft, Baugewerbe, Binnenschiffahrt); ferner in Berufen mit Gelegenheitsarbeit.

Unter den Einrichtungen, die zur Sicherung der Arbeiter gegen die Folgen der Arbeitslosigkeit in Industrieländern Europas geschaffen worden sind, sind neben der in großem Umfang stattfindenden Selbsthilfe der Arbeiterfachverbände die von Arbeitgebern teils als Wohlfahrtseinrichtungen, teils als Anstalten der Selbsthilfe errichteten Klassen zunächst zu erwähnen. — Anstalten, die mehr oder weniger auf Selbsthilfe beruhen, sind die Kassen für fakultative Arbeitslosenversicherung. Solche wurden geschaffen in Bern, Bologna, Köln, Basel, Venedig, Genf und Leipzig. Eine erhebliche Ausbreitung fand das Genter System, das sich an Arbeiterverbände anlehnt, zum Teil auch Sparkassen, Einzelsparern und nichtorganisierten Arbeitslosen Gelegenheit zum Anschluß gibt; Träger des Genter Systems sind insbesondere die Gemeinden (Belgien 27, Frankreich 36, Holland 9, Luxemburg 7, Deutschland 2), die zum Teil zu

Verbänden zusammengetreten sind. Unterstützt wird die kommunale Fürsorge durch Zuschüsse von Provinzialregierungen (Belgien, Frankreich) und des Staates (Frankreich, Luxemburg, Dänemark, Norwegen). In Mailand ist ein Verein Träger des Genter Systems; in der Stickerei der Schweiz werden Zuschüsse zu den Arbeiterklassen durch die Industrie geleistet. — Die Einführung obligatorischer Arbeitslosenversicherung ist in der Schweiz versucht worden. Ein Gesetz für den Kanton St. Gallen war nur wenige Jahre in Wirksamkeit. Gesetzentwürfe für die Stadt Zürich und den Kanton Basel-Stadt gelangten nicht zu endgültiger Annahme."

Die Denkschrift gibt dann, wie die vorliegende Arbeit auf Seite 37—101, eine Darstellung der bestehenden Einrichtungen auf dem Gebiete der Arbeitslosenversicherung (im weiteren Sinne) und kommt zu folgendem Ergebnis:

### Zusammenfassung.

„Eine kritische Betrachtung der verschiedenartigen Erscheinungen auf dem Gebiete der Arbeitslosenfürsorge läßt erkennen, daß es sich in keinem Falle um eine Versicherung handelt. Bei der einen oder anderen Form tritt der Versicherungsgedanke stärker oder schwächer hervor, aber es liegt nirgends ein in der gegenseitigen Bedingtheit von Leistung und Gegenleistung wurzelndes Rechtsverhältnis vor, vielmehr vermischen sich — und zwar noch deutlicher als dies Rosin für die Kranken-, Unfall- und Invaliditätskasseneinrichtungen zeigt — zwei selbständige rechtliche und wirtschaftliche Vorgänge, die Beitragspflicht der belasteten und die Fürsorgepflicht anderer Kreise der Gemeinden, des Staates, der Arbeitgeber. In diesem Sinne wurde und wird hier der Ausdruck „Arbeitslosenversicherung" angewendet.

Notwendige Lebensbedingung für Arbeitslosenversicherung ist ein wirksamer paritätischer kommunaler Arbeitsnachweis und enge Verbindung mit ihm. Wo solche Arbeitsnachweise fehlen oder nicht in gebotener Weise herangezogen werden, kann eine Arbeitslosenversicherung auf die Dauer nicht bestehen, denn vor der Fürsorge liegt die Vorbeugung und Bekämpfung der Arbeitslosigkeit; ein Arbeitsamt kann für die Vorbeugung ein bedeutungsvoller Faktor sein, für die Bekämpfung und die Kontrolle der Arbeitslosigkeit ist ein kräftiges Arbeitsamt unerläßlich.

Das Genter System ist an Umfang und an organisatorischer Durchbildung allen anderen Einrichtungen überlegen und gewinnt, wie es scheint, eine immer größere Verbreitung. Sein Wesenskern ist die Ermunterung der Selbsthilfe durch Anlehnung an Arbeiterverbände und die Benützung dieser Verbände zur Mitkontrolle der Arbeitslosigkeit. Das Genter System hat seine Ausbreitung im wesentlichen dem Umstand zu verdanken daß im Schoß der beitretenden Verbände die Arbeitslosenversicherung obligatorisch ist und von den Mitgliedern hierfür besondere Leistungen nicht zu prästieren sind. Von welch' ausschlaggebender Bedeutung dies ist, zeigt der Arbeiterbund Basel: hier kann sich die Arbeitslosenversicherung einer Vereinigung von Arbeiterverbänden nicht halten, weil sie für die Verbandsmitglieder nicht obligatorisch ist und freiwillige Sonderleistungen fordert. Für die Stadtverwaltungen liegen Vorzüge des Genter Systems darin, daß die eigenen Verwaltungskosten auf ein Geringes herabgemindert, die Einziehung der Beiträge, die Kassenführung und ein Teil der Kontrolle von den Verbänden übernommen werden.

Als grundsätzliches politisches Bedenken gegen die Einführung des Genter Systems wird geltend gemacht, daß es den Verbänden neue Mitglieder zuführe und somit ihre Kampfmittel stärke. Die Erfahrung hat nirgends gelehrt, daß dies zutrifft; die Entwicklung der Berufsverbände läßt sich auf solchen Wegen weder fördern noch hemmen. Und gesetzt auch, es fände da und dort oder allgemein unter der Wirkung des Genter Systems ein stärkeres Strömen der Arbeiterschaft in die Verbände statt, so wird man demgegenüber auch die Vorteile nicht unterschätzen dürfen, die der Gesamtheit durch das vertrauensvolle, zu gegenseitigem Verständnis führende Zusammenarbeiten zwischen den Verbänden und Stadtverwaltungen entstehen.

Hinsichtlich der Regelung der Schuldfrage, der Kontrolle und der Pflicht zur Annahme von Arbeit zeigten sich Schwierigkeiten, die bei manchen fakultativen Versicherungskassen mangels genügender Organisation oder mangels durchgreifender Maßregeln nicht überwunden werden konnten; beim Genter System können, wie die Erfahrung lehrt, diese Schwierigkeiten ausgeschaltet werden. Was noch als Rest verbliebt, das sind Mängel, die allen menschlichen Einrichtungen anhaften, und als solche insbesondere auch bei den staatlichen Versicherungseinrichtungen (Krankheit, Alter, Invalidität, Unfoll) in Kauf genommen werden müssen.

Der Einwand, daß das Genter System gerade die besser gestellten, mit einem geringen Berufsrisiko behafteten qualifizierten Arbeiter subventioniere, verliert seine Berechtigung mit der Anerkennung des Grundsatzes „öffentliche Hilfe für die Selbsthilfe", denn die Selbsthilfe ist eben vor allem bei den qualifizierten Arbeitern — und zwar als Verbandshilfe — ausgebildet.

Zuzugeben ist, daß das Genter System unter den heutigen Verhältnissen eine große Kategorie von Arbeitern, und gerade die mit dem größten Berufsrisiko belasteten, nicht berücksichtigt. Es muß daher eine Ergänzung stattfinden. Nun haben allerdings manche Fonds des Genter Systems auch Einrichtungen getroffen, die Einzelsparern, Kollektivsparern und nichtorganisierten Arbeitslosen Subventionen zuteil werden lassen. Diese Maßnahme hatte aber einen kaum nennenswerten Erfolg, der nicht zur Nachahmung ermutigt.

Eine Ergänzung des Genter Systems wird in freiwilligen Versicherungskassen, etwa nach der

14*

Art der seit 1896 bestehenden stadtkölnischen Versicherungskasse gegen Arbeitslosigkeit im Winter zu finden sein.

Die Kölner Kasse ist unter solchen Einrichtungen das beste Vorbild, da sie beachtenswerte Erfolge aufweist und ihre Organisation einen allmählichen Ausbau insbesondere auch hinsichtlich der Leistungen zuläßt.

In München war eine Kombination vom Genter System und einer hauptsächlich für Saisonarbeiter bestimmten Unterstützungskasse geplant. In Kanton Basel-Stadt ist man nach der Niederstimmung des Gesetzes über obligatorische Arbeitslosenversicherung auf den gleichen Gedanken gekommen; es liegen dort zurzeit zwei entsprechende Gesetzentwürfe vor. Die Kölner Stadtverwaltung schickt sich an, die Versicherungskasse für Saisonarbeiter durch Aufnahme des Genter Systems zu ergänzen.

Straßburg dagegen glaubt vorläufig auf eine Ergänzungskasse verzichten zu können, da es den ungelernten und den dem Bauhandwerk angehörigen Arbeitslosen ausreichende Notstandsarbeiten anzubieten vermag, wobei es allerdings im Winter 1907/08 nicht weniger als 63 000 M. oder 52,50 M auf einen Notstandsarbeiter zusetzte. Notstandsarbeiten von solchem Umfang werden sich aber kaum überall einführen und zu einer dauernden Einrichtung gestalten lassen.

In Berücksichtigung der auf diesem Gebiete im Inland und im Ausland gemachten Erfahrungen ergeben sich für eine Inangriffnahme der Arbeitslosenversicherung folgende

Leitsätze

„1. Solange nicht von Reichs wegen eine gesetzliche Regelung der Arbeitslosenversicherung stattfindet, kann nur durch größere Kommunalverbände auf diesem Gebiete Vorsorge getroffen werden.

2. Es empfiehlt sich, die gemeindlichen Einrichtungen zunächst auf die in Industrie und

Handwerk beschäftigten Arbeiter zu beschränken und eine Ausdehnung des Personenkreises erst allmählich stattfinden zu lassen.

3. Es erscheint geboten, die Versicherung so einzurichten, daß sie ebensowohl von nichtorganisierten als von organisierten Arbeitern benutzt werden kann.
4. Da für organisierte Arbeiter das Genter System, für nicht organisierte Arbeiter das Kölner System sich bewährt hat, so empfiehlt es sich, diese beiden sich ergänzenden Systeme — Abweichungen vorbehalten — nebeneinander zur Anwendung zu bringen.
5. Es wird dahin zu wirken sein, daß nach dem Vorbild der belgischen Agglomerationen an die Einrichtung, welche die Hauptgemeinde eines Industriezentrums trifft, die umliegenden Gemeinden, in welchen Arbeiter in größerer Zahl beschäftigt sind oder ihren Wohnsitz haben, sich anschließen.
6. Wenn die nichtorganisierten Arbeiter von der freiwilligen Versicherung nicht in dem Umfang, welcher im öffentlichen Interesse wünschenswert ist, Gebrauch machen, wird ein Gesetz zu erwägen sein, das die Gemeinden befugt, auf Grund eines Ortsstatuts obligatorische Arbeitslosenversicherung der ortseingesessenen Arbeiter einzuführen und hierfür Beiträge zu erheben.
7. Da das wichtigste Korrelat der Arbeitslosenversicherung darin besteht, daß der Arbeitslosigkeit vorgebeugt und den sich als arbeitslos meldenden Personen Beschäftigung nach- oder zugewiesen wird, so ist die Versicherung organisch aufs engste mit dem städtischen Arbeitsnachweis zu verbinden und mit diesem einheitlich zu leiten. Die städtischen Arbeitsnachweise sind tunlichst so zu gestalten, daß sie den gesamten Arbeitsmarkt beherrschen und in Fühlung mit andern Arbeitsnachweisen, den Gewerbetreibenden, den Arbeitern

und deren Organisationen den Ausgleich zwischen Angebot und Nachfrage herbeizuführen vermögen. Die Oberleitung des städtischen Arbeitsnachweises, der städtischen Notstandsarbeiten und der Arbeitslosen-Versicherung ist in einer Hand zu vereinigen. Zu diesem Behufe sind die Arbeitsnachweise zu Arbeitsämtern auszubilden und umzugestalten."

Bei näherer Erörterung kommunaler Maßnahmen der Arbeitslosenversicherung auf Grund dieser Leitsätze werden insbesondere folgende Fragen zu beantworten sein:

Im allgemeinen:

1. Für welche Gemeinden empfiehlt sich kommunale Arbeitslosenversicherung?
2. Für welche Gemeinden empfiehlt sich zur Ausführung der Arbeitslosenversicherung der Zusammenschluß mit benachbarten Gemeinden zu einem einheitlich geleiteten Verband?
3. In welcher Höhe ist die Gesamtleistung der Gemeinde für das erste Jahr festzusetzen?
4. Was soll mit den etwa nicht verbrauchten Resten des kommunalen Jahreskredits geschehen? Sollen sie z. B. zur Vergrößerung des Fonds auf das neue Jahr vorgetragen werden?

Hinsichtlich des Genter Systems:

5. Soll jeder Angehörige einer Organisation, sofern er arbeitslos wird und Verbandsunterstützung empfängt, Anspruch auf den kommunalen Zuschuß haben, oder hat durch die Forderung
   a) eines Mindest- und eines Höchstalters (z. B. 16 und 60 Jahre),
   b) einer bestimmten Dauer des Wohnsitzes (z. B. ein Jahr)

   eine Einschränkung stattzufinden?
6. Soll der kommunale Zuschuß zugleich mit der Verbandsunterstützung oder erst nach

Ablauf einer auf die Meldung folgenden Karenzzeit beginnen?

7. Welches soll der Höchstbetrag des täglichen Zuschusses sein? Soll in der Satzung festgesetzt werden, in welchem Prozentsatz der Verbandsunterstützung der kommunale Zuschuß zu gewähren ist, oder welcher Prozentsatz die Höchstgrenze bildet, bis zu welcher die beschließenden Organe — etwa monatlich im voraus für alle Arbeitslose gleichmäßig nach Maßgabe der verfügbaren Mittel — den Zuschuß bewilligen können?
8. Ist der kommunale Zuschuß so lange zu gewähren, als die Verbandsunterstützung bezahlt wird, oder ist die Zahl der Zuschußtage und die Gesamtsumme der Zuschüsse, die an einen Arbeitslosen bezahlt werden, zu begrenzen, z. B. auf 60 Tage und 60 ℳ im Jahr?
9. In organisatorischer Hinsicht: Soll der Zuschuß an die Arbeitslosen unmittelbar oder an die Verbände bezahlt werden, denen es obliegt, den Betrag vorschußweise an die Arbeitslosen zu entrichten?
10. Sind auch Zuschüsse für Spargeldabhebungen vorzusehen? wenn ja: sind die Sparbücher zu sperren?
11. Sind mit Sparvereinigungen besondere Abkommen zu treffen?

Hinsichtlich einer Arbeitslosenkasse für nicht organisierte Arbeiter:

12. Soll das auf ungelernte und Saisonarbeiter zugeschnittene Kölner System angenommen oder die Versicherungskasse auf eine breitere Grundlage gestellt werden?
13. Sollen nur männliche oder neben männlichen auch weibliche Personen als Kassenmitglieder aufgenommen werden?
14. Welche Bestimmungen sind hinsichtlich des Alters der Aufzunehmenden zu treffen (z. B. über 16 und unter 60 Jahren)?

15. Wie ist der Kreis der als Kassenmitglieder aufzunehmenden Personen zu umschreiben? indem z. B. die der Krankenversicherungspflicht unterliegenden Personen als aufnahmefähig gelten?
16. In welcher Höhe sind die Beiträge zu bemessen und — nach Geschlecht, Lohnhöhe usw. — abzustufen?
17. Sollen die Beiträge für jede Arbeitswoche des Jahres oder nur für eine bestimmte Anzahl von Wochen — z. B. 42 — bezahlt werden?
18. Welche Dauer des Wohnsitzes vor Eintritt der Arbeitslosigkeit und welche Karenzzeit nach Meldung der Arbeitslosigkeit soll verlangt werden?
19. In welcher Höhe sind die Leistungen der Kasse zu bemessen und nach Geschlecht, gelernt oder ungelernt, Dauer der Kassenzugehörigkeit usw. abzustufen?
20. Soll nur Arbeitslosigkeit im Winter — z. B. vom 1. Dezember bis 1. März — zu Tagegeldern berechtigen, oder soll hinsichtlich der Zeit der Arbeitslosigkeit kein Unterschied gemacht werden?
21. Soll die Zahl der Tage, für welche Tagegelder zu bezahlen sind, und der Gesamtbetrag der Tagegelder innerhalb eines Jahres begrenzt werden? Ist etwa entsprechende der Dauer der Mitgliedschaft die Zahl der Tage, für welche Tagegelder bezahlt werden, zu erhöhen?

Hinsichtlich der Arbeitsnachweise:

22. In welcher Weise sind die Arbeitsnachweise so auszubilden und umzugestalten, daß sie als Arbeitsämter die in Leitsatz 7 umschriebenen Aufgaben zu erfüllen vermögen?

Monotypesatz u. Druck: Ad. Gertz, G. m. b. H., Charlottenburg.

Kolibri 360 GmbH
Ferdinand-Jühlke-Straße 7
99095 Erfurt, Deutschland
produktsicherheit@kolibri360.de